生態人類学は挑む
MONOGRAPH
6

バナナの足、世界を駆ける

農と食の人類学

小松かおり 著
KOMATSU KAORI

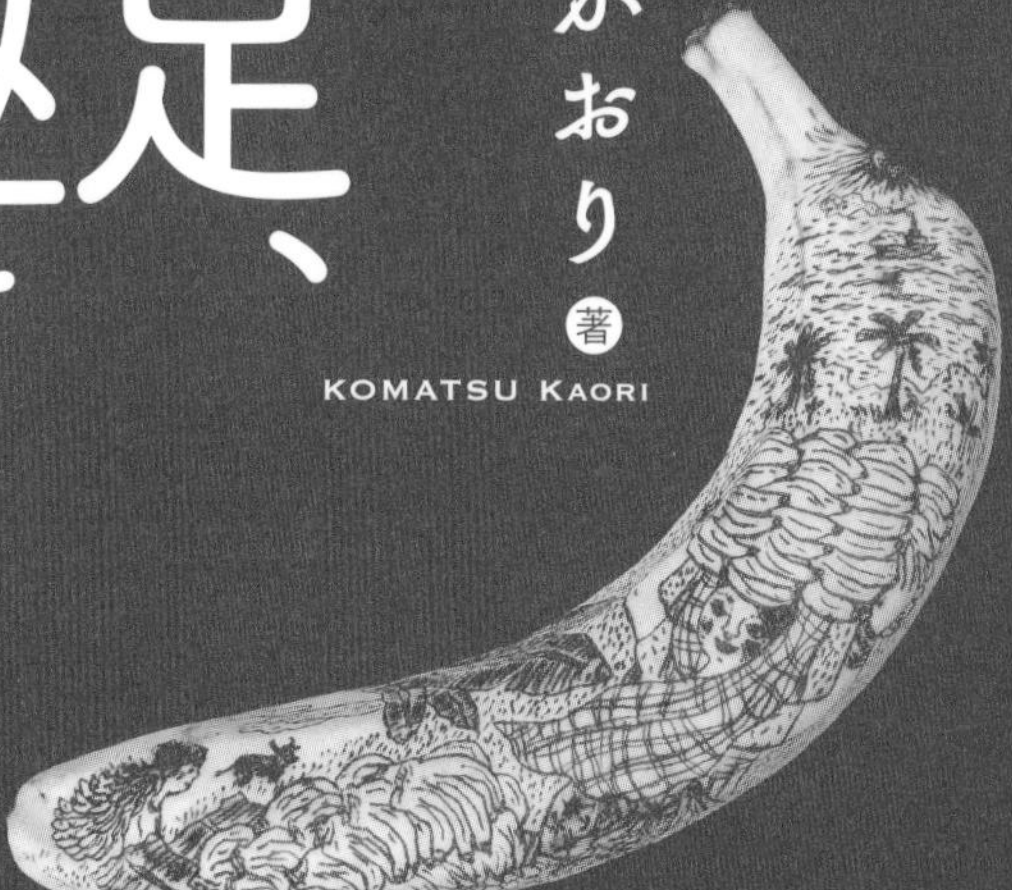

京都大学学術出版会

ラフィアヤシの湿地帯をこえて（塙狼星氏提供）

ムサ・アクミナータ（上）とムサ・バルビシアーナ（下）。食用バナナの多くはこの二種とその交雑種から生まれた（北西功一氏提供）

ジュベ村の風景

世界をつなぐバナナ

はじまりはアフリカ・コンゴ。ラフィアヤシが並ぶ湿地林をこえて辿り着いたジュベ村の食卓だった。主食であり贈与財であり、儀礼にも使われるバナナから、一気に世界がつながりはじめた。

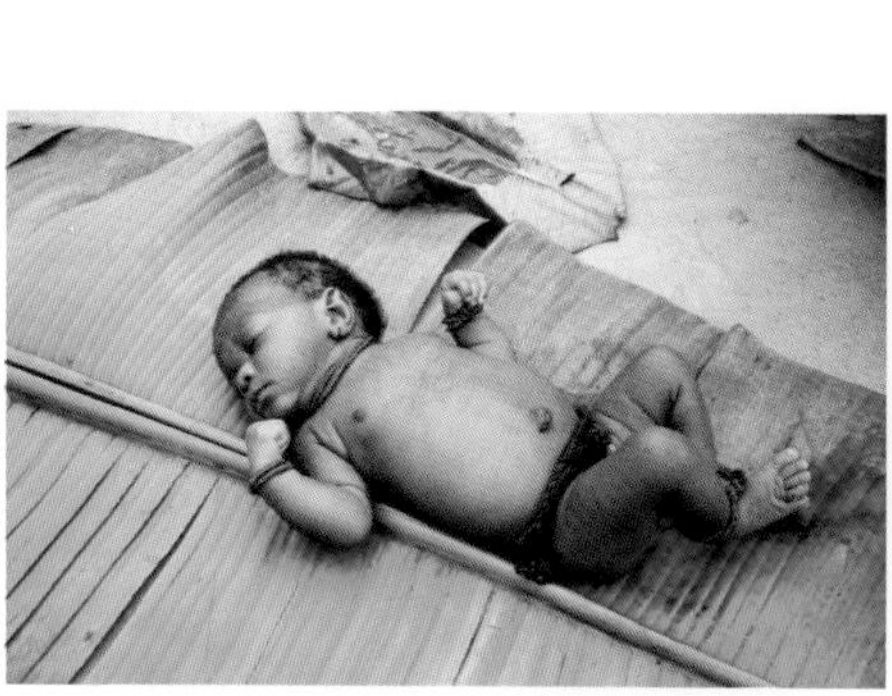

生まれた瞬間から、バナナと深いつながりをもって生きる

蒸し煮したバナナをダンゴ状にした「ディドコ」（左）が食卓に並ぶ

インドネシア

［右］定期市での調査風景（塙狼星氏提供）［左上］市場に集まった種々多彩なバナナたち ［左下］トラックの荷台に山積みにして運び込まれるバナナ。市場によっては同じ品種で呼び名が違うことも

バナナをめぐる旅は原産地のインドネシアから、カメルーン、ガーナ、ウガンダ、ニューギニア、そして沖縄へと、世界を縦横無尽に駆けた。みつけたのは農の原点である「遊び」。バナナはヒトとずいぶん遊んでくれてきたようだ。

地球上を駆ける バナナの足を追いかけて

ウガンダ

［右］バナナの包み蒸し「オムウンボ」の炊き上がる音に耳を澄ます（張瑋琦氏提供）［左］バナナ酒造り。アルコール度は低くあっさりとした口当たり

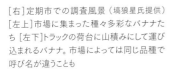

[上]サバンナのバナナ畑。乾燥に強い品種に住民たちは頼っている［下］バナナの葉に食事を載せた正式なスタイルでのもてなし。広くて厚みのあるバナナの葉は様々な用途に便利

ニューギニア

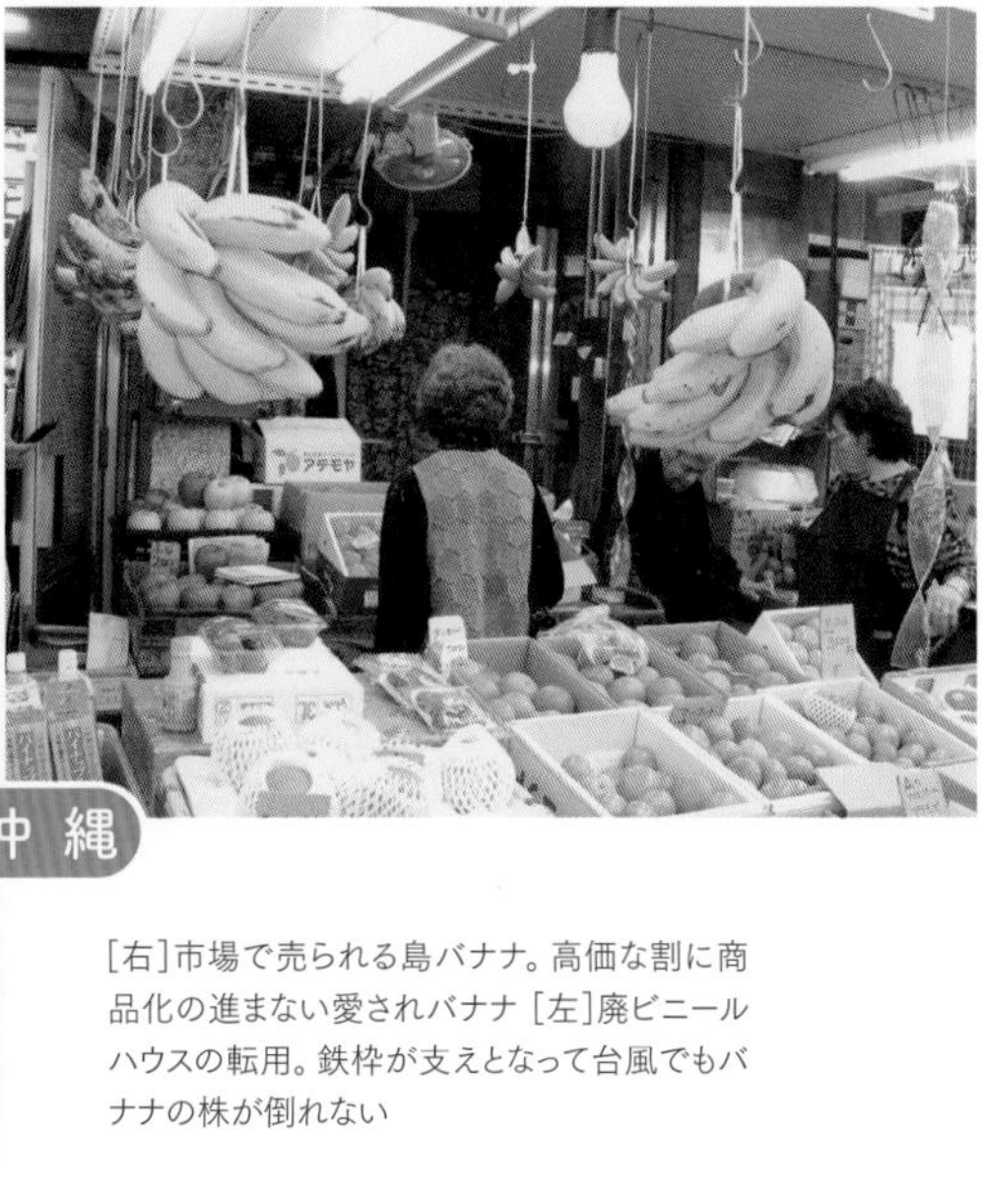

沖縄

［右］市場で売られる島バナナ。高価な割に商品化の進まない愛されバナナ［左］廃ビニールハウスの転用。鉄枠が支えとなって台風でもバナナの株が倒れない

変幻自在のバナナたち

（名前は現地の呼称）

インドネシア

プンティ・プジュ。花序がない

ロカ・コド。細すぎて食べるところが少ない

ロカ・サレソラン。千生りバナナ

カメルーン

ンジョク。晩生だがみっちりと詰まった果房ができる

ボトコ。早生で果掌が大きい

ボイ。果指が大きく商品として好まれる

ガーナ

アサミエヌ。果房が少なく、その数によって呼び名が変わる

アパントゥ。バナナ餅フフ用のフォルスホーンタイプ

アペン。茹でバナナ用のフレンチタイプ

ニューギニア

ジラブ。マラフリより柔らかく甘いため、販売される（四方篝氏提供）

マラフリ。短くて角張り、果皮が厚い。商品にはならない（佐藤靖明氏提供）

混迷する21世紀の荒野へ

地球という自然のなかで人類は長い時間をかけて多様な文化や社会を創りあげてきた。その長い歴史は、人類が自然の一部としての生物的存在から離陸して自然から乖離していく過程でもあった。その結果、現在の人類は地球という自然そのものを滅亡させてしまうかもしれない危険な存在になっている。世界がその危険性にやっと気づきはじめ、資本主義グローバリズムに変わるべき未来像を模索している。

そのような中で生態人類学は自然と文化という人間存在の二つの基盤にしっかり立脚し、人間の諸活動のすべての要素を含みながら、しかも具体的で説得力ある研究を目指すユニークな学問的営為として研究活動を続けてきた。現在地球上で急激に減少している多様な人類文化に着目し、そうした民族文化や地域文化の奥深さを描き出すため志のある研究者が実直で妥協のないフィールドワークを続けている。研究者たちはそこで得られたデータによって描かれる論文や現場に密着したモノグラフ等の作品以外に、この多様な人類のありかたを示す方法はないことを確信してきた。

生態人類学は、一九七三年五月に東京大学と京都大学の若手の人類学関係者が集まり第一回の生態人類学研究会を開催したのが始まりであった。この生態人類学研究会は二三回続き、一九九六年の生態人類学研究会を第一回の生態人類学会研究大会とすることで新たな学会となった。今年度(二〇二〇年)第二五回の生態人類学会研究大会を開催し今日に及んでいる。今や生態人類学を標榜する研究者も数多くなり、さまざまな大学や研究機関に所属している。

生態人類学会は二〇〇二年度に『講座・生態人類学』(京都大学学術出版会)八巻を発刊して、それまでの生態人類学の成果を世に問うている。この講座は、アフリカの狩猟採集民二巻、東アフリカの遊牧民、アフリカの農耕民、ニューギニアの諸集団、沖縄の諸論考のそれぞれに一巻をあて、さまざまな地域のさまざまな生業や生活を対象にした論文集という形のシリーズであった。また、エスノ・サイエンスや霊長類学と人類学をつなぐホミニゼーションに焦点をあてた領域にもそれぞれ一巻をあてている。

この『講座・生態人類学』発刊からすでに二〇年近く経過し、研究分野も対象とする地域ももはや生態人類学という名称では覆いきれない領域にまで広がっている。そして本学会発足以降、多くのすぐれた若手研究者も育ってきている。そうしたことを鑑みるならば、このたびの『生態人類学は挑む』一六巻の発刊は機が熟したというべきである。このシリーズはひとりの著者が長期の調査に基づいて描き出したモノグラフ一〇巻と従来の生態人類学の分野を超えた、領域横断的な研究分野も包摂した六巻の論集からなる。共通するのはいずれもひとりひとりの研究者が対象と向き合い、思索する中で問題を発見し、そして個別の問題を解くと同時にそれを普遍的な問題にまで還元して考究するスタイルをとっていることである。生態人類学が出発してほぼ五〇年が経つ。今回の『生態人類学は挑む』シリーズが、混迷する21世紀の荒野に、緑の風を呼び込み、希望の明りをともす新たな試みとなることを確信する。

日本の生態人類学の先導者は東京大学の渡辺仁先生、鈴木継美先生そして京都大学の伊谷純一郎先生であったが、生態人類学の草創期の研究を実質的に押し進めてきたのは六年前に逝去した掛谷誠氏や今回の論集の編者のひとりである大塚柳太郎氏である。

掛谷誠氏の夫人・掛谷英子さんより掛谷誠の遺志として本学会へのご寄進があり、本出版計画はこの資金で進められた。学会員一同、故人に出版のご報告を申し上げるとともに、掛谷英子さんの御厚意に深く謝意を捧げたい。

『生態人類学は挑む』編集委員会

目次

表紙・本扉　バナナアート・山福朱実

はじめに

バナナにはふたつの世界がある。ひとつは、わたしたちが毎日食べているバナナの世界である。その世界では、バナナは、皮を剥いて生で食べる黄色い果物であり、南の国で作られて、北の国に売られる商品である。その世界では、バナナを栽培している人たちと実際にバナナを食べている人たちは隔てられている。日本で暮らしているわたしたちは、安くて簡便な果物として毎日のようにバナナを食べているにも関わらず、バナナがどの国でどのように作られて、どのように値段が決まっているのか、そもそも、バナナとはどのような植物か知らない。バナナには種があるのか？　バナナは木なのか？　バナナにはどんな種類があるのか？　栽培している農民たちは毎日バナナを食べているのか？

もうひとつの世界は、バナナを栽培している地域に根ざしたバナナの世界である。その世界では、バナナは生で食べるだけでなく、料理され、主食にもなる。葉も使われるし、花も食べられる。果皮は緑だったり赤かったりもする。地域の人たちは、農民でなくてもバナナの種類ごとの特徴をよく知っていて、複数のバナナを使い分けている。バナナは地域の農と食と生活の結節点のひとつである。この本は、そのような地域に根ざしたバナナの世界について書くことを目的としている。

バナナの研究をしていると人に言うと、バナナが好きなんですねと言われるが、果物としてのバナナはそんなに好きでもない。この本は、わたしが「もうひとつの」バナナの世界に出会い、その世界を探索するうちに、人とバナナのさまざまな関係に出会い、バナナを通して世界を見ることの面白さに気づいていった体験記である。世界中の人とバナナと向かい合う中で見つけていったたくさんの問いを追いかけた記録でもある。その問いのほとんどにはまだ答えが出ていないが、先に何が見えそうか、ぼんやりわかってきた、というのが現在地だと思っている。

人類学は、どこかのフィールドを拠点として、そこに暮らす人々と暮らしを共有しながら、人々の生きざまを見つめ、現場から人間についての問いを見つけていく学問だとわたしは考える。生きざまは、人びとの意思だけで決まるのではなく、周囲の人や社会やモノや状況の中で選ばれていく。人間以外の何かとの関係を視野に入れて生きざまを考えることが生態人類学であると考えてもよいだろう。

この本で試みたいのは、バナナという植物との関係で人びとの農や食や暮らしや価値観を考えてみることである。

バナナと人間は、世界のあちこちで、さまざまな関係を築いている。バナナにもいろいろ種類があるが、それらのバナナは、味、見た目、生み出す果実の量、最適な環境が異なっていて、それぞれの地域で、異なる種類が異なる組み合わせで選択されている。管理の方法も、微細なところまで手を入れる人たちも、放任する人たちもいる。バナナが他の作物と比べてどのような特徴をもっていると考えられるか、何を期待されているかも違う。バナナと人のつながり方が違う、と言ってもいいだろう。それらのつながり方をいくつも取り出してみることで、何が見えるか、この本で試してみたいと思う。

なお、本書の中では、「食」と並んで、「農」ということばを使う。一般的には、「農業」ということばを使うが、「農業」は、生産物とその商品化に重きを置いて使われることが多いので、商品にして対価を得ることと同じくらい、土地や植物への働きかけと、働きかけを巡る社会関係（共同労働・分業・交換・贈与）を重視した概念として「農」ということばを使う。

この本の中で扱われるバナナは、地域に根ざしたバナナなので、生産から交換、加工、調理、食事の組み合わせ、食卓における社会関係までを一連の流れとして見ることができ、それらがどのように関連しているかを考えることができる。現在、食文化研究が非常に進んでいるが、農と食を一連のこととして扱うことは、理念としてはあっても、実践されることはあまりない。この本では、いくつかの地域で、農と食の、必ずしも農が食を規定するわけではない関係性についても紹介したい。

そして、本書は、問いを探す旅の記録でもある。フィールドワークという技法が、その中に問いを探すことを内包しているということは、これまでに多くのフィールドワーク論が語ってきたことであるが、バナナの研究はまさしく「バナナから何が見えるか」を探して歩く旅だった。

本書の構成

本書の構成を説明しておこう。

1章では、バナナという作物について概説する。植物としての特徴や部位名称、学名の変遷、「品種」などの用語の使い方、統計の扱い方など、細かいことが多いので、2章以降を読んで気になったらもどっていただくという読み方でもかまわない。

2章からは、地域に根ざしたバナナの栽培と食の文化について述べる。

2章では、はじめてローカルなバナナと出会ったアフリカのコンゴとカメルーンでの体験である。毎日の食卓でバナナとつきあいはじめ、食と農について調査を進めるうちに、バナナという作物にいろいろなイメージをもつようになった経験が描かれている。

3章は、本格的にバナナ調査を始めた一九九九年から二〇〇二年のインドネシアの調査の記録である。バナナの遺伝的多様性が高いインドネシアの調査で、「品種」の多様性のおもしろさに目覚めていった。

4章は、インドネシアの調査経験を携えて再会したアフリカのバナナ栽培文化の記録である。カメルーンをはじめ、ガーナ、ウガンダと調査地を拡げ、アフリカにおける主食としてのバナナの歴史と意味を考えるようになった。

5章は、バナナの起源地のひとつであり、品種多様性が世界一高いと考えられるニューギニアの調査の記録である。洪水と乾燥に強いバナナの存在を知った。

6章は、2章から5章までで描いた地域に根ざしたバナナとは違う、バナナの「もうひとつの世界」について述べる。熱帯から先進国に向けた輸出作物としてのバナナの歴史を振り返り、現状を確認する。

7章は、日本の中で数少ない「地域に根ざしたバナナ」をもつ沖縄のバナナ栽培について説明する。日本では、バナナを料理する文化は育たなかったが、地域で栽培され地域で消費されるバナナの形もある。

8章では、バナナ研究から考えたことのうち、農民にとっての品種の多様性と、主食としての主作物が変化すること、バナナ農民の開放性がこれからの農にもたらす知見について考える。

なお、本書に登場する人物の呼称は「さん」「先生」または呼び捨てなどさまざまである。京都大学の理学研究科やアフリカセンターでは大学院生も教員を「さん」で呼ぶ慣習があるが、他の部局や大学の教員に対しては「先生」と呼ぶことが多かった。海外のフィールドではファーストネームで呼ぶことが多い。本書では、基本的に、私が通常ご本人への呼びかけにつかう呼称を用いた。

第1章

バナナという作物

1 バナナの植物学

人とバナナの関係を見る前に、バナナという作物について説明しておこう。

野生のバナナには種がある（図1―1）。種がみっちり詰まっているので、食べるところはほとんどない。受粉するので、違う種や亜種が近くにあると、交雑することもある。一方、バナナは、子株からも栄養繁殖する植物である（図1―2）。そのバナナが、突然変異で受粉しなくても果房が大きくなる単為結実性を獲得して、種なしバナナが生まれた。人間がそのような種なしバナナを発見して、株で増やしていったのが栽培バナナである。人間が種なしバナナに気がついたのは、実より先に、葉の利用のためにバナナを利用していたためであるという説もある。種なしとなった栽培バナナは、人間が運搬して株を植えない限り移動しなくなった。その代わり、栄養繁殖するので、人間が植え直さなくても親株の周りに子株が増え、場所と種類によっては、長い場合は数十年にわたって自力更新が可能である。

図1-1　野生の*Musa acuminata*の種

バナナは、植物学的には多年生草本であり、バショウ科（Musaceae）バショウ属（*Musa*）に分類される複数の種の野生植物から栽培化された作物である。野生種のバナナには種があるが、栽培バナナの多くには種がない。言い換えると、種がなくて（または少なくて）人間が効率的に食用とするバショウ属の植物をバナナと呼ぶ。

バショウ属の植物は、かつては四から五の節に分類されていたが、遺伝子分析の結果、二〇一三年に新たにふたつの節に再分類された。現在食用にされているバナナの多くはムサ節に含まれる。ムサ節の植物の中で、ムサ・アクミナータ（*Musa acuminata*）とムサ・バルビシアーナ（*Musa balbisiana*）の二種とその交雑種が、現在の食用バナナの多くを生みだした（図1―3、1―4）。

ムサ・アクミナータとムサ・バルビシアーナの交雑種のバナナの学名は、二〇世紀前半までは*Musa paradisiaca*と記述されることが多かったが、エルネスト・E・チェスマンが交雑種だと同定し、その後、イギリス生まれ

図1-2　バナナの植物体

図1-3　*Musa acuminata*（北西功一氏提供）

図1-4　*Musa balbisiana*（北西功一氏提供）

のノーマン・W・シモンズらによって、植物としてのバナナ研究が進められた。カリブ海のトリニダード島をはじめ、東アフリカやマレーシアに長期滞在したシモンズが一九五九年にロングマンから出版した"*Bananas*"は、バナナの分類、生理、生態、分布など総合的な研究で、その後、ストーバーとの共著で一九八七年に出版した第三版は、今も、バナナ研究者にとってバイブル的な存在である（Stover & Simmonds 1987）。シモンズは、アクミナータ系とバルビシアーナ系を形質的に見分けるために、実や葉、葉柄、雄花序（花）、偽茎などの一五カ所の形質のスコアでゲノムタイプを推定する方法を開発した（表1—1）。また、世界のバナナを見て歩いたシモンズは、各地のバナナを比較して異同を推定し、代表的な品種群を明らかにした。わたしやバナナ研究仲間のバナナの品種に対する知識は、多くがシモンズに負っている。

現在存在するさまざまなバナナは、ムサ・アクミナータとムサ・バルビシアーナの染色体をそれぞれ、A、Bと表現し、その組み合わせをゲノムタイプと呼んで、AA、AB（二倍体）、AAA、AAB、ABB（三倍体）などと表現する。最初の栽培バナナはムサ・アクミナータの二倍体であるAAと推定されている。現在食用にされているバナナのほとんどは、少なくとも一部にムサ・アクミナータの染色体をもっているので、最初に、野生のムサ・アクミナータが栽培バナナとなり、それらがムサ・

表1-1

■シモンズの分類Classification by Simmonds (1955)　Total score ＿＿＿

1. 偽茎色 Pseudostem color:　score 1 2 3 4 5
茶色/黒色のシミが目立つ blown of black blotches／ほとんどシミがみられない/ない very slight bloches

2. 葉柄溝 Petiolar canal:　score 1 2 3 4 5
下部に乾膜質の翼毛をともない、縁が立ち偽茎を包まない not clasping pseudostem／偽茎を包む

3. 花（果）柄 Peduncle:　score 1 2 3 4 5
通常細毛または毛で被われる downy or hairy／無毛 glabrous

4. 小花（果）柄 Pedicels:　score 1 2 3 4 5
果指基部が短い short／長い long

5. 胚珠 Ovules:　score 1 2 3 4 5
各房2列 two regular rows／各房不規則な4列 four irregular rows

6. 苞肩 Bract shoulder:　score 1 2 3 4 5　# x =　cm, y =　cm
肩の位置が高い usually high(x/y<0.28)／低い (x/y>0.30) usually low

7. 苞巻 Bract curling:　score 1 2 3 4 5
開花後に苞が巻きあがる reflex and roll back after opening／苞はあがるが巻かない not reflex

8. 苞形 Bract shape:　score 1 2 3 4 5
槍の穂先形か狭い卵形で、肩から先細り narrowly ovate／広い卵形で先細りしない broadly ovate

9. 苞頂端 Bract apex:　score 1 2 3 4 5
先端が鋭い acute／鋭くない obtuse

10. 苞色 Bract color:　score 1 2 3 4 5
外側が赤/鈍い紫/黄、内側が鈍い紫/黄 red/dull purple/yellow outside／外側は顕著な茶紫内側が鮮やかな深紅

11. 苞色遷移 Color fading:　score 1 2 3 4 5
内側基部にかけて黄色に変化 usually fades to yellow towards the base／基部にかけて色の変化なし

12. 苞痕 Bract scars:　score 1 2 3 4 5
痕跡が顕著 prominent／ほとんど痕跡なし scarcely prominent

13. 雄花の花被片 Free tepal of male flower: score 1 2 3 4 5
先端の下部が波打つ variably corrugated／ほとんど波打たない rarely corrugated

14. 雄花色 Male flower color:　score 1 2 3 4 5
乳白色 creamy white／桃色混じり variably flushed with pink

15. 雄花の柱頭色 Stigma color:　score 1 2 3 4 5
オレンジ色/黄色 orange/rich yellow ／ 乳白色/薄黄色/薄桃色 cream/pale yellow/pale pink

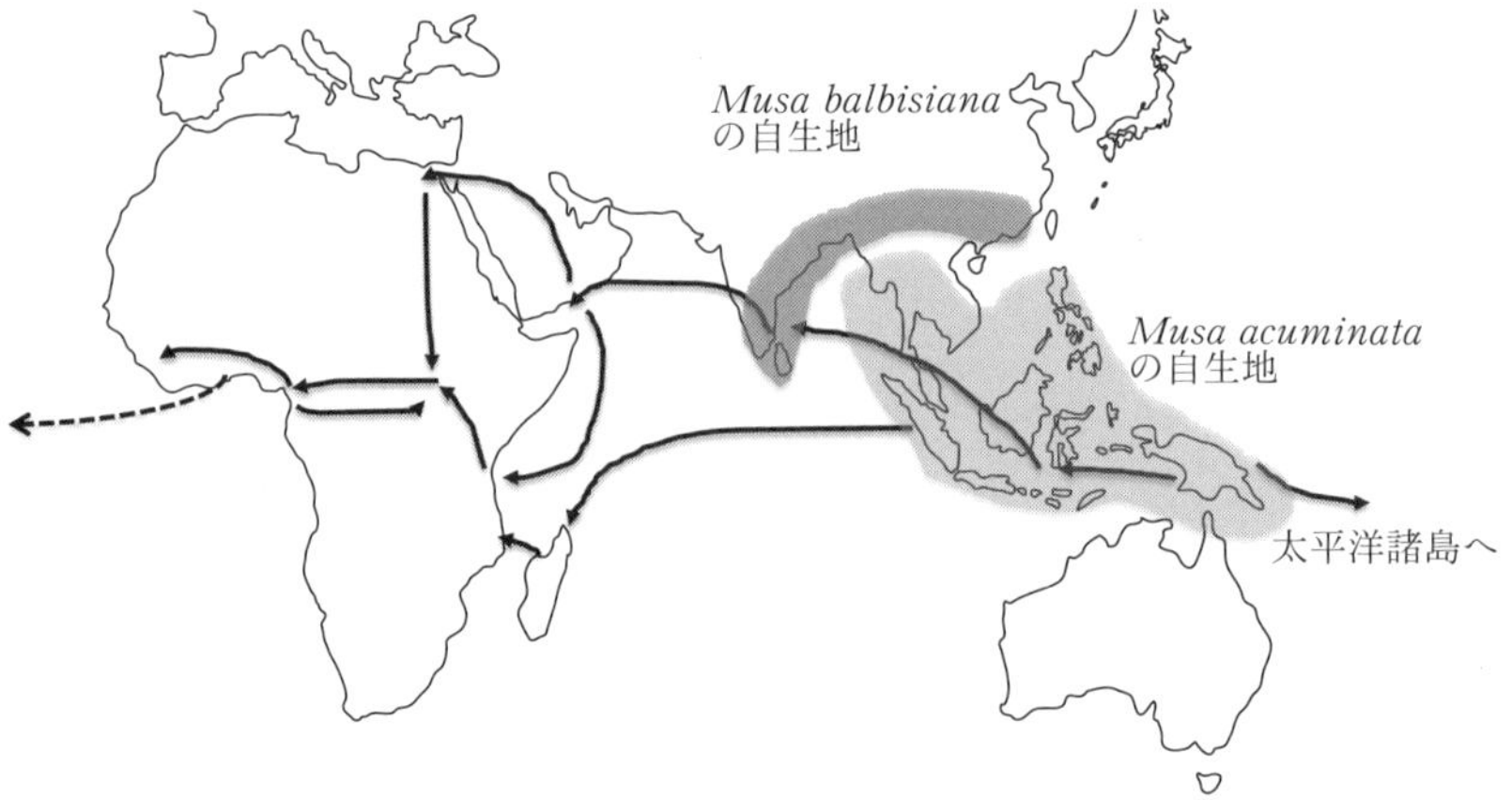

図1-5　野生バナナの分布と栽培バナナの初期の移動
（［中尾 1966, De Langhe & De Maret 1999］を参照して筆者作成）

バルビシアーナと交雑したり、突然変異で三倍体になったりして、さまざまなバナナが生まれたと考えられる。三倍体がどのようにして生みだされたかについては複数の仮説があるが、多くの概説書では、二倍体のアクミナータ同士の染色体の減数分裂の異常で三倍体が生まれたという説明を採用している（大東 二〇〇〇；堀田ほか編 一九八九；Simmonds & Shepherd 1955）。また、二〇世紀後半には、研究所における品種改良によって四倍体（AAAA）のバナナも生まれている。

現在、世界的な商品として取り扱われているバナナの多くは、キャベンディッシュと呼ばれるグループのもので、ムサ・アクミナータの三倍体（AAA）である。一般的に、三倍体のバナナは二倍体のバナナより植物体も果実も大きい。アクミナータの倍数体のバナナ（AA、AAA）は、ムサ・バルビシアーナのゲノムをもつ交雑系よりも繊維が少なく生食に向いている。ただし、ABのバナナは香りの高い生食用品種であることが多いし、インドネシアで最も好まれる生食用のバナナ、ピサン・ラジャはAABである。アクミナータ系のバナナを料理にのみ利用する地域もあり、ゲノムタイプと利用法は必ずしも一致しない。アジアの一部には、生食用にも料理用にも用いる兼用品種が重要な地域もある。

ムサ・アクミナータの野生種が多く分布しているのは、マレー半島からインドネシア、フィリピン、ニューギニア島まで幅広い(図1—5)。ムサ・バルビシアーナの自生地は、インド北東部、フィリピンなどである。最近の遺伝子分析からは、ムサ・アクミナータの複数の亜種の遺伝子が栽培バナナに受け継がれており、バナナの栽培化は多発的に起きたと考えられている。

量的には少ないが、この二種を祖先としないバナナもある。カリムサ節の野生バナナから生まれたフェイ・バナナと呼ばれるバナナである。フェイ・バナナは、オセアニアでだけ栽培されている。他のバナナでは垂れ下がる果房が直立し、偽茎などの液が赤く、葉柄が波打つ、という独特の形態をもっている。

バナナは、北緯三〇度から南緯三〇度までの広い地域で栽培され、広範囲な気象条件に適応している。理想的な環境条件は、明瞭な乾季を持たず、降水量が二〇〇〇ミリメートルに近く、月間降水量が七五ミリメートルを下回る月が三カ月以上なく、平均月気温が二七度、結実期の平均気温が摂氏二九度から三〇度である。二一度以下では葉の成長が遅くなる (Purseglove 1972: Stover & Simmonds 1987)。しかし、実際は、降水量がこれよりかなり低いところでも、月間降水量が低いところでも栽培されていて、バナナは現在、世界中のある程度湿潤な熱帯と亜熱帯の多くで栽培されている。

同じゲノムタイプのバナナの中でも、形質にはさまざまな変異が見られる。そもそも、ムサ・アクミナータの二倍体のバナナであっても、異なる亜種からの種なしバナナへの変異が複数回起こったと考えられ、その上、突然変異の長い歴史の中で、さまざまな形質の変化が起きた。

1……「品種」と「品種群」

作物の「品種」とは、さまざまな交雑や突然変異によって現れた異なる形質を示す集団を、人間が都合のよいところで切り取って名付ける行為である。農学の分野では、遺伝的にある程度安定していて形質の特徴が弁別的であると判断されている集団を「品種」と呼んでいる。しかし、変異はグラデーションであることが多いので、「品種」の線引きに「科学的な」根拠があるわけではない。

一方、その作物に直接関わる人間の側から見てみると、長い間その作物を栽培してきた人びとは、形態、味、結実期などの彼らにとって意味のある差異を見分けて、それらに方名（その地域で通用する名称）を付与してきた。本書で「品種」という用語を使用する場合は、栽培や消費に直接関わる人々が差異化し、命名している在来の分類単位として使用する。

本書ではまた、形質的な類似性からシモンズらが分類した品種のグループを、「品種群」と表す。有名な品種群として、世界的な商品であるキャベンディッシュ（AAA）やグロスミッチェル（AAA）の他、ピサン・ラジャ（AAB）やブルゴー（ABB）などがある。品種群には、その中に多くの変異を含むことが認められているものから、変異が非常に少ないものまである。

品種は、上記のように、現地でバナナを栽培・利用する人びとによって見分けられる非常に微細な差異に基づくため、それぞれのバナナ栽培文化の文化的特徴を反映する。また、世界的なバナナの移動を考えるときには、品種単位では細かすぎるため、ゲノムタイプと品種群が分析の単位として有効である。

栽培バナナの多くは種なしだから、子株は親株のクローンで、同じ形質のものを作るのは簡単だが、人間の好みで形質を変更することは非常に難しい。世界中には無数の品種があるが、これらのバナナの多くは、突然変異で生まれた変化を人間が認識し、新たな「品種」として名付けることで増えてきた。二〇世紀後半には、人工的な交雑技術も現れたが、バナナの場合、新しい品種の創出に、見分けて保存する以外人間がほとんど関与していないという意味で、人間からの独立性が高い作物であるとも言える。

2……統計上のバナナ

ところで、英語で「プランテン」、フランス語で「プランティン」、またはスペイン語で「プラタノ」ということばは、バナナ研究者と一般の人が思い描く対象が違うことばである。

世界の作物の生産量を調べようと思ったら、国連食糧農業機関（ＦＡＯ）の統計で調べるのが早いのだが、作物で〝bananas〟だけを検索しても、実は不十分である。もうひとつ、〝plantains & others〟というカテゴリーがあり、これを合算しないと「バナナ」の生産量がわからない。この項目は、「プランテンとそれ以外の料理用バナナ」を指している。

この際のプランテンは特定の品種群を指す言葉である。わたしが最初に料理バナナに出会ったコンゴやカメルーンでは、料理用バナナといえばＡＡＢの特定のサブグループである「プランテン」だった。果指が長く太めで、角のようにカーブしているのが代表的な形態であるが、形態は非常に分化している一方、遺伝的にはかなり同質性の高いグループで、シモンズらは、「品種群」よりも大きなグループである「プランテン・サブグループ」と呼んでいる（Stover & Simmonds 1987）。本書では、それに従って、プランテンをサブグループと表記する。

ただし、同じく料理バナナをたくさん食べる国でも、料理用バナナの一部を"bananas"に含めることがあり、統計上も、「バナナ」と「プランテン」の区分は国によって異なっているので、バナナの生産量に関わる世界の統計は、合算しないとほとんど意味のない数字になっている。

また、バナナに関する統計や研究書では、"bananas and plantains"という呼び方があり、これは、生食用と料理用両方のバナナを指す用法である。つまり、プランテンとは、狭義にはＡＡＢのサブグループを指し、広義には料理用バナナを指すことばなのである。

第2章

料理バナナとの出会い

1 コンゴ・ブラザヴィル

1……コンゴ・ブラザヴィルへ流れ着く

わたしが最初に主食としてのバナナに出会ったのは、一九九一年一〇月のアフリカ、コンゴだった。コンゴという名前をもつ国はふたつある。キンシャサを首都とする大国、当時はザイールという名前だった現在のコンゴ民主共和国。その西に、国名の由来となったコンゴ川を挟んで、ブラザヴィルを首都とするコンゴ共和国がある。わたしのアフリカ最初のフィールドは、コンゴ・ブラザヴィルとも呼ばれるこちらの小さなコンゴである（図2―1）。入国したときは、「コンゴ人民共和国」という名称だったが、一九九二年末に出国するときには、「コンゴ共和国」に改称していた。

最北部にあるリクアラ州は、赤道を挟んで、コンゴ川の支流が網の目のように流れる熱帯雨林で、当時は、ブラザヴィルから州都インフォンドまでの交通は、週に一便の空路か、コンゴ川とその支流であるウバンギ川を往来する数週間に一度の連絡船しかなかった。インフォンドから数十キロメートル北の町ドングから、モーターつきの丸木舟で一日半ウバンギ川の支流のモタバ川を遡ったところに、調査地のジュベ村はあった。モタバ川は幅数十メートルで、有機質をたくさんふくんで黒く見えるためにブラックウォーターと呼ばれる水がゆったりと流れ、両岸はラフィアヤシが並ぶ湿地林である（図2―2）。そこに、数キロまたは十数キロの間隔をあ

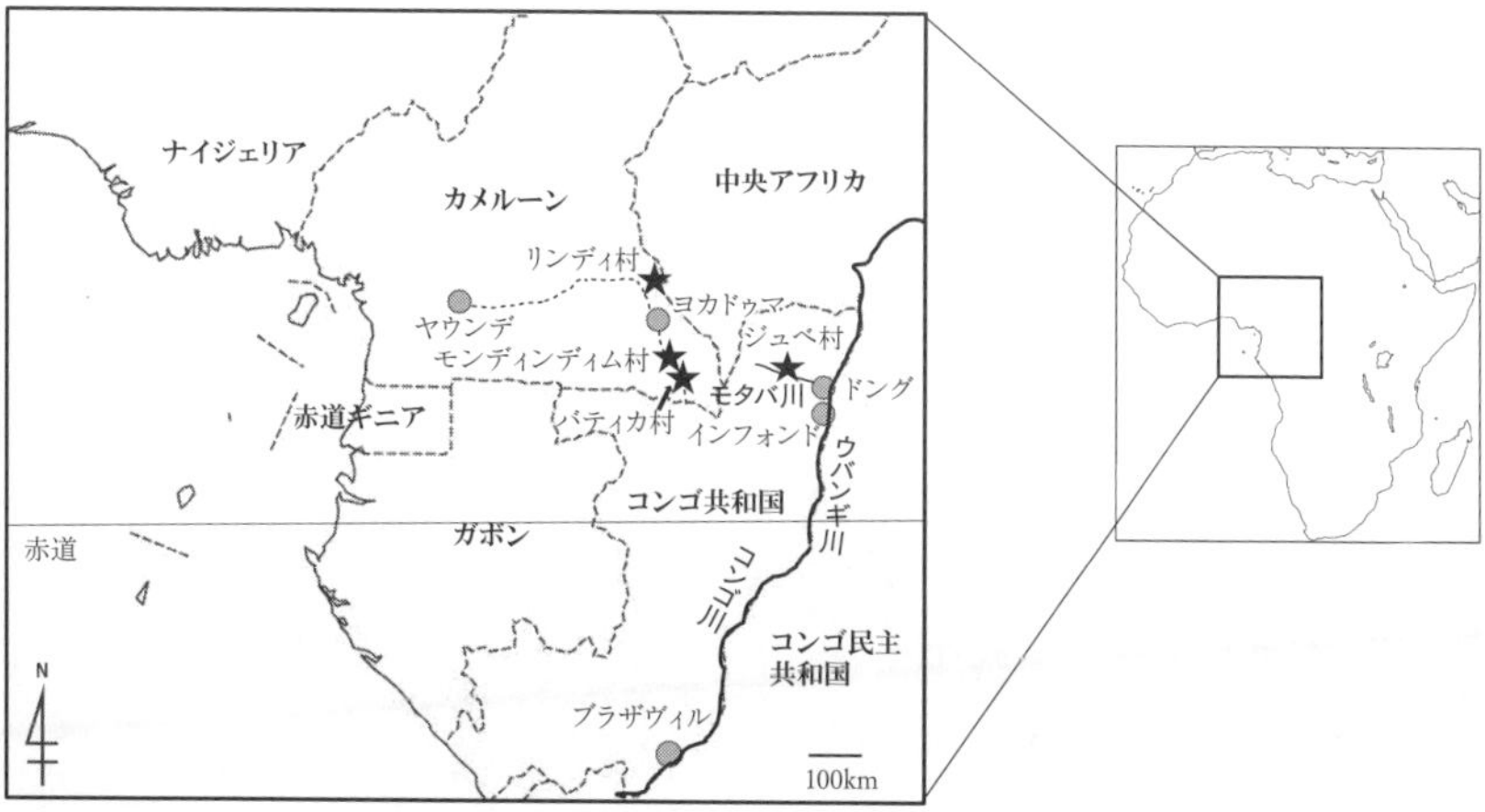

図2-1　コンゴ・カメルーン調査地地図

図2-2　ラフィアヤシの湿地林(塙狼星氏提供)

図2-3　ジュベ村（塙狼星氏提供）

けて、村が開かれている。単調なラフィアヤシ林を眺めながら一日半遡ると、左岸にジュベ村が現れる（図2—3）。村には、二〇軒ほどの家が広い道を挟んで二列に並び、そのあいだを通って丘を登っていったところにわたしたちは土壁とヤシの葉で葺いた屋根の家を借りた（図2—4）。わたしたちとは、当時のパートナーで京都大学大学院理学研究科生態人類学講座の同級生の塙狼星さんと、わたしたちふたりが協力者として参加させていただいた科学研究費のチームのリーダーであった当時福井大学に勤めていた寺嶋秀明さんである。

わたしたちがこの村に来るまでには、紆余曲折があった。一九九一年九月、塙さんとわたしが調査地として目指したのは、隣国のザイール東部に住むレガの人びとの村だった。塙さんはすでに前年にザイールを訪れ、レガの人びとの村に入って、焼畑農耕をはじめとする生業や、ことわざと社会関係、といった調査を始めていた。わたしは塙さんと一緒に一

図2-4　ジュベ村で借りた家の前で、ホストファミリーと

年間その村に入って、女性の観点から社会の調査をする、という大雑把な予定を立て、一年分の調査用具や生活用具を詰めたいくつかの箱とともに京都を出発した。ところが、ケニアのナイロビ、ブルンジのブジュンブラを経由して東部ザイールの国境の町ブカブに近い研究所の町ルウィロに到着し、狩猟採集民エフェの調査をするために同じくザイールに来た寺嶋さんと合流して数日後、テレビをつけると、国の反対の端にある首都キンシャサが燃えていた。その頃ザイールでは、一九六五年以来独裁体制を守ってきたモブツ大統領の政権が崩壊しつつあり、年数千%という激しいインフレが起きていた。事態の打開策としてはじめての複数政党制選挙が行われる直前であった。多くの人にとって唯一のマスコミであるラジオでは、候補者の演説（立候補さえすればだれでも全国ラジオで演説できるとあって、遠くの親類にニュースを伝えるために誰もが立候補していた）が一日中流れていた。そんな中、軍隊や警察を含む公務員の給

料の不払いをきっかけに、キンシャサでとうとう暴動が起こったのである。当初はキンシャサに限られていたので、東部は大丈夫だろうと思ったのだが、状況はだんだんに緊迫して、とうとう、日本政府からザイールに滞在する日本人全員に退避勧告が出された。すぐに収まるだろうと荷物の多くを置いて、そのときルウィロに滞在していた山極壽一さん一家や寺嶋さんたち日本人研究者と、まずは陸路で半日のブジュンブラまで退避することになった。ところが結局暴動は拡大し、わたしたちはザイールには帰れなくなってしまった。山極さんは、ゴリラの食性調査のために収集したゴリラの糞を置いてきてしまったことを悔やんでいた。

一年間の調査の最初の一〇日で帰国するわけにもいかず、呆然としていたところに、やはり初めてアフリカで狩猟採集民アカの調査をする北西功一さんを伴ってコンゴ・ブラザヴィルに滞在していた市川光雄さんが、モタバ川で調査してはどうかと声をかけてくださった。ほかにあてもないし、少なくともレガと同じく熱帯雨林で農業を営む人たちを対象に調査ができるということで、このお誘いに乗ることになり、寺嶋さんはパリを、塙さんとわたしはナイロビを経由してコンゴ・ブラザヴィルまでやってきたのだ。コンゴ・ブラザヴィルでは、すでに、京都大学の霊長類学者と人類学者の先輩たちが研究を始めていて、その伝手を使わせてもらい、わたしたちは調査許可を比較的簡単に取ることができた。

2……バナナを主食にする村へ

ジュベ村に住む人たちは、アフリカで最も広い地域で話されているバントゥ系の言語のうち、言語学者のガスリーがC10というグループに分類したボンドンゴという言語を話す人たちの村だった。あとからわかったことだが、全く同じことばをはなし、エスニシティを共有する村はふたつしかない。彼らは自分たちのことをボバンダと自称していた。一九九二年九月にわたしたちが村を離れた当時、村には一一の親族集団ディカンダに属する一三八人が住んでいた。といっても、人の出入りが激しいので、誰かがちょっと旅行に出ているのか、つい最近やってきた人がこのまま住民になるのかは誰にもわからない。

また、村に隣接して、ピグミーと総称されることもある狩猟採集民アカの半定住村があった。アカは、村人のことをカカと呼び、村人は自分たちのことをリンガラ語でバト・ヤ・ンボカ（村人）と呼ぶ。アカは、村の家に滞在して村人の畑を手伝ったり銃を渡されて銃猟を請け負ったり、自分たちだけで狩猟キャンプにでかけたり、村人と一緒に漁撈キャンプにでかけたり、と、半定住的な暮らしをしていた。

村の周囲は川辺がラフィアヤシの純林と混交林で陸地は半落葉性樹林であり、湿地と陸地がモザイク状に入り組んでいた。五月から一一月が雨季、一二月から四月が乾季である。年平均気温は二五・六度、年間降水量はインフォンドで一七九三ミリメートル、降水量が五〇ミリメートルを下回る月はない湿潤な気候だった。

ザイール東部は、ケニアやタンザニアでも共通語であるスワヒリ語が通じるので、渡航前に半年かけてスワヒリ語を勉強していた。スワヒリ語を話せれば旅行中は問題ないし、スワヒリ語をとっかかりにレガ語を学べばよいと思っていたのだ。ところが、ザイールの西部とコンゴ・ブラザヴィル北部の共通語はリンガラ語であり、一部の成人男性はフランス語が話せる、という状況だった。それでも、フランス語がある程度話せる寺嶋さんはフランス語で、大学でフランス語の基礎を学んだことのある塙さんは、道中手に入れたフランス―リンガラ辞書を使って単語を増やし、コミュニケーションを取っていた。わたしはと言えば、リンガラ語はもとよりフランス語も全くわからず、村の言葉は全くお手上げ、という状況で、元来の怠け癖が出て、さっぱり言葉

図2-6　重い木を切り出したたたき棒

図2-5　ディドコとココと干し魚のシチュー

が使えるようにならなかった。

ジュベの人たちはなかなかあたりのきつい人たちで、何をするにも途中からはけんか腰の交渉が必要だった。その交渉も、最初は寺嶋さん、一カ月後に寺嶋さんが帰国したあとは塙さんに任せることになり、お荷物感が増すばかりだった。

わたしたちはまず、そのときに村にいた男性の中から、アシスタントに三〇代の男性マニャレと二〇代のマニャレの甥、エメを雇った。そして、借りた家の家主の親族で若い独身女性のアニエスに食事作りと洗濯などの家事全般をお願いすることにした。電気や水道はなく、川から汲んだ水が飲用水だった。夜は灯油ランプだ。モタバ川の中・上流域は、工業製品の入手が非常に難しかった。定期船は水路が浅くなるので乾季の間はほとんど来ないし、定期船や丸木舟で工業製品が入ってきても、非常に高い。政治も経済も、国の中心と繋がっている感じが非常に希薄だった。わたしたちが持ち込んだ灯油やタバコや塩は、村人の垂涎の的となり、執拗にねだられた。その後、バナナの調査で世界の多くの熱帯や亜熱帯を調査したが、これだけ工業製品を渇望していた地域はなかったように思う。

食材は村で購入し、それを料理してもらう。何が主食になるかはわからなかったが、とりあえず、米を持っておけば困らないだろうと、米は大量に持ち込んでいた。そのため、最初は米と村人から買った魚や肉を食べていたが、村の人たちが売りに来る食材の中に料理バナナがあり、この人たちの主食は料理バナナであることがわかってきた。

最初に料理バナナに出会ったのは、畑ではなくて食卓だった。料理バナナは、青い状態で収穫し、熟す前に皮を剥いて調理する。味は、ほんのり味が薄めのサツマイモ、といったところであるが、調理法によって食感がかなり違う。夕食など正式な食事では、少量の水で蒸し煮したバナナを、専用のまな板と黒檀のような固い木から作った重いたたき棒で、一〇〇回以上思い切り叩いてダンゴ状にする（図2—5・図2—6）。これをディドコと呼ぶ。むっちりしていて、ういろうのような食感だ。もう少し簡便なのは、同じく蒸し煮したバナナを数十回軽く叩いて潰した状態にしたパパレと呼ばれる料理法である。パパレはディドコよりもっそりした感じの食感だ。普段の食事では、男性はディドコを食べ、女性や子どもはパパレを食べることが多い。朝は、蒸し煮したままのバナナをそのまま食べる。これはンピカと呼ばれ、かなりねっちりとした噛み応えがある。

付け合わせで食べるソースの材料は魚が多い。モタバ川には無数の支流があり、村は小さな川と湿地に囲まれていた。そこでは年中漁撈がおこなわれるが、特に、雨期の終わりの一〇月後半から一二月には、村人たちは家族総出で漁撈キャンプに入り、大型の梁で魚を穫り、燻製して干し魚をつくる。この干し魚が、ジュベの人たちの最も好む副食材料であり、都会に出荷される商品でもあった。一方、干し魚だけでは飽きるとも言い、生魚や、罠や銃で捕獲した野生動物もしばしば食卓に載った。味付けは、塩、トウガラシ、村でアブラヤシから絞るヤシ油で、どんな食事にもほぼこの三点セットが使われた。そして、キャッサバの若葉をすり潰したものと、ココ（*Gnetum africanum*）という野生の蔓性植物の葉が野菜として干し魚に加えられた。このふたつの業は、アミノ酸含有量が非常に多いという共通性をもっていた。

ちなみに、味付けをしない大量の炭水化物の主食を味の濃いソース状の副食につけて食べるのは、コンゴだけでなく、サハラ以南のアフリカ全体に共通する特徴であるが、主食や副食の材料や調味料は地域によって異なっている。主食の材料は、熱帯雨林では、栄養繁殖させる根栽作物で、キャッサバやヤムイモ、料理バナナである。乾燥するにつれて、穀物が中心になり、アフリカ原産のシコクビエや、中南米原産で現在アフリカの中で最も主食として重要なトウモロコシになる。キャッサバは乾燥にも強いため、乾燥地でも栽培される。乾燥による農耕の限界地ではトウジンビエが栽培されている。副食の材料は、自然環境と流通によって、野生動物や家畜、海魚、川魚、野生植物や栽培植物などさまざまだ。調味料も、塩だけが共通で、トウガラシ、トマト、ヤシ油、ラッカセイ、ゴマなど、地域によって特徴がある。

3……焼畑と混作

渡航する前は、女性から見た社会関係を調べよう、と考えていたのだが、それどころではない。ことばが全くわからないので、わかるのは目の前で見えることだけだ。とりあえず、自分たちの食事を書きとめること、作っているところを観察して調理法をメモすることが日課になった。「これ、何？（oyo, nini?）」というリンガラ語のフレーズだけを覚えて、食べ物と台所の中の道具を覚えることから調査が始まった。

アフリカの熱帯雨林の畑は、今も畑地を毎年切り拓いて火入れをし、数年作物を植えて放棄する焼畑移動耕作が多い。ジュベ村でも、料理バナナを中心にさまざまな作物を植える畑を焼畑移動耕作で営んでいた。村の周りには半栽培のアブラヤシ林が半円状に拡がり、その中にカカオの畑が拓かれている。その向こうには一度

図2-7　藪の中の畑

畑地に使ったドゥウンガ（二次林）と呼ばれる土地が拡がり、さらにその先に、一度も畑に拓かれた記憶がないンゴンダ（一次林）が拡がる。

バナナは、土が肥えているところを好む。村近くの二次林よりも、一次林の方が大きなバナナが穫れる。だから、できれば、一次林に畑を拓く。しかし、一次林は、村から遠く、木を切り倒すのに人出がたくさんいる上に、樹木の伐採以外の作業を一手に担う女性にとって、収穫に行くのも背負い籠で持ち帰ってくるのも労力がかかる。若い人やお年寄りは切り拓くのが簡単なアブラヤシ林に畑を拓くこともあるが、甲斐性のある大人はできれば一次林に直径七〇メートルくらいの大きな畑を拓くことが望ましいと言われていた。

村について二週間経った頃、初めて、一次林に拓かれたアシスタントのエメの母の畑に連れて行ってもらった。森の中は樹冠が閉じていて涼しいが、踏み分け道は、倒木を乗り越えたり穴につまずいたり、慣れない者には骨が折れる。よろけながら一時間歩いて着いた先に、明るく開けた空間があって、ここが畑だと言われたとき、すぐには信じられなかった。直径五〇メートルはある空間は確かに開けているが、その中には立木が何本もあり、中には胸高直径一メートルくらいの大木もある。切り倒された大木がごろごろ転がり、移動するにはそれらを乗り越えたりくぐったりしなければならない。その中に、背丈以上の野生植物が勢いよく生えている。どうみても藪にしか見えない（図2―7）。よく見れば、というより教えてもらえば、その中には、バナナ、キャッサバ、タロイモ、トマト、サトウキビ、ウリといった作物が混じって植えられていることがわかってきた。しかし、自分が知っている畑という概念とは全く違う光景に、わたしは面食らった。

焼畑と混作については、渡航する前に、アフリカセンターの自主ゼミで、アフリカの焼畑移動耕作の事例を集めたシュリッペの *“Shifting cultivation in Africa”* などを読んでいたので、多様なあり方も機能性も一応理解していたつもりだった。しかし、目の前の光景は、あとから、混合型間作（Mixed intercropping）と呼ばれることがあると知るのだが、列もなく、畝もなく、ただ、多種の作物が混じって植えられているとしか説明のしようがないように感じられた。野生植物の繁茂も激しいので、どれが作物か、どれが野生植物か区別もつかない。もう少し除草をするなり、倒木を整理するなり、まとめて植えるなり、何か手の入れようがあるのではないか。ジユベ村では、この畑をうまく理解できないままだった。

生態人類学では、人間と環境の関係の原点として、食料の獲得量と、そのために必要な活動の量を把握することが王道と考えられていた。同じ時期に同じモタバ川沿いで狩猟採集民アカの調査を行っていた北西さんは、キャンプが見渡せる位置に陣取って、キャンプ内に持ち込まれた食料をすべてバネばかりで計測していた。しかし、農民の村の中で食料の出入りをすべて把握することは現実的ではない。モノの出入りとその日の活動を把握できるのは世帯単位である。そこで、わたしたちはふたつのことを試みた。

ひとつは、いくつかの世帯を選び、アシスタントに活動を記録してもらうことである。ノートの見開きを使って、左ページに成人の一日の仕事（畑へ行ったら、何のためにいったのかも含めて）、右ページに食事の内容と材料、世帯外と交換したモノ（贈与と交換）を書いてもらう。自分で聞き取ろうとすれば、毎日の行動はそれを中心にせざるを得ないが、アシスタントに訊いてもらえば、自分の行動は自由になる。また、自分で訊けば、自分が知っていることしか訊かないが、アシスタントに自由にノートを書いてもらうことで、自分たちでは気づかない情報が出てくるのではないかということも期待した。最初は、一日数回家に行って聞き取ってもらっていたが、謝礼を払うとはいえ、一日に何度も他人が家に訪れて何を食べた、何をした、と訊かれるのにうんざりされ、邪険に扱われるアシスタントにもストレスが溜まったので、一日一回、夕方にまとめて訊くことにして、一週間訊いて一週間休む、というペースにした。途中、信頼関係が崩れてエメを解雇し、最終的には、マニャレだけで三世帯を回ってもらい、断続的におよそ八カ月分の生業と食と交換の資料が集まった。この調査は、村の人の毎日の活動や食べ物、交換について、基本的な情報をもたらしてくれた。

ノートはリンガラ語で書いてもらい（リンガラ語は通常文書には用いないので、マニャレがフランス語の書字法をもとに自分で考えた書字法で書いてくれた）、料理や食事材料、作物名、畑の仕事などに関する名詞はできるだけボバンダのことばで書いてもらった。このノートで、食や生業に関する重要な用語をかなり覚えることができた。

だんだんにわかってきたことだが、この村の人たちは、数十年前までは、ディカンダと呼ばれる数十人程度の親族集団ごとに川沿いから離れた森の中に暮らしていた。植民地政府が管理しやすい川沿いに強制的に集めて作ったのが川沿いの村である。ジュベ村の住人と同じ言語を母語とする人びとは、モタバ川沿いの二つの村に集められた。ディカンダは外婚単位なので、近くのディカンダは密接な姻族関係で結ばれていた。イゴール・コピトフが“The African Frontier”(Kopytoff 1987)で述べているように、アフリカは、離合集散性の高いディカンダのような集団が大きくなったり分裂を繰り返したりしながら流動性の高い社会をつくり上げている。ジュベ村は、ディカンダごと、または世帯ごとに独立性が高い(塙 二〇〇八)。お互いに、誰が得をし、誰が損をしているかとうかがいあう社会の中で、さまざまなしがらみに囚われたアシスタントに聞き取りをさせることはあとから考えれば難しいことだった。

4……離合集散性の高い社会

離合集散性の高さは当時も続いていた。村長のディカンダは、村の中心から少し離れた場所に半分独立したような集落を作っていて、その家族はめったに村の中で見ることがなかったし、できるだけ長く漁撈キャンプにとどまって、その近くに大きな畑を拓くディカンダもあった。

夫婦関係もかなり流動的だった。人類学者が村に住み着いて、最初にすることの一つは、住民とその家族・親族関係の把握である。ある家に行って、ここに住んでいる人はだれか、お互いがどのような関係なのか、と聞いていくが、一筋縄では関係が把握できない。異父兄弟、異母兄弟がとても多いのだ。一夫多妻であることに加えて、女性の方も、多くの人が、複数回パートナーを変える。同じ兄弟姉妹でも、異父、異母、同父同母では関係性が異なってくる。村の中では、しばしば、男女間のパートナーの入れ替えとそれにまつわるトラブルが起きていた。

男女関係は、マカンゴと呼ばれる。「婚姻」と訳せる「ボロンガ」ということばもあるのだが、それは、同居して、畑をともに開き、子供ができて、というような流れの中で周囲から、これはしばらく続くな、とみなされればボロンガ（婚姻）と呼ばれる、というゆるやかなものである。本人たちがボロンガだと言っていても、周囲がマカンゴだということもあった。正式にボロンガを成立させるための儀礼的なヤシ酒の交換や婚資は存在するが、特に、若い人は、それにこだわらない傾向があった。

この世帯住人の入れ替わりの激しさと親子・兄弟関係の複雑さによって、平面で家系図を描くという単純な作業が完成せず、悩みの種だったのだが、あとから考えれば、この流動性の高さこそが、ジュベ周辺の社会の特徴そのものだったのだ。

5……実験畑を拓く

活動の記録だけでは、収穫できる食料の量を知ることはできない。そこで、塙さんは、実験畑を作ることを思いついた。自分たちの畑であれば、好きなときに好きなように収穫して収穫量を計ることができる。村の人が焼畑を拓くのは一次林か二次林が多い。一次林と二次林の境目に畑を連続して拓き、その収穫量を比べれば、土地の違いと収穫量の相関がわかる。残念ながら、バナナは、植え付けてから一年近く経たないと実をつけないので、自分の畑のバナナの収穫量を知るには、一年以上あとに戻ってくる必要がある。ただ、そのあいだに、バナナがいくつ、キャッサバが何籠収穫されたか、アシスタントに記録してもらうことは可能だろう。それまでに、村で収穫されたバナナの重量をたくさん計って、平均値を出せるようにしておけば、収穫量が推計できるのではないか。また、トウモロコシは、植えて三カ月で収穫できる。それで、とりあえず、一次林と二次林の作物の生産力の差が見えるだろうと考えた。

そこで、エメの家族にお願いして、彼らが畑地に利用している隣接地で、一次林と二次林の境目の土地を使わせてもらうことにし、村人とアカの男性にお願いして小さな区画を切り拓いてもらった。わたしは畑の伐開時期である一月に重い皮膚病にかかって一時期首都ブラザヴィルで静養していたので、畑の伐開は塙さんが指揮をとった。そのあと、村の女性にお願いして、彼女たちがいつも植え付けているようにバナナやキャッサバ、トウモロコシを植え付けてもらった。

植え付けて数カ月後、トウモロコシの収穫時期になって、意外なことがわかった。一次林も二次林も、他人の畑より、明らかにトウモロコシが小さかったのだ。そして、畑の北側が南側より育ちが悪い。ジュベは北緯二度二五分にあるので、ほぼ赤道直下とはいえ、北の方が南より日当たりが少しはよいはずなのに、なぜ北の方が育たないのか。理由はどうも、北側から冷たい風が吹き込んでいるからではないか、ということになった。たしかに、陽が当たる畑から一歩森に入るとひんやりと冷たい。村の人の畑は、大きく拓いても、森の近くまでびっちりと植え付けることはない。また、森に近いところは、野生動物の害を受けやすい。ある程度はそのような害を見込んで、バッファーゾーン込みで大きめに畑を作るらしいということが理解できた。

やってみなければわからない、ということでいえば、非常に印象に残っているゼミがある。わたしが入学した京都大学大学院理学研究科動物学専攻生態人類学講座の研究室は、鴨川沿いにあるアフリカ地域研究センターの中にあった。動物学専攻の多くの研究室は、本部に隣接した北白川の構内にある。生態人類学講座は、人類進化論講座の姉妹講座として、アフリカで研究する人類学者を育てるために作られた講座らしい。わたしは、塙さんとともに、その一期生だった。それまでも、すでに大学院の課程を終えた研究員は在籍していたが、わたしたち修士課程の学生が入ることによって、「アフリカセンター」の毎週のゼミが開催されることになった。その初回、当時所長だった伊谷純一郎さんが、「このゼミでは、ともかくおもろいことをひとつ出そう」とおっしゃった。生態人類学についてもアフリカについてもほとんど知識がなかったその頃のわたしは、何が「おもろい」かさっぱりとわからず、周囲の熱気を感じるだけだったが、数回目に、当時、ザンビアの焼畑の土壌調査から帰ってきたばかりの荒木茂さんのゼミを聴いて、「おもろい」のヒントを得た。

ザンビアに住むベンバの人びとは、疎開林で「チテメネ」と呼ばれる特殊な焼畑で畑を拓く。チテメネは、実際に畑にする数倍の面積の木の枝を切り落とし、畑にする場所に運び入れて火入れをする。火入れのあとには、数センチに及ぶ分厚い灰が残る。これが、もともと養分の薄い土壌に多くの養分を与えるのではないか、というのが、当時の一般的な焼畑理解であった。しかし、荒木さんが報告したのは、火入れをした数日後、熱も冷めたあたりで、さて、と灰の量を量ろうとしたところで、灰はすべて乾期の終わりの強風で飛ばされた、ということだった。どうも、そういうことは多々あるらしい。だとすると、灰自体が養分になるのではなく、たくさんの枝を燃やすことで土壌が高温になること自体がよい影響を及ぼすのではないか。荒木さんはその後、その仮説を検証していくのだが、わたしが衝撃を受けたのは、仮説がチャラになる瞬間こそが発見の瞬間になる、ということだった。行って、行動して、失敗してみなくては思いつかないことがある、ということがフィールドワークの醍醐味なのだというメッセージとしてその話は深く印象に残った。「小さな畑という失敗」はそれを思い出させてくれた。ところで、荒木さんはその後、『続・自然社会の人類学』という本に書いた論文に、とても想定外だったとは思えない筆致でさらりとそのことを説明していたので、なるほど、論文は、紆余曲折を端折って書くものなのだ、と感心した（荒木 一九九六）。

のちのち、ジュベ村で家の隣にネギなどの野菜を植えるためにキッチンガーデンを作ったのだが、雑草が出てくるとどうも気になって抜いていたら、熱帯特有のスコールが降ったあと、作物の芽がすべて水に流されてしまったことがあった。雑草は、強い直射日光や激しいスコールから作物を守る役割も果たしているのである。これも、やってみなければわからないことであった。

6……贈与財としてのバナナ、威信としてのバナナ、象徴としてのバナナ

約一年間にわたって断続的にとった労働・食事・交換の記録からは、いくつかのことがわかった。一年間の労働のパターンや食事の年変化、村人が交換を通して誰とどのようにつきあっているかということである。

村人の主食は料理バナナであり、大きなバナナを途切れなく食卓に並べることは畑を管理する女性たちにとって社会的な評価に直結することであった。しかし、植え付けに数カ月かけたり早生の種類やゆっくり大きくなる種類を混ぜて植えているにもかかわらず、雨季の初め頃の六月と、中頃の九月頃には料理バナナが足りなくなった。

女性は、収穫したバナナをすべて自分の家で調理することはない。必ず、一房か二房、自分の親しくしている人、多くの場合、姉妹や母や子どもに与える。もし、相手が別のバナナを収穫していても、与えることがあ

る。どうやら、バナナは、最も重要な主食材料であるだけでなく、だからこそ、女性にとって最も重要な贈与財であるらしかった。

男性にとってのそれは、男性が毎日平均一三・五リットルも採取してくるラフィアヤシのヤシ酒だ。ヤシ酒は、男性が家に持ち帰って妻子に分け与えるだけでなく、一緒に飲んだり贈与したりする重要な贈与財だった。そして、村の中では、毎日のように、ヤシ酒を与えたりねだったり断ったりする、酔って大声でケンカをする、というように、否定的なものも含めて社会的な交渉が繰り広げられていた。ヤシ酒は、バナナと並ぶ栄養源でもある。塙さんは、成人ひとりあたりのヤシ酒による栄養摂取量は、約一〇〇〇キロカロリーにも達すると計算した（塙 一九九六）。

料理バナナも、時に、トラブルの元になった。バナナの盗難である。そろそろ収穫時期だと畑に行ったらバナナが盗まれていた、というのはときどき起こることで、それはたいがいアカの仕業だということにされた。畑からの帰り道には、村に隣接したアカの集落を通ることが多いのだが、そこで、自分のバナナが盗まれたことを非難して大声で演説する女性の声を何度も聞いた。いつもは穏やかな高齢の女性が声を荒げているのを聴いて驚いたこともある。どうやらそれは、バナナを毎日食卓に載せるためには女性がかなり勤勉に働かなければならないことと、バナナが主食であるにもかかわらず、一年を通して余剰がないことに理由があるようだった。

バナナが足りない場合には、キャッサバを主食にする。キャッサバの根茎、特に外皮には、青酸系の毒物が含まれており、毒性が低いものは生でも食べられるが、毒性の高いものは、さまざまな毒抜きをしなければ食べられない。前者をスイート・キャッサバや甘み種と呼び、後者はビター・キャッサバや苦み種と呼ぶ。コンゴ盆地で多く食べられているのはビター・キャッサバである。

ビター・キャッサバにはさまざまな調理法があるが、この村で最もよくおこなわれているボコンデという調理法は、流れのない川やドラム缶で三日ほど水に浸けて毒抜きしたあと、好みで数日間暗いところで発酵させ、天日干しや炉の上で干して保存し、必要に応じて蒸して食べる、というシンプルな方法だった。キャッサバを最も重要な主食にしている村ではこの調理法があまり普通ではないことには後から気がつくことになった。

ところで、ジュベ村から上流に向かって隣のブンザンダという村は、全く異なる言語グループに属するイケンガということばを話す人たちの村なのだが、数十年間隣にいるあいだに、女性たちが互いの村に婚入することもある関係になっていた。ところが、ブンザンダの畑は、ジュベとは反対に、ほとんどキャッサバ単作の畑なのである。ブンザンダから上流の村はすべてそうである。反対に、下流に向かうと、ずっと、バナナが主作物の村が続く。ジュベとブンザンダのあいだが、バナナとキャッサバの境界線なのだった。少なくとも、ジュベでキャッサバを主作物にすることは可能だったので、バナナもしくはキャッサバが、村ごとに、文化的に意識的に選ばれているのである。ジュベの人たちとブンザンダの人たちは、お互いに、バナナ食い、キャッサバ食いと陰で馬鹿にしあっていて、バナナとキャッサバは、エスニック・アイデンティティの象徴ともなっていた。

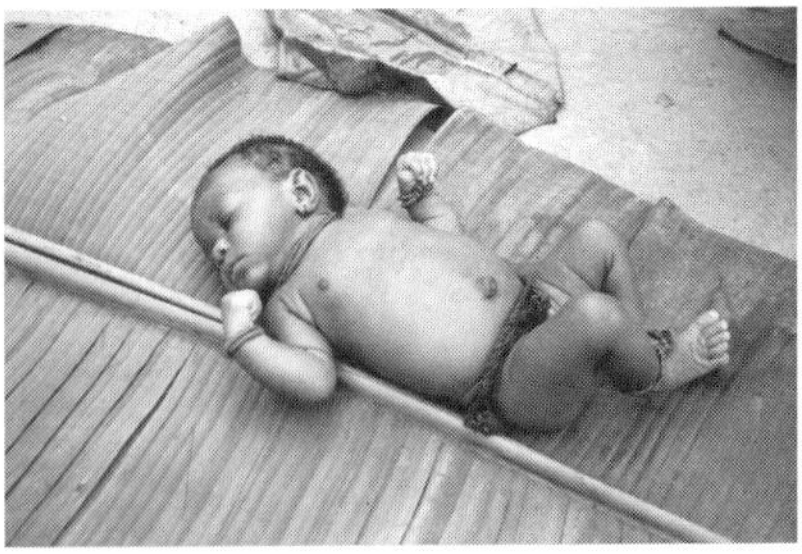
図2-8　子どもを外に出す儀礼

長期滞在する中で、子供が生まれて初めて外に出される儀礼や葬式などさまざまな儀礼を見ることができたが、儀礼において、バナナはさまざまな役割を果たしていた。一番印象に残ったのは、子供が生まれて初めて

図2-9　藪に帰った実験畑

外に出されるときの儀礼である。子供は、葉柄から縦にふたつに裂かれたプランテンバナナの葉の上に寝かされる。エシユ（*Pterocarpus soyauxii*）と呼ばれる大木の樹皮を削って作る赤い染料を体に塗って魔除けをしたのち、女の子であれば女の子が欲しい女性が、男の子であれば男の子がほしい女性が子供をその上から掠って走って逃げる。その後、掠った女性は、裂いたバナナの葉の片方を寝室の梁にかけると、その性別の子供を授かるという。子供の安全と他の女性の多産を同時に願う儀礼だ（図2―8）。

バナナにさまざまな品種があることは、ノートの中に品種を書いてもらっていたのですぐにわかった。しかし、そのバナナの見分けがつかない。料理バナナは、日本で食べるバナナより果指が大きくて、角のように曲がっている。しかし、その実がどのように区別されているかも、品種の特徴をどのように記述すればよいのかもわからなかった。ノートには、結局、品種のリストと、それが男のバナナと女のバナナという分け方をされているということだけが書かれた。

結局、最初の一年では、年間を通して何をしていて、何を食べているのかということがわかったのだが、それをどのように考えればよいのかはさっぱりわからないまま帰国することになった。

帰国から数カ月後、前年に植え付けたバナナの収穫が始まった一九九三年八月に、塙さんとわたしはもう一度ジュベ村を目指した。ところがブラザヴィルに着いたところ、一九九二年に行われた大統領選挙後の政情不安でブラザヴィルが内戦状態に突入したところに出くわした。今度の避難先はカメルーンだった。

カメルーンで二度調査したあと、一九九六年一一月には、塙さんとともにコンゴ・ブラザヴィルを再訪した。約五年前にわたしたちが拓いてもらったバナナ畑は藪に帰っていた（図2―9）。

2　カメルーンへ

1……コンゴ盆地を求めて

一九九三年に初めてカメルーンを訪れたときは、少し遅れてカメルーンに来た研究仲間と合流した。京都大学大学院人間・環境学研究科の大学院生だった佐々木重洋さんが、カメルーンでの初めての調査のために、福井大学の木村大治さんと一緒に渡航してきたのだ。佐々木さんが西部州で調査地探しをするのに同行したあと、木村さん、塙さんと三人で東部州に向かった。カメルーンの東南部に位置する東部州には、コンゴ・ブラザヴ

図2-10　1993年のモンディンディム村の風景（中央右寄りがバンジョー）

ィルから繋がる森林が拡がっている。そこでなら、熱帯雨林つながりで調査ができるかもしれないということで、カメルーン東南部の森林で調査地を探すことにした。

わたしたちはヤウンデでレンタカーを借りて出発した。カメルーンは、コンゴよりは道路が発達していて、道の整備がされていないにしろ、ともかく幹線道路が州都を繋いでいる。首都ヤウンデからは東部州の州都ベルトアまでは約三五〇キロメートル、最初の一〇〇キロメートルほど立派な舗装道路があり、そこから先は未舗装道路だった。初めて訪れた九月は大雨季が始まったところで、赤土の未舗装道路はぬかるんでしばしば立ち往生した。ベルトアからコンゴ・ブラザヴィル国境に近いブンバ＝ンゴコ県の県庁所在地ヨカドゥマまで三〇〇キロメートルは、雨が降らなければ車の振動で洗濯板のように削れたガタガタ道を、雨が降れば粘土を水でこねたようなどろどろ道を走ることになる。

わたしたちは、ヨカドゥマから南に二〇〇キロメートルの位置にあるコンゴとの国境のモルンドゥという町とのあいだで調査地を見つけようと考えていた。民族の分布もよくわからなかったので、ともかく、走りながら、手頃な大きさの集落を探す、というアバウトな探し方をした。最初に見つけたのは、ちょうどヨカドゥマとモルンドゥの真ん中に位置するミケルという村のロトンという集落である。ここに二泊させてもらい、塙さんはここを調査地に選んだ。カメルーンで調査をすることが決まったとき、今回は、近くにある違う村で調査をしようと話し合ったので、わたしは、この近くで調査地を探すことにした。

一一月、帰国した木村さんに代わって、やはりコンゴでの調査を断念して合流した北西さんと三人、今度はバスを乗り継いで東部州に向かった。北西さんは、ロトンに滞在して、隣接する狩猟採集民バカの集落を調査することにしたので、あとはわたしの調査地である。

手頃な大きさの集落で、水浴びができる川があり、人の雰囲気が明るいところ、という基準で探して行き着いたのが、ロトンから二〇キロメートルほど南に位置するモンディンディム村だった（図2―10）。ちょうど、学校で草刈りをしていた人たちが、明るい顔をしていたのが印象的だった。この村に滞在することを決め、相変わらずフランス語が全くできなかったので、塙さんが村長のパスカルにわたしを紹介して、滞在の許可を得てくれた。

2……サバンナからの移住村

住み着いてからわかったのは、モンディンディム村の住民は、一九五〇年頃に、サバンナと森林の境界にあたる東部州の北東端のリンディという村から移住してきた一族が作った村だということだった。カコという言語集団である。カコは、バントゥA90に分類され、数万人の話者をもつことばだが、モンディンディム村の周辺にはほかにカコの村はなく、北はボマン、南はバンガンドゥという言語を話す人たちに囲まれていた。前者はバントゥ系、後者はアダマワ・イースタン系と呼ばれるサバンナに起源をもつ言語である。この幹線道路沿いは、それ以外にも、数百人から数千人規模の話者をもついくつかの言語グループがそれぞれまとまって村を形成する多民族な地域だった。モンディンディム村は、第一世代が亡くなったりヨカドゥマに移住したりしたこともあって、平均年齢が若い村であるせいか、移住村であるせいか、オープンな雰囲気だった。

図2-11　投網を見せるパスカル（中央）、アデリーヌ（右）、ジュスティーヌ（左）（1993年）

村は、ジャーと呼ばれる集落が二、三〇〇メートルおきにいくつか並び、ジャーごとにバンジョーと呼ばれる屋根だけの集会所があった。村長のパスカルの家は、村の中央の集落の端にあったのだが、その隣に、村で唯一トタンで葺いた立派な屋根を持つ大きな空き家があり、わたしは四カ月間、そこを使わせてもらうことになった。しばらくして、そこは、その直前に相次いで変死したパスカルの弟夫妻の家だった、ということがわかるのだが、村人が怖がって泊まらなかったその家で、家主夫妻のベッドで一カ月以上眠ってもまったく怪しいことは感じなかった。村には電気と水道はなく、水は村内に数カ所ある井戸から汲み、夜は灯油ランプをつかった。

パスカルの娘で一三才くらいのアデリーヌと、パスカルの姻族の娘である同じ年のジュスティーヌがごはんづくりと洗濯や水くみをしてくれることになった（図2—11）。女の子は、これくらいの年になると、家事がひととおりできるようになる。それから少しずつ畑仕事もできるようになり、一六才か一七才くらいで親元で最初の出産をしてから夫を探すことが多い、というのはジュベ村と同じだった。

図2-12　ニャニャと長男ロベール（2008年）

今度も最初のハードルはことばだった。カメルーンでは、リンガラ語を話す人はほとんどいない。村のことばはカコ語が基本だが、近隣の村から婚入したり、妻の親族が住み着いたりで、村の中は多言語使用だった。幸い、村の人の多くは、学校で習ったフランス語を使いこなしていたので、調査はフランス語ですることにした。ところが、コンゴにもどるつもりでいたので、フランス語の辞書は、ジェムというポケット辞書しか持っていない。しかたないので、村の人が使うフランス語を真似しながら、必要なフランス語を覚えていくことにした。毎日顔を出してくれる面倒見のよいパスカルや、暇な若者や学校帰りの子供たちに相手をしてもらって、少しずつ生活と調査のためのフランス語を覚えていった。

モンディンディム村の周辺は、半落葉性樹林である。年に二度ずつの乾季と雨季があり、年間降水量はおよそ一五〇〇ミリメートル、年平均気温は二五―二六度である。村は、幹線道路に面していて、近くに輸出用の木材の伐採基地がいくつかあるため、毎日木材を積んだ数十台の大型トラックが行き来していた。人口は一九九五年当時で一三七人、そのうち、村の中に独立した集落を構えるバカが一七人、最初に移住してきた兄弟の子供たちと合流した親族を中心にカコが二五人、その他、近隣の村の住民であったバンガンドゥ、ボマン、ビモといった深い森林に暮らす民族と、バヤ、ヤンゲレといった比較的開けた森やサバンナに暮らす民族の人たちがいた。住民はみな、バカを除いて親族関係か姻族関係で結ばれていた。バカとそれ以外の住民との婚姻関係が一組だけあることが、ジュベ村とは違った。暇なときには、男性は、バンジョーで兄弟や近い親族、通りがかりの人と過ごしていた。女性は、自分の台所や近しい人の台所で過ごすことが多い。バンジョーと台所はいつでも訪問できたので、わたしは村のバンジョーと台所を回って歩くことを日課にした。集落の反対の端に、パスカルの叔父の未亡人であるニャニャという高齢女性が息子たちの家の横に一人で住んでいて、彼女はサバンナのヤンゲレの出身だったが、若い頃にコンゴに滞在したこともあるため、リンガラ語が話せた。わたしは、フランス語より自由に使えるリンガラ語でおしゃべりしながらのんびりと過ごせるのが楽しくて、ニャニャの台所で長い時間を過ごした(図2―12)。

村の生業はジュベ村と同じく漁撈、狩猟、採集などを組み合わせて複合的だったが、その中心は焼畑移動耕作とカカオ畑の経営である。多くの人がカカオ畑を持っていたが、一九九三年当時は買い取り価格が低迷していた。ジュベ村と違うのは、毎年一回か二回拓かれる焼畑移動耕作の主作物がビター・キャッサバだったことである。サバンナとの境界に暮らすカコの人たちは、本人たちがいつからか知らないくらい長い間、キャッサバを主作物としてきた。一九五〇年代にモンディンディムに移住してきた兄弟は、当初、近くのボマンの集落に寄生しながら暮らしていたのだが、自分たちの畑を拓くときに、キャッサバを主作物として選んだのである。そのほか、料理用のプランテン・バナナ（AAB）、トウモロコシ、ラッカセイ、ココヤム（マカボ・ヤウティアともいう。*Xanthosoma sagittifolium*）、ヤムイモ、カボチャ、スイート・キャッサバ、オクラ、トウガラシ、アブラヤシ、サトウキビなどが混作されていた。畑は村から一キロ以上離れた二次林やもっと遠い一次林が多かったが、キャッサバは、バナナほど土地の肥沃度が高くなくても栽培できるので、農耕に力を入れていない若い世帯や高齢世帯は、数年しか休閑していない家の裏の畑を再び使うこともあった。

図2-13　カモとココと干魚とラッカセイのソース

キャッサバの多くはビター・キャッサバで、止水に三日間漬けて毒抜きをしてから日光で干すのだが、ジュベ村とは違って、細かくほぐしてから干す。天気がよければ一日でからからに乾く。これを保存して、毎日、食べる分だけ取り出し、臼と杵で搗いてふるいにかけ、パウダー状にする。それを熱湯に入れて練り上げるのが、カコ語でカモと呼ばれる主食だった（図2―13）。トウモロコシ粉で作る東アフリカのウガリのキャッサバ版である。発酵が進んでいないキャッサバで作ったカモは、あっさりしていて、熱々のうちに食べるので好きだったが、村の人のように大量には食べられず、あとからおなかが空くのが難点だ。一方、ここでは料理バナナは軽食材料で、朝ごはんに茹でて出される。ジュベ村のようにわざわざ搗いてダンゴ状にすることは少なく、搗くときにも、バナナ専用の道具はなく、キャッサバ粉を製粉するための臼と杵を転用していた。

副食は、さまざまな材料を煮込んだジャンボと呼ばれるソース状の皿で、材料は、大小さまざまな河川で行われる漁撈でもたらされる魚、罠猟や弓矢猟で獲られる野生動物、葉菜、野生植物の葉、キノコなどジュベ村に比べてバリエーションが豊かだった。ジュベで頻繁に食べられたココとキャッサバの葉は、この村でもやはり頻繁に食べられていた。

図2-14　カカオの若芽のモル

調味料も豊かで、ジュベ村で見慣れていた、塩、トウガラシ、ヤシ油やウリの種以外に、ちょっと変わった一群の調味料があった。それは、食べ物に粘性を与える調味料である。例えば、カカオの木の若芽やワラビから、無味でねっとりした液が得られる（図2—14）。これらを加えると、オクラを加えたときのようにソースがねっとりと粘る。このような調味料は、モルという総称があった。オクラもしばしば使われた。また、やはりジュベ村では見なかった香りづけのハーブも数種類あった。

わたしは、ジュベ村の記憶を参照しながら、モンディンディム村の暮らしや食、農について見ていくことで、モンディンディム村の特徴を理解しようとした。そしてそのうち、農や食についてジュベ村と違う部分は、この村の母村であるリンディ村から引き継いでいるということがわかってきた。そこで、滞在が終わりに近づいた二月に数日間リンディ村

図2-15　リンディ村周辺のサバンナの風景

を訪問してみることにした。

　モンディンディム村からリンディ村までは、乗り合いのミニバスに乗ってヨカドゥマまで一二五キロメートル、そこからバスを乗り換えて八〇キロメートル北上し、ヨラという小さな町のジャンクションから一五キロメートル徒歩になる。遠くの親族を訪ねることは村の人にとっては歓迎される機会なので、リンディに父方の親戚がたくさんいて、昔、一度訪ねたことがあるというパスカルが喜んで同行してくれた。

　リンディ村は、中央アフリカ共和国の国境まで歩いて二キロメートルほどで、サバンナと森林の境界域にあった。村も畑もサバンナにあるが、ところどころ小さな森林がある（図2―15）。最も近い都市の年平均気温は二四・七度、年間降水量は一五三九ミリメートルだが、降雨は雨季に集中していて、降水量が五〇ミリメートルを下回る月が二カ月ある。

　周辺はカコの居住地で、カコ語以外のことばはほとんど聞こえないのが新鮮だった。共通語が必要ないせいか、村の女性たちの中には、フランス語がほとんど話せない人が多かった。ここで、パスカルの父の従兄弟にあたるアンブトゥ一家の家に泊めてもらった。セメントづくりの立派な家である。村から一キロメートル先には、カデイ川という大河が流れ、夜になるとゴーゴーと川の流れが聞こえてきた。昼は暑いが夜はすうっと気温が下がって、湿度も低くなり、星がくっきりと見える。カデイの流れをBGMに眠るのは気持ちよかった。ここでは、カカオの代わりにコーヒーが商品作物で、家の周りには大きなコーヒー畑があったが、コーヒーも値段が低迷しているようだった。立派な家は、コーヒーが高値で売れた時期に建てたのだろう。畑は、ビター・キャッサバを主作物として、ラッカセイかゴマを混作していて、ラッカセイとゴマを収穫したあとはキャッサバの単作になった。料理バナナは栽培しないので、食事は百%、キャッサバのカモだった。

ここで数日過ごしてわかったことは、モンディンディム村の食事材料の中で、ジュベ村でみかけなかったものはやはり、サバンナの母村に由来していたということだ。粘性を与えるモルが多く使われ、ときどき、野生の葉のココとモルと塩、トウガラシだけ、というシンプルな副食もあった。ハーブ類も同じものがあった。モンディンディム村の農具や漁具も、リンディ村に由来するものがあることがわかった。アンブトゥは、最後の日にヤギを一頭くれ、ヤギと一緒に乗り合いバスでモンディンディム村に帰った。

3……食事材料のセット

三カ月半をモンディンディム村で過ごして帰国したのち、同じ一九九四年のうちに、今度は二カ月半の予定で村にもどった。今回は、バカの調査で初めて渡航する理学研究科の後輩の都留泰作さんとの旅である。この頃、コンゴ・キンシャサやコンゴ・ブラザヴィルの調査が長期的に難しいことがはっきりしてきたこともあり、カメルーンで研究チームを率いる先生方が資金を出し合って車を調達してくれたので、自分たちで運転して調査地に向かった。

わたしはそれまで、アフリカについて一本も論文が書けていなかった。コンゴの調査は、長い滞在にも関わらず半端な調査で終わっていたし、カメルーンの一度目の滞在も物珍しさで情報を集めることで終わっていた。今度こそなんとか論文のネタを見つけなければと村にもどったのだが、日常の食事にきっかけが見つかった。

それは、主食と調味料の組み合わせが決まっていると気がついたことだった。モンディンディム村では、食事のうち、約六割がビター・キャッサバのカモで、残りが料理バナナと他のイモ類を茹でたものだった。ビター・キャッサバと食べるとき、副食には粘性植物、ハーブ、ラッカセイやウリの種などの種実類、ヤシ油などの油といったさまざまな調味料が使われるのだが、料理バナナが主食のときには、副食には、粘性植物やハーブは入れられない。代わりに、料理バナナとしか組み合わされないナス科の苦み植物のスープもあった。

おもしろかったのは、ペキとテレムと呼ばれる二種のイルビンギア属（*Irvinia spp.*）の実だった。ブッシュ・マンゴーとも呼ばれるこれらの実は、アフリカの熱帯雨林に広く分布している大木で、その実の仁には油分が多く含まれており、煎ってすり潰してから炉に吊して液体を分離すると、コクと風味の強い固形の油料調味料になる。ナイジェリア、カメルーン、コンゴなどで広く商品化されていて、高値のつく森林生産物である。一方、ペキとテレムを乾かさずに生ですり潰して水や湯を加えると粘り気がでる。モンディンディム村のカコの女性たちは、この調理法の場合は調味料をモルと考え、油分はないとみなし、必ずキャッサバと合わせていた。

森林地域の人たちは、この使い方は基本的にはしないし、母村のリンディにはそもそもこれらの植物はなかった。

数量的に食事の材料を把握しようと、世帯ごとの食事と生業の記録をモンディンディム村で三軒とリンディ村で一軒、それぞれ五カ月間、一週間おきに、その家の家長である男性につけてもらった。フランス語が読めるようになっていたので、ノートはフランス語でつけてもらった。ノートをできるだけ長い期間つけてもらうために、モンディンディム村近くのバカの村で調査をしていた都留さんが一九九五年の帰国時にノートを回収してくれた。

主食と調味料の組み合わせからわかったのは、モンディンディム村には、母村のリンディから受け継いだキャッサバを中心とした組み合わせのセットと、近隣の住民から取り入れたバナナを中心としたセットが併存していることだった（図2―16）。

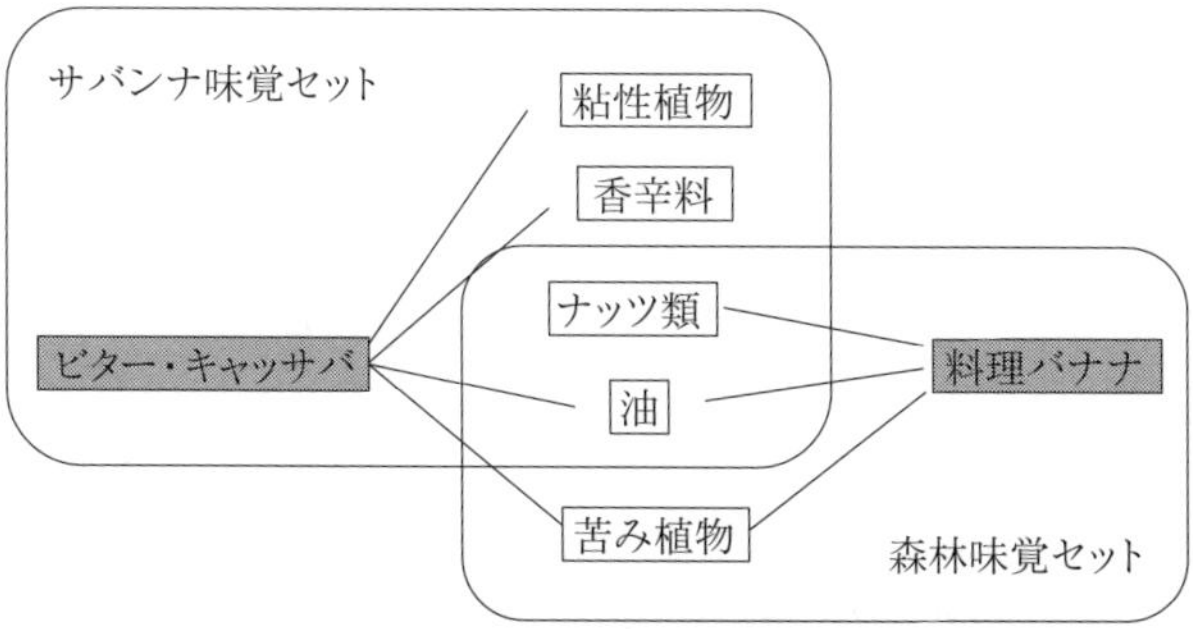

図2-16　モンディンディム村における主食と調味料のセット

このようなセットは、めずらしいことではない。かつて、石毛直道は、非常に無国籍にみえる日本の食生活について、主食と副食の取り合わせが存在すると指摘した（石毛　一九九五）。石毛によれば、日本の食事は米飯を中心として和洋中の幅広い副食と結合できるオープン・システムとして発達してきたという。それに対して、洋食として取り入れられたパンは、洋風だけで完結していて、和や中華の副食とは結びつかないクローズド・システムだという。そうすると、少なくとも一九八〇年代の日本の食卓は、なんでもありに見えて、米飯を中心としてなんでも受け入れ可能なシステムと、パンを中心としたクローズドなシステム（洋風な副食だけが両方に結びつくことができる）のふたつが併存していたと言える。

このような食事材料のセットは、実は食卓だけの問題ではない。一九八〇年代にトンガにおける肥満と成人病の増加の背景を調査した栄養学者の足立己幸は、イモと魚とココナツという三つのキーフーズの組み合わせで成り立っていた栄養学的にかなり完璧な伝統食が、ニュージーランドへの出稼ぎでもたらされた西欧的なものに対する憧れと、ハリケーンの緊急物資であった小麦粉の導入で、あっというまに崩れた例を紹介している（足立一九八五）。イモがパンになると、ココナツウォーターが砂糖入り紅茶と清涼飲料水に置き換わり、あっさりとした魚蒸し料理が物足りなくなってマトンの脂身に置き換わると、魚を獲る漁師が減って高価になり、安いマトンがさらに流通し、というふうに転がっていったのである。結果として国民の食を支えるためのトンガの食生活と農は全体的に弱体化してしまった。

最初は経験からもたらされる味覚の問題に見えた食事材料のセットは、実は、それだけの問題ではないかもしれない。「食事材料のセットと食事文化」という論文を書き上げ、『アフリカ研究』に投稿したあと、数年経ってから、モンディィム村だけでなく、キャッサバを中心としたセットとバナナを中心としたセットの問題は、食卓だけではなく、生業や環境利用を含む、大きな問題と結びついているのではないか、と考えるようになった。

4……畑地の生物多様性

モンディンディム村では、畑のありかたについても考え直すことになった。

きっかけは、畑の中の作物の配置を記録しようと、パスカルに手伝ってもらってコドラート（調査用の方形区）を作って調査をしたことだ。村でよくみかける、一次林を開いて九カ月後の、キャッサバとバナナを中心とした混作の畑を選んだ。作物の名前もよくわかっていなかったので、一メートル四方の区画ごとに、「ここにある植物をすべて教えて」と頼み、パスカルが挙げていく名前を地図に書き込んでいった。混作畑であることはわかっていたので、複数の名前が挙がることは予想していたのだが、いくつかの区画を書き終わった後で、すでにかなりの名前が出てきているのに気がついた。たしかに多作物ではあるが、これは多すぎるのではないかと思い、ある植物について、これは植えたの？　と訊くと、植えていない、という。雑草じゃん、とわたしは脱力した。しかし、すでに数区画記録してしまったのがもったいないので、ともかく、最後までその調査を続けた。あとから、作物と野生植物を分けて整理していくと、植えたか？　植えていないか？　という質問では、作物と野生植物を分けられないことがわかった。作物なはずなのに植えていない植物も出てきたのだ。パパイヤである。パパイヤは、水分が多いので、畑仕事の際に食べることが多い。そのときにまき散らした種から勝手に生えてくる。アブラヤシも、畑で実を収穫する作業をすると、こぼれて勝手に生えてくる（図2―17）。

そもそも、パスカルは、そこにある植物の名前を言ってくれと頼んだとき、作物と野生植物の名前を同じように挙げた。畑の中にある野生植物の（おそらく）すべての名前を彼は知っていたのである。そこで、畑の中で見つかった一〇二種の野生植物になんらかの用途があるか訊いてみると、そのうち八〇種（七八％）になんらか

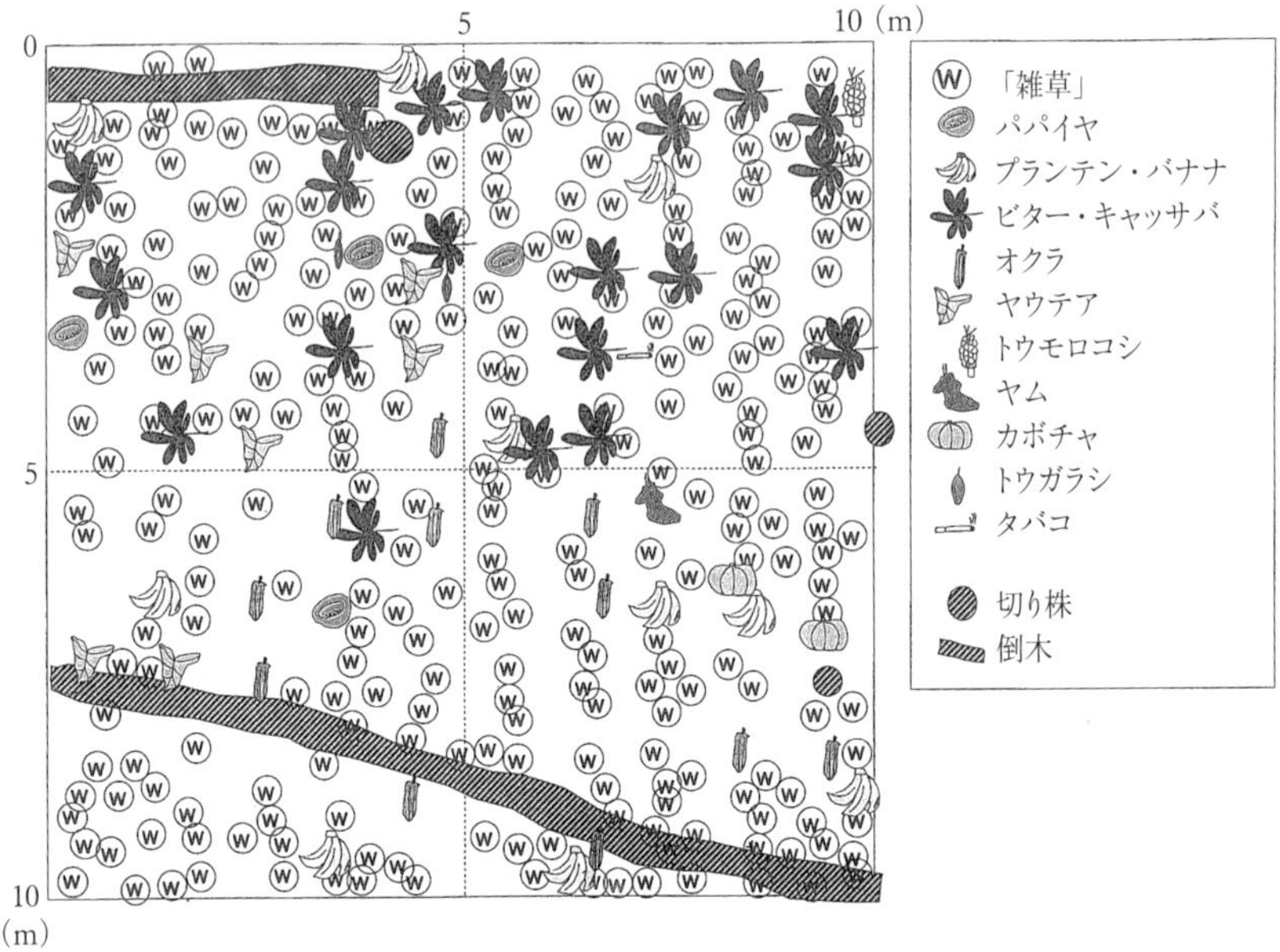

図2-17　モンディンディム村の混作畑

の用途が想定されていることがわかった。重複するものもあるが、薬用（四〇種）が最も多く、葉や枝や蔓を台所用具や建材などに使う利用（一八種）が続き、食べたり飲んだりする（一三種）、儀礼に使う（三種）などの用途もあった。

これらの植物は、いつでも好きなときに使えるわけではない。数カ月で使用可能な草本もあれば、数十年経って大きな木になればよい建材になるといったものもある。ジュベ村やモンディンディム村で見た焼畑移動耕作は、毎年、新しい畑を伐開するのだが、一年で使い終えるのではなく、ビター・キャッサバは一年ほど収穫を続けるし、バナナは数年間自力で更新したものを収穫する。その間にだんだんと植生が変わって、野生植物の比率が高くなるのだ。また、畑を伐開するときには大木は労力がかかるという理由で切り残されることがあり、最初から野生植物が畑地に含まれている。

さらに、モンディンディム村の畑には、二六種の作物があり、バナナもキャッサバも数品種が混ぜて植えられている。

ジャック・ハーランは、*"Crops and Man"* の中で、作物と雑草とはそもそも連続的なものであると述べている(Harlan 1992)。人間の好悪と、人為の植生に対する植物の適応のかけ算で、ある植物が作物かどうかが判断されるのであって、人間の好悪の面で言えば、同じ植物が作物として扱われることもあれば、じゃまな雑草とみなされることもあるという。ハーランは、このような雑草の二面性について分析し、人間の対応の側面から、耕地内に生育する植物に次の連続的な五つのレベルを想定している。1．栽培化された(遺伝的に変化した)植物(domesticated plant)、2．生育が奨励される雑草的作物(encouraged weed crops)、3．存在が許容された雑草(tolerated weeds)、4．存在が好まれない雑草(discouraged weeds)、5．有害視され疎まれる雑草(hated, despised, etc.(noxious weeds)である。モンディンディム村の畑はこの五つのレベルのすべての植物が共在し、そもそもの最初から人間が完全に管理しているわけでないのに加えて、時間とともにだんだんと人間の管理を減らしていくような畑なのだ。焼畑移動耕作というのは、時系列でみれば必ず野生植物も要素とする混作畑だとも言える。コンゴ盆地の焼畑移動耕作かつ混合型間作の畑は、畑地の生物多様性が非常に高い畑なのである。そしてそれは、人間が管理したからというよりは、管理の手を抜いたからこそ生まれた多様性である。

塙さんが調査していたロトン集落でも、畑の伐開時に切り残された樹木や雑草の利用が見られたので、ふたつの村の事例を合わせて「許容される野生植物」という論文を書き(小松・塙 二〇〇〇)、のちに、モンディンディム村で追加調査をして「森と人が生み出す生物多様性」という論文(小松 二〇一〇)を書いた。

バナナは、日陰でもよく育ち、植物体が大きいので、植え付け前に除草すれば雑草に負けて枯死することが少なく、長ければ十年以上自力で栄養繁殖できることから、このような畑の手抜き栽培に非常に適応しているように見え、わたしは、バナナというのはそのような作物なのだろうと思っていた。しかし、その後、その思い込みは簡単に覆された。

第3章

バナナ研究との出会い

1 「バナナの足」研究会発足

京都大学では、わたしが修士に進学した一九八九年以降一〇年間、教育組織の改組が続き、アフリカセンターに席を置いて学ぶ大学院生も、理学研究科から、人間・環境学研究科、農学研究科、アジア・アフリカ地域研究研究科と籍が変化した。アフリカセンターも、アフリカ地域研究センターという名称だったのが、一九九六年からアフリカ地域研究資料センターに改称していた。

さまざまな所属をもつ後輩の中には、アフリカ各地で農業を研究する人たちがいた。アフリカでは混作が基本であることから「混作研究会」という自主研究会を作り、そのメンバーと、アフリカ農業に関する文献を読んだり、修学院にあった市民農園の小さな区画を借りて農作業の真似事をしてみたりした。そのうち、小さな助成金を申請して、共同でひとつの調査地で調査をしてみたいと考えるようになり、国内外でよいテーマがないかと話し合うようになった。

そのような研究会の仲間に、タンザニア西部の高地でバナナを主作物とするハヤの社会を調査している丸尾聡さんがいた。丸尾さんが紹介してくれたハヤのバナナ栽培は、わたしや塙さんが見てきたコンゴのバナナ栽培とはあまりに違った。

丸尾さんの調査村では、ジュベ村と同じようにバナナが主作物であり主食であるのだが、ジュベとは異なり、百年以上同じ畑で栽培され、枯れた葉は除去され、生えてくる子株の向きまでコントロールするという非常に手をかけた栽培を行っているという。そして、ジュベよりはるかに多い七二種類のバナナがあるというのだ。ジュベの非集約的（粗放的）な栽培と、ハヤの集約的な栽培。いったいどちらのバナナ栽培が世界のスタンダードなのだろうか。

わたしたちがコンゴやカメルーンで見てきた料理バナナは、AABのプランテン・サブグループであった。そして、丸尾さんが調査していた東アフリカの料理バナナは、わたしたちが日常的に食べている生食用バナナと同じAAAというゲノムタイプで、「東アフリカ高地AAA」と呼ばれるグループだった。コンゴでは、いくらバナナを見ても、バナナの長さや太さを測っても、種類を見分けることはできなかった。しかし、バナナの見分け方を学べば、自分たちが見てきたものが何だったのか理解できる。そもそも、食用バナナの起源地が東南アジアなら、東南アジアのバナナを見てみたい。東南アジアと比較することで、アフリカで見たバナナ栽培文化を位置づけることができるのではないか。そして、世界中の熱帯にバナナを通してアクセスすることができるのではないか。

人類学者は、基本的にひとりで調査をする。アフリカやニューギニアなど、交通の便が悪い地域では、隣接する調査地を選んだり、ある地域をグループで調査することもあるが、科学研究費などの同じチームのメンバーであっても、調査フォーマットまで合わせた調査をすることは滅多にないし、同じ地域に一緒に入って、共著で論文を書くこともほとんどない。しかし、同じ「バナナ」という共通のテーマをもち、別々のバナナ体験をもつ研究者が、同じフォーマットを使い、知識を共有しあいながら新しい調査地を調査すれば、新しいタイプの調査ができるかもしれない。

現地調査のための一〇〇万円程度の助成金を探していたとき、アフリカセンターの農学者・高村泰雄（奉樹）先生が、ある助成金の存在を教えてくださった。熱帯植物資源研究センターが実施していた日本サゴヤシ研究奨励基金が、日本学術振興会に寄託され、熱帯生物資源研究助成として、サゴヤシ以外の熱帯植物研究も対象にするようになった、というのだ。この研究助成は、もともとサゴヤシ研究という非常に限られた研究を対象としていたので、あまり知られていなかった。これならいけるかも、と応募したのだが、常勤の研究職にある人間を研究代表者とする必要があり、一年目はあえなく選外だった。翌年、すでに山口大学に就職していた北西功一さんを口説き落として代表者になってもらい、二度目に申請したところ、助成金が下りて、塙、北西、丸尾、小松の四名で一九九九年のはじめ、バナナ研究と海外調査が始動することになった。

チーム名は「バナナの足」研究会とした。ひとつの「もの」を手がかりに自分の足で調査を拡げる鶴見良行の「ナマコの眼」が調査のヒントになったことがひとつ、バナナ自身が、原産地から東西に拡散して世界中の熱帯で栽培されるようになったことをバナナの足で移動したとみたてて、伝播の歴史を再構成することを目標にしたことがひとつ、最後に、できるだけたくさんの場所を自分たちの足で調査したい、という思いを込めた命名である。

バナナに関する先行研究を探したところ、東京農業大学が創立一〇〇周年の記念事業として一九九一年から一九九三年に実施したパプアニューギニアの調査報告書に詳しいバナナの調査報告を見つけた。バナナに関する章を担当された天野實先生に連絡すると、大学の温室にバナナを育てていらっしゃるというので、メンバー全員で温室を訪問してバナナの品種の多様性について教えていただいた。また、多くの品種のバナナを栽培する熱川バナナワニ園を訪問して、天野先生の研究室で学んだ学芸員の清水秀男さんに実際に多くの品種を見せていただいたりしながら、わたしたちは植物としてのバナナの知識を深めていった。

最初の調査は、バナナの原産地である東南アジアでしたいと考えたのだが、アフリカ研究者であるわたしたちには全く土地勘がない。そこで、アフリカセンターの隣にある東南アジア研究センターで東南アジアの幅広い地域で農業・漁業の調査をされている田中耕司先生に相談した。すると、田中先生は、ご自分が調査の拠点のひとつとされているインドネシア・スラウェシ島に、周囲から「バナナ食い」と呼ばれているマンダールという人たちがいる、と教えてくださった。そこだ、ということになり、わたしたちは、最初の調査でスラウェシ島南西部に住むマンダールの人たちを訪ねることに決めた。また、田中先生は、ジャワ島のボゴール植物園で野生バナナの分類を研究されていたルスディ・ナスティオン先生と、スラウェシの州都マカッサルにあるハサヌディン大学で調査中の身元を保証してくださる副学長のワヒド先生、京都大学に留学していた漁業経済学者のアンディ・アムリさん、長く田中先生のアシスタントを務めて日本語がペラペラなマンダール出身のガイド、ウディンさんなど、調査に必要なすべての人たちを紹介してくださり、わたしたちは、万全の体制で初のアジア調査に向かうことになった。

2　マンダールのバナナを訪ねて

タンザニアのハヤの追加調査が必要だった丸尾さんを除き、北西、塙、小松の三名は、一九九九年八月、イ

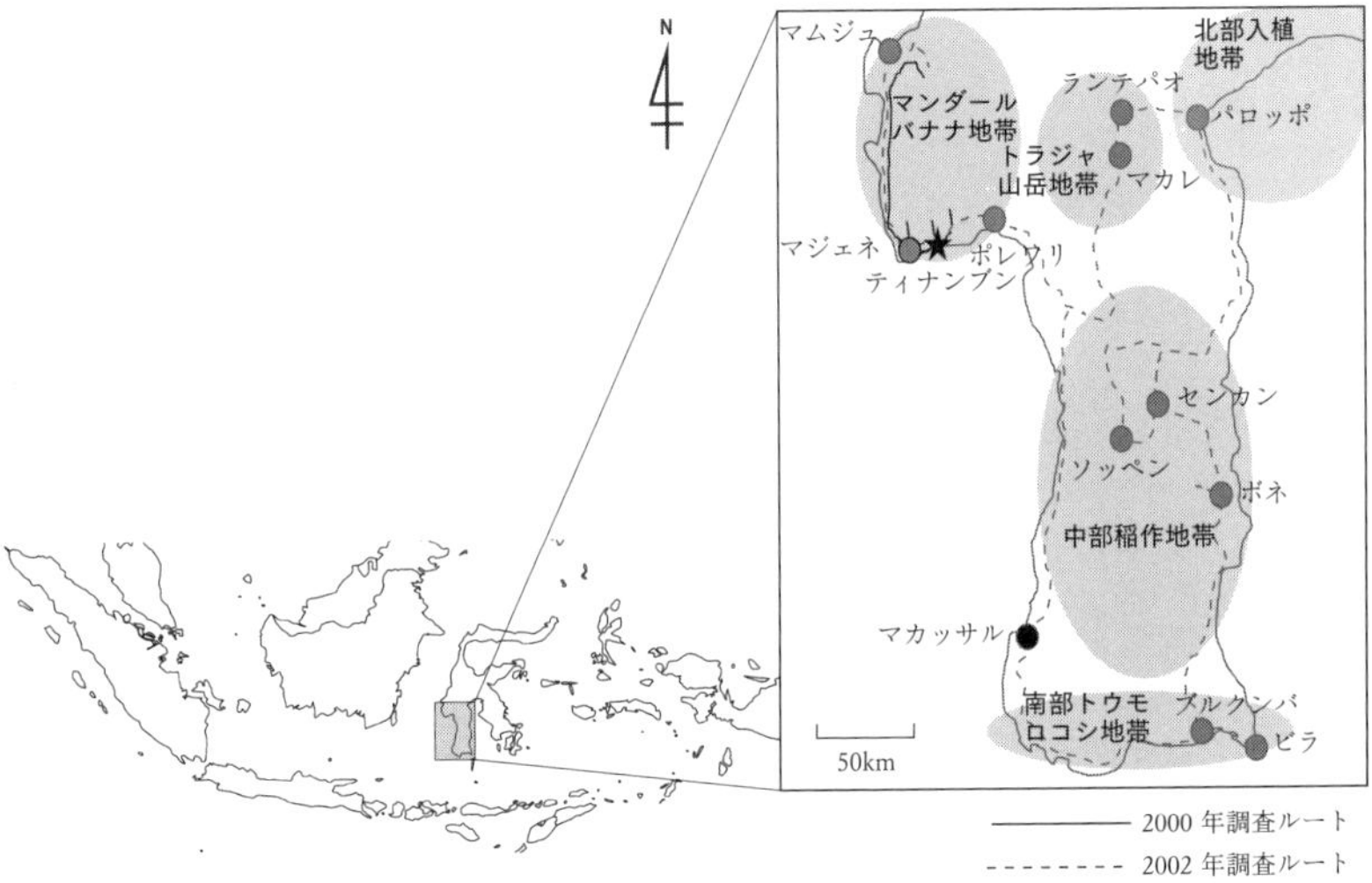

図3-1　スラウェシ調査地地図

ンドネシアへ向かった。

まずは、ボゴール植物園の広大な園庭で、野生バナナと栽培バナナを見ながら、ルスディ先生に形質の見分け方を教えていただく。シモンズの一五カ所の形質のチェックシートの使い方も実習した。その後、道沿いのスタンドで売っているバナナの品種を片っ端から買い込んで、味見をしながら形質の違いを見分けるポイントを覚えていく。毎日、今まで見たこともない種類のバナナを買っては食べ続けた。ホテルやゲストハウスでも朝食には必ずバナナがあったので、朝食から実習だった。

そして、わたしたちは、八月一三日、空路、南スラウェシ州の州都マカッサルに到着した（図3—1）。翌日、アムリさんの案内で、ハサヌディン大学で学長と国際交流担当の副学長にお会いし、調査に問題がないことを確認していただいた。最初は、田中先生の紹介で訪ねてきた大学院生に対する形式的な面談だったのだと思うが、バナナの調査をしにきたというと、バナナの思い出を語り出して思わず盛り上がった。このようにバナナ自身に救われる、と言う経験を、わたしたちはそれから何度もすることになる。

ガイドのウディンさんはマンダールの出身だった。インドネシアでは、ほとんどどこでもインドネシア語は通じるが、ローカルな言語は七〇〇以上に区分できると言われる。地元の呼び名である方名を手がかりにするわたしたちにとって、マンダール語が母語で日本語がぺらぺらなウディンさんは最高のガイドだった。小柄で陽気なウディンさんは、非常に頼りになるガイドで、わたしたちが興味をもつこと、つまりバナナをめぐるあらゆること、だけでなく、その合間に、地元の行事の見学やマンダールの人々の自慢である帆船に乗ることなど、さまざまなことを思いついて見せてくれた。

マンダールは、マンダール語を母語とする人々で、南スラウェシ州西岸のポレワリ（Polewali）からマムジュ（Mamuju）までの海岸部から内陸山地帯にかけてのエリアを中心に居住している。マンダールが人口の多くを占める地域（マンダールエリア）は、調査した頃は南スラウェシ州の一部だったが、二〇〇四年に西スラウェシ州として独立した。わたしたちの調査地は、マカッサルからレンタカーで舗装道路を五—六時間走り、マカッサルから向かったときに西スラウェシ州の入り口に当たるポレワリから五〇キロメートルほど、ポレワリから州都マムジュへの一本道の幹線道路沿いにあるティナンブンというデサ（村）だ。マムジュやポレワリ、数キロ西にあるマジェネほどの大きな街ではないが、週に二回大きな定期市が立ち、後背地への入り口にあたる交通の結節点だ。マンダールは、もともと海岸部に七つ、山間部に七つの小さな王国の集合体で、ティナンブンは、そのひとつの中心地だったといい、家の前は、王宮前広場だった。

海岸部ではサンデと呼ばれる美しい小さな帆船を操る沿岸漁業、山間部では農業に従事している。周囲の人々の農業が水田稲作を中心としているのに対して、マンダールエリアには水田は多くなかった。海岸沿いに山が迫る地形で、水田を開くには労力が必要な地形だったのが一因だろう。漁業に力を入れているため、集約的な作業が必要な水田稲作を嫌ったこともあるかもしれない。そのため、ここでは、長く、バナナ、キャッサバ、サゴヤシなどの根栽作物が重要な主食だった。数十年前の日本の研究者の調査でも、この地域の主食がバナナの葉で包んだバナナとココヤシフレークを蒸し焼きしたものと焼き魚だったという記録もある（古川 一九九六）。そのため、周囲のブギス、マカッサル、トラジャという人たちから「バナナ食い」と呼ばれていたのだ。

ウディンさんは、自分の本家筋に当たるらしいダルティヤ家にわたしたちを居候させてもらうようお願いした。このときは、ちょうど断水していたところで、三人も客を泊めるのは、と渋られたが、マンダールのバナナ文化を知るために日本から来た研究者だと紹介してもらい、お茶を飲みながらウディンさんの通訳を介してバナナについておしゃべりしているうちに、いつの間にか泊めてもよいという話になった。

家は、幹線道路にもティナンブンの中心部にも近いが、静かな小道沿いにあり、木造で、周囲の他の家と同じように、通りから数メートル高い高床式の作りをしていた。表階段を上ると、居間に入る前に通りに面した大きなベランダがあった。家の前の王宮前広場が開けていて眺めがよく、涼しくて気持ちがよいので、わたしたちは暇なときはこのベランダでくつろいだ。台所に続く裏階段の近くに、水浴び用の小屋とトイレがある。家の周りには、果樹に混じってバナナも数本植えられていた。床の隙間からは一階分下に地面が見え、下には家畜がいて、台所の水を床穴から流すと鶏がそれをついばんでいた。

家長は五〇才くらいの女性、ダルティヤさん。夫は一九八〇年代に亡くなったらしく、ダルティヤさんが役場に勤めていた。二〇代前半の娘アリーナと、普段は他の町で下宿して高校に通う息子リファイに加え、親類やお手伝いの女性やその子供が女性ばかり何人も同居していた。確かに断水していたが、井戸があるので水に

表3-1　品種カード（「バナナの足」研究会作成）

Data sheet of Banana (ver. 2)

レコード作成者 Recorder：

レコード記入日 Date：　　/　　/

レコード番号　ID Number	
民族　Ethnic group	
系統分類 Genome type	
方名　Vernacular name 他言語における方名　another name	
方名の由来　Ethymology	
起源地　Origin	
導入時期・場所　Oldness	traditional / introduced / ?　____ years ago, from ____
頻度　Frequency	1. very common　2. common　3. rare　4. very rare
地域情報 Area & Location	
生息環境　Enviornment	
その他の植物学的情報 Botanical information (color, size, shape etc.)	* growing period (emergence of inflorence to fruits maturing) : - mat : - pseudostem : - bunch : - hand/ finger : - leaves/ petioles : - bract/ male bud
調理法　Consumption	1. eaten fresh ____　2. beverage ____　3. roasted ____ 4. steamed ____　5. boiled ____　6. fried ____　7. others ____ * taste :
他の用途　Other usage	
系統同定者　Identification	
インフォーマント Informant	
情報収集日　Collection date	
価格および調査地名 Price per unit and the name of market surveyed	# bunch : # hand :
注　Remarks	

*現地の情報提供者に読んでもらえるよう、基本的に英語で記入

図3-2　ティナンブンの定期市の調査（塙狼星氏提供）

は困らなかった。家には、四畳半ほどの部屋にダブルベッドを置いた部屋がいくつもあり、数人ずつがその部屋を使っているようだった。わたしに一部屋、塙さんと北西さんに一部屋が与えられ、わたしたちは一週間、この家に居候させてもらいながら調査した。

　この家は地域の名家らしく、しばしば訪れるダルティヤさんの兄弟である男性は、地方組織クチャマタン（日本の郡にあたる）の長であるという。インドネシアでは、村の中の階級がはっきりしているように感じるが、村の祭りでも、ダルティヤさんたちとでかけると、前から二、三列目のかなりよい席が与えられた。

　翌日から、調査が始まった。畑を見学し、さまざまな畑のタイプを知る。バナナがあれば、名前が違うバナナごとに品種カードをつくり、ポラロイド写真を撮って、シモンズの一五の指標を判定する（表3—1）。ティナンブンや周囲の町では、それぞれ週

図3-3　ティナンブンの定期市で集まったバナナたち

に二度市の立つ日があり、近隣の町で市の立つ日には、異なる名前で売っているバナナをすべて買い集め、味見をする（図3―2、3―3）。市場には、比較的大きな固定台を持って数種類を売る店もあるが、多くは、農家や仲買人である女性が自分の前にバナナを何房か並べて売っていた。めずらしい種類があれば、そのバナナはどこから持ち込まれたか訊き、その村を訪ねて植物体を見、カードをつくる。

毎日バナナを見て歩くうちに、重要なバナナが五種類あることがわかってきた。マンダール語では、バナナはロカと呼ぶ。バナナの種類は、そのあとに名称をつけけて表現される。料理用バナナで最もよく使われるのがＡＢＢのロカ・マヌルン（インドネシア語ではピサン・ケポックに該当する）で、マンダールで最も重要である。次に、同じ料理用のＡＡＢのロカ・バランバン（同じく、ピサン・ラジャ。インドネシア全体では、生食されることが多い）。次に、ＡＡＡで大ぶりな生食用のロカ・ティラ（同じく、ピサン・アンボ

a　ロカ・マヌルン

b　ロカ・バランバン

c　ロカ・ティラ

d　ロカ・ロカ

e　ロカ・バランガン

図3-4　マンダールのバナナたち

ン）。これらに次いで、ＡＡで小ぶりな生食用のロカ・ロカ（同じくピサン・スス）。そして、生食用で特においしいとみなされているＡＡＡのロカ・バランガンがあり、祭りなどでは、このバナナが好んで供えられる。この五種類はマンダールエリアのどこの市場でも買うことができた（図3—4）。

それ以外にもさまざまな色や形のバナナがあり、一週間で、ティナンブンの周囲だけで合計二二種類の名前を持つバナナを見ることができた。そのうち、ＡＡが二種、ＡＡＡが四種、ＡＡＢが五種、ＡＢＢが一〇種、不明が一種である。カメルーンやコンゴにはＡＡＡとＡＡＢしかないのに比べると、ゲノムタイプの多様性が高く、形質もはっきりとわかる違いがあり、バナナの多様性の幅が初めて理解できた気がした（表3—2）。

ポラロイドカメラは、撮った写真をカードに貼り付けて、写真を見せながら情報を聞けるので便利だった。現在ならデジタルカメラやスマートフォンで撮影するという選択肢もあるが、印刷しない限りは、カードと一体で情報を整理するのは難しい。ポラロイドはまた、話を聞かせてもらったり、写真を撮らせてもらったときに、一緒に撮影してすぐにプレゼントすると喜ばれた。普通のカメラで撮影した写真も、あとから現像してダルティヤさん宅に郵送して配ってもらったが、届かなかった家もあるだろう。

市場から買ってきたバナナは、生で食べる専用の品種以外は、その品種にあった調理をしてもらった。ともかくバナナ料理は何でも食べたい、とお願いすると、朝から晩まで、さまざまなバナナ料理が出てきた。

軽食として家でよく作られるのは、バナナを皮つきで茹でて、皮をむいて食べる茹でバナナ、ロカ・ピアピである。これにココナツミルクをまぶしてこねるとねっとりとしたロカ・サッタになる（図3—5a）。

また、市場のスタンドでは、米粉とふくらし粉を水に溶き、皮をむいたバナナにつけて揚げるロカ・ジャンノ（インドネシア語ではピサン・ゴレン）や、皮をむいたバナナを少しつぶして焼き、サトウヤシからとった赤砂

表3-2　インドネシア・マンダールエリアのバナナ品種

方名	観察地	推定 ゲノムタイプ	頻度*	利用タイプ**
loka balambang	ティナンブン	AAB	1	B
loka manurung	ティナンブン	ABB	1	B
loka balendang	ティナンブン	ABB	2	B
loka balowo	マジェネ	ABB?	2	B, C
loka bara(n)gang	ティナンブン	AAA	2	C
loka jepang	モッソ	AAB	2	B
loka loka	ティナンブン	AA	2	C
loka taro'da	モッソ	AAA	2	C
loka tira	ティナンブン	AAA	2	C
loka tumarra	ティナンブン	ABB	2	B
loca cumi	マジェネ	AAB	3	B
loka balambang tembaga	カルック	AAB	3	B
loka balanda	ティナンブン	ABB	3	B
loka batu	ティナンブン	ABB?	3	B
loka dadi	ティナンブン	AA	3	C
loka dadi manurung	バラニッパ	ABB	3	B
loka jonjo	マムジュ	ABB?	3	B
loka kayyang	マジェネ	AAB	3	B
loka kodo	マムジュ	AAB?	3	B
loka lamboko	ティナンブン	AAB?	3	B
loka lero	ティナンブン	ABB	3	B
loka lopa	マジェネ	AAB	3	B
loka nippa	ティナンブン	ABB	3	B
loka pere	ティナンブン	AAB	3	B, C
loka rombia	ティナンブン	—	3	C
loka tayau	ティナンブン	ABB	3	B
loka tulang	ティナンブン	ABB?	3	C
loka beru-beru	ティナンブン	—	4	—
loka bombo	チャンパラギアン	AAB	4	B
loka bulawan	ティナンブン	ABB	4	C
loka cappu	モッソ	AAB	4	B
loka kamumu	マムジュ	AAA	4	C
loka kappal	ティナンブン	AAA	4	C
loka lasse	ティナンブン	ABB?	4	B
loka pulu	ティナンブン	AAB	4	B
loka sallessorang	ティナンブン	AAB	4	C
loka tandu	マジェネ	AAB	4	B
—	ティナンブン	AAA	?	—

＊　1: 非常に一般的、2: 一般的、3: めずらしい、4: 非常にめずらしい

＊＊　A: 主食、B: 軽食、C: 生食、D: 飲用

糖のシロップをつけて食べる焼きバナナ、ロカ・エペを売っていた。

ラワールは、インドネシア各地でそれぞれのレシピがある酸味のある和え物だが、これに炭で焼いたバナナの花（植物学的には雄花序という）を加えた料理もあった。焼き魚や煮魚、トウガラシやナッツ、炙った赤タマネギと塩、オレンジの絞り汁とすりつぶして和えてあるのだが、独特の食感と酸味がとてもおいしかった。

料理に使われるのはロカ・マヌルンかロカ・バランバンが多いのだが、バナナチップであるカロッポ・ロカは、バレンダンという果指の太い種類がよいとか、疲れたときにはロカ・プルというめずらしい種類がよく効くと言われて茹でて食べられたりと、それぞれの種類の特徴を生かした使われ方をしていた。

その頃にはすでに、マンダールの日常の主食はインドネシアの他の地域と同じようにコメで、茹でたバナナ

a　ロカ・サッタ

b　ロカ・ランブ

c　バナナと米粉とココナツミルクの菓子

図3-5　マンダールのバナナ料理

をペースト状にして主食とするロカ・ランブに会えたのは一度だけだったが、市場には、キャッサバやサゴヤシも売っていて、以前は重要な主食だったのだろうと思われた（図3―5b）。

食事は、さらっとしたインディカ米にいろんなおかずを乗せて食べるのだが、あっさりした皿や塩気を効かせた皿、魚料理や野菜料理、と毎回いろんな料理を出してくれ、街の食堂のナシ・ゴレン（チャーハン）とアヤム・ゴレン（鶏の唐揚げ）、イカン・バカール（焼き魚）しか知らなかったわたしは、毎食が夢のような時間だった。客をもてなすときには、主人が食卓につき、「シラカン、シラカン」（どうぞ、どうぞ）と勧めるのがマナーらしく、女主人のダルティヤさんの代わりに、高校生のリファイが毎食つきそって「シラカン、シラカン」と勧めてくれるので、インドネシアで最も耳に残ったのは「シラカン」ということばだった。

また、菓子にもバナナが多用されていた。わたしがとても気に入ったのは、餅米粉とココナツフレークやココナツミルク、サトウヤシから抽出した赤砂糖を練った皮に、バナナを包んだ上品な甘みの蒸し菓子で、さまざまな形のバリエーションで出てきた。マンダールに限らず、インドネシアやマレーシアでよく見られる菓子である（図3―5c）。

コメとココヤシ、ヤシザトウ、バナナという取り合わせがバナナ菓子のお決まりなのだが、あるとき、この組み合わせはどこかで見たことがある、と気がついた。それは、日常的に見る景観だった。マカッサルからティナンブンまでの道沿いには、両側に、水田が拡がる。そして、水田の畝や脇には、バナナが列状に植えられていることが多く、さらにその向こうにはココヤシがある、というのが、典型的な農の風景だった（図3―6）。なるほど、景観としてセットになっているものは、食卓でもセットで出てくることが多いのだ、とおもしろかった。

図3-6　水田とバナナとヤシの光景

また、台所には常にバナナの葉があり、魚を焼くときに焦げないように包んだり、蒸し菓子を包んだり、鍋蓋代わりにしたり、と調理用具として使われていた。水分をたっぷり含んだ葉は、直火を当てても焦げずにしなやかに強くなり、ラップやアルミホイルよりも汎用性の高いとても便利な調理用具だ。

バナナの栽培の起源は謎が多い。野生のバナナは大きな種がたくさんあって、食べるのには向かない。アジアの各地で、野生のバナナは「サルのバナナ」と呼ばれる。サルしか食べない、ということだ。偶然種なしバナナが生まれたとして、なぜ、それが人間の眼に留まったのか。その問いに対して、そもそも、東南アジアのバナナは、食べるためにではなく、葉を利用するために家の近くに植えられたのではないかという説がある。葉は、アジアの各地で、皿として、調理用具として、とても重宝されているからだ。市場でも、バナナの葉がまとめて売られている。穢れの概念が強いインドの一部では、来客をもてなすのに、使い捨てのバナナの葉が望ましい皿である地域があるという。

マンダールの畑は、街の近くで出荷する野菜を中心に栽培する世帯では、キャッサバ、トマト、インゲン豆、バナナなどが単作で作られることもあるが、いくつかの作物が混作されることが多い。一九八〇年代には、政府の奨励でカカオが混作に導入された。カカオを植える場合は、バナナの生育は悪くなるといい、どちらを中心にするかは世帯によって異なるようだった。試しに計測した畑では、ヘクタールあたり五五〇株のバナナが植えられていた。ひとつの畑に見られるバナナの品種は、ロカ・マヌルンやロカ・バランバンを中心に、一、二種類であることが多く、「ほんとうはいろいろな種類を植えるのが望ましいのだが」と前置きしつつ、市場で高く売れる品種を植えている、とか、カカオを植えると肥沃度が必要な種類は育ちにくいから、などの説明がきかれた。

ひとつの畑に一、二種類しか植えないということは、メジャーな四品種から選んで植えられることが多いと考えられるのだが、市場には、たくさんの種類がある。それは、いわゆる「畑」ではなく、家の周りや家庭菜園、ちょっとした空き地のどこにでも少しずつバナナが植えられているからだ。そして、家の周りにあるバナナが最もおもしろい。観葉を兼ねて、おもしろいバナナが選んで植えられているからだ。例えば、食べるには小さすぎる実がたわわに実る千生りバナナのロカ・サレソラン、果指が細すぎて食べるところがほとんどないロカ・コド、背が低く、特徴的な実の形をしたロカ・カッパル、三つの果房がついたロカ・ティラ、など変わり種が好んで家の周りに植えられ、来客との話題になる(図3―7)。そのような株は、おもしろがった客が子株をもって帰ることで拡がっていく。市場に希少な種類のバナナが出るときには、栽培した人が直接売ったり

図3-7　千生りバナナ、ロカ・サレソラン（左）、細すぎて食べるところの少ないロカ・コド（右）

よく知った人が売ることで、「こんな風に食べればよい」とアドバイスすることができる。「金にならない」ところで多様性が維持されている仕組みなのである。

また、マンダールの中でもパンボアンという村の周辺にだけあるロカ・ペレというバナナもあった。ロカ・ペレを歌った歌があるというので、聴きたいとお願いすると、近隣で有名な歌手の女性とギターの男性の二人組が家に来てくれて、マンダールの歌のコンサートになった。ウディンさんに訳してもらった歌詞は次のようになる。

パンボアンの乾季
月が輝く
漁師が海に出ていく
東風が吹く
美しい浜辺
白い浜辺

図3-8　マンダールソング・コンサートのあと、ダルティヤ家で

私たちが待つ場所
漁師が飛び魚を持ち帰る
どうして忘れることができよう
チャカランにボンバンガーナ
パイナップルにロカ・ペレ
何よりも甘い

チャカランとボンバンガーナというのは、この地域で代表的な魚の名前だという。

このコンサートには、家族はもとより、近所の人がたくさん集まって、大賑わいだった（図3―8）。言葉が数百もあるインドネシアでは、それぞれの言葉でポップソングが作られ、カセットテープに録音されて売られていた。マンダールの歌は、スラウェシの他の地域の歌に比べて、明るい音調で伸びやかな歌い方が印象的だ。恋の歌も多く、情感たっぷりに見つめ合いながら歌い上げる女性の歌手とギターの男性はもしや恋人同士かと思ったが、そんなことはなく、いとこ同士で音楽のパートナーなのだという。歌手のファディラさんとは、その後、村のカラオケ大会で審査委員をしているところにばったり出くわした。

マンダールの人たちは、インドネシアの多数派であるムスリムである。わたしはそれまで、アフリカとヨーロッパにしか滞在したことがなく、アフリカではキリスト教徒が多い地域だったので、ムスリムが多数派の生活がうまく想像できなかった。ムスリムに関する知識は、中東へ旅するツアー客程度である。男性と女性の領域がはっきり分かれていて、女性はできるだけ体を隠し、家族であっても身体的な接触は少ないという非常に画一的なムスリム観を持っていた。しかし、マンダールの社会では家族の中では男女でも非常に親密で、アリーナとリファイの姉弟は、ふざけて取っ組み合うこともあったし、女性がベールをかぶるのは改まったおでかけだけ、家ではショートパンツやミニスカートをはいて涼しい格好をしていた。客をもてなすのは男性だが、台所で家族が食べるときは、男女一緒に食べているようだ。たしかに、毎日、朝、昼、夕とコーランがスピーカーからきこえてきて、みんな礼拝をするのだが、それ以外の日常では、宗教的なことを感じることがなく、一週間経つうちに、ムスリムの中で生活するという緊張感もすっかりなくなっていた。

図3-9　モスクに飾られたバナナ

わたしたちがティナンブンを離れる日、近くの村で、コーランを学ぶ子供たちの学習の修了をお祝いする儀礼があると聞いて、見学に行った。モスクに入ったとたん、驚いて立ち止まった。モスクの中央の柱に、数メートルもあろうかというロカ・マヌルンの偽茎がくくりつけられていたからだ。葉は切り取られていたが、実はついたままだ（図3―9）。偽茎には、カラフルに色をつけた卵の殻がたくさん刺してあった。訊くと、マヌルンというのは「降り立つ」とか「神聖な」という意味を持つのだという。だからここから神が降りてくるのだ、と説明された。モスクの中には、ほかにも、カラフルな飾りと菓子、バナナをたくさん並べた机があり、一角には、寄進されたと思われるバナナが積み上げられていた。そして、子供たちは列こそ別れているものの、男の子も女の子もみんな一緒の室内に正装をして座っていた。わたしの乏しいイスラームに関する知識では、モスクには、偶像だけでなく、模様以外の装飾物も置かれないものだと思っていた。まして、バナナから神が降りてくる、という説明は想定外だった。

しかし、よく考えてみれば、世界中で宗教の要素が混じり合うシンクレティズムが起きている。世界宗教と言われる体系化された宗教が入る前に、地元で信じられていた信仰、その信仰体系で重要だったものが、新たに取り入れられた宗教に貸し出されることがあるのは、むしろ自然だ。その前日に見たマンダールの伝統的だという踊りでは、盆に入れたロカ・マヌルンを取り巻くように踊り手の女性が踊っていた。その後、マンダール独自の儀礼にはバナナが欠かせないことを知った。新築の家には、中心の柱の上に、ココヤシの実とロカ・マヌルンとサトウキビが供えられる。ココヤシは強さを、バナナは日々の糧を、サトウキビは楽しみを象徴しているという。わたしは、宗教に関する単純な思い込みを反省し、人々が信じ、祈りを届ける行為の豊かさを思った。

3　マンダール再訪

マンダールは、コンゴとカメルーンしか知らなかったわたしに、バナナとともに生きる世界の幅の広さを見せてくれた。

三人で一緒に調査をしたことで、ひとつの個体を見ながら品種の特徴の理解を共有できること、必要なときにはばらばらに行動して、それぞれが品種、利用、栽培、流通など分担して調査できること（例えば、わたしは自分の興味から利用法を担当することが多いが、その場合、他のメンバーが市場や畑の調査にでかけているあいだ、何時間もかけて調理をする台所に張り付くことになる）、その日にそれぞれが見たことをその場で共有してディスカッションできること、数人で行動することで、交通費やガイド代などの経費が節約できることなど、短期の共同調査にはいろいろな利点があることもわかった。

また、品種カード、栽培法、利用法、流通というフォーマットが決まったことで、誰がどこで調査しても比較可能なデータが集められるようになった。それに加えて、その地域独自のトピックについて深掘りすることで、長期間の住み込みが難しいときの新しい調査のやり方をみつけたのである。

このやり方で、熱帯生物資源研究助成をいただいた二年間と、日産から助成金をいただいた二年間の合わせて四年間に、同じ調査のフォーマットを用いて多くの共同調査と個人調査を実施することができた。

一方で、わたしはマンダールのバナナの世界をもう少し知りたくなった。ティナンブンで見た品種の多様性をどのように考えればよいのか、気になったのである。一週間でかなりの種類のバナナを見たが、二週間いたらさらにたくさんのバナナが見られるのか、それとも、かなりの割合をすでに見たのか。ティナンブンで見たバナナがマンダールエリアで共通しているのかということも気になった。言葉はウディンさんがいてくれないと全く通じないが、スラウェシの家庭料理はとてもおいしく、高床式の家は風が通って気持ちよかった。そして、わたしは、翌年の八月、もう一度ひとりでマンダールを訪れた。

ダルティヤ家の人たちは再訪を喜んでくれた。リファイは、ジョクジャカルタの大学に行ったとかでいなくて残念だったが、今回は、アリーナとリファイの姉で、近くの小学校で先生をしているワティがいた。また、ダルティヤさんの妹さんだという人も同居していた。今回は、前回ほどのお祭り騒ぎではなかったが、一日三回たくさんのお皿を並べたおいしい食事を用意してくれ、その合間には甘い物をたっぷりと出してくれるというホスピタリティは健在だった。食事のときはアリーナかワティが必ず同席して、シラカン、シラカンと勧めてくれた。

マンダールの地域での調査期間は二週間、調査の前半は、ドライバーつきのレンタカーを借りて、マンダールの居住エリアであるポレワリからマムジュとその後背地の山をできるだけ回って、品種の分布を調査した。ティナンブン周辺の調査は、ウディンさんの親類にあたる若者のラフマットさんが手伝ってくれた。

マンダールの居住エリアには、海岸に沿って、幹線道路が一本だけ通っていて、ところどころに山側に入る道路が分岐している。今回は、幹線道路沿いのティナンブン、マジェネ、パンボアン、マムジュ、カルックの各市場で出荷されているバナナの品種の調査をするとともに、いくつかのルートを車で走り、栽培されている品種を目視で調べ、見たことがない品種があったら降りて調査をした。ルートには、平野部で交通の便がよいティナンブン周辺、人口希薄な丘陵地帯、比較的大きな街であるマジェネとその後背地、高度五〇〇メートル程度の急傾斜地域、北部の都市（二〇〇四年からは西スラウェシ州の州都）マムジュ、マムジュ北東部の人口希薄な山間部の六ルートを選んだ（図3―1）。

その結果、わかったのは、まず、最初の調査で基本の五タイプと考えた品種は、どこの地域にも必ずあり、マンダールの標準五種と呼べるということである。特に、ロカ・マヌルンとロカ・バランバンは店があれば必ずあるだけでなく、儀礼に用いられることも多い重要な品種だった。このような標準種以外に、分布が偏った品種もいくつか見受けられた。

大きな街があまりないマジェネからマムジュまでの海岸沿いの道は、どこでも両側にバナナが植えられている。ロカ・バランバンと並んでたくさん植えられていたのは野生のアクミナータにも似た小振りなバナナで、ロカ・バロウォと呼ばれていた。ロカ・バロウォには種が入っているものが多い。そして、このロカ・バロウォと見た目も種があることもよく似ている種類が、マンダールエリアのあちこちで、ロカ・プロ、ロカ・バトゥ、ロカ・トゥラン、ロカ・ラッセ、ロカ・アワックなどさまざまな名前で呼ばれていた。このうち、ロカ・プロというのは「島のバナナ」という意味で、他の島からもたらされた、という意味であるという。長い海岸沿いでは、帆船サンデを操って、カリマンタンをはじめ、他の島との行き来が多く、別々に持ち込まれた種類に違う名前がつけられ、商品価値の低さとあいまって名称が統一されていないのではないかと思った。

ほかに、ロカ・タロッダなど、山間部でだけ見られる品種もあった。また、パンボアンが名産地であるロカ・ペレのように、非常に限られた地域が産地として知られるものもあった。

この調査で、マンダールの中にも、標準五種のような共通性の高いものと、地形による分布、もっとミクロな分布など、さまざまな分布のレイヤーがあると知ることができた。山は、海岸とは異なる気候であることや、交通が不便である（マンダールの山道は、行き止まりが多い）ため、独自の品種が育っているようであった。

また、同じロカ・バランバンでも山のバランバンは少し小さくて硬く、違いを表す形容詞が品種名に必要に応じて追加されることもあった。

調査の後半は、レンタカーとドライバーをマカッサルに返し、ティナンブン周辺で、市場や畑、料理を見て歩くことにした。レンタカーは機動力が上がるのだが、どこかにじっくりといることが少なくなる。一カ所に退屈気味に滞在する時間があってはじめて、人々の生活のペースも見えるし、日常の些細なことに気がつくことができる。コンゴやカメルーンで長期に調査していたときには、何もデータが集まらない日々に焦ることがあったが、短期の調査の場合には、あえて予定を入れない日を作った方がいいということに気がついた。それでも、一日が終わると必ず何かしら発見があった。

ティナンブン周辺で調査を開始した初日、昨年見た珍しい品種のバナナをもう一度見るためにティナンブン周辺を車で走っていたところ、珍しいバナナがもうひとつあるよ、と教えてもらい、子どもたちに案内してもらった。ロカ・ボンボというバナナごはん専用の品種だという。ちょうど熟していたので、買い取って持って帰ると、さっそく家でアンデ・ロカという料理を作ってくれた。アンデはコメなので、そのまま「バナナごはん」である。ロカ・ボンボをおろし金でおろし、削ったココナツを同量加え、煮立った湯に少し塩を加えて五分ほど煮る。その後、ロカ・ボンボと同じくらいの量のコメを足して蒸す。けっこう塩気が強く、ココナツも効いていて、むちむちした食感だった。主食として食べるものかと思ったが、副菜なしで出てきたので、軽食用の料理なのだろう。

別の日には、午前中から台所で女の人たちがわいわいと料理をしているので見に行くと、わたしがあちこちから買ってきて写真を撮って台所に送ったたくさんのバナナが熟しすぎて腐る寸前で、それを使ってバナナパンをつくるという。なんと、たこ焼き器にそっくりな形の焼き型に、潰したバナナと小麦粉、卵、白砂糖、ココナツミルクを混ぜたタネを流し込んで、できあがった料理もどう見てもたこ焼きだが、食べると確かにバナナパンだ。バナナが主食だった頃は、バナナが余ると、薄くスライスして天日に干し、バナナチップにして保存していたらしい。熟してしまえば日持ちがしないバナナも使い道はいくらもあるものだ。

また、ダルティヤさんの兄弟である郷土史家が書いたマンダールの歴史の本についてウディンさんから聞いていると、突然、マンダールにはバナナに関することわざがある、と言い出した。バナナの実は偽茎の先端から垂れ下がるようにして実る。偽茎に近い方はウルセイと呼ばれ、果掌は大きくなるがおいしくはなく、先端に近い小さい果掌はポッポルと呼ばれ、おいしいのだそうだ。もし、人々がウルセイをポッポルの場所に据える（ように、不適格な人を地位に据える）なら、世界は壊れるだろう、という意味のことわざだという。そのときまで、果掌の位置で味が違うとは考えたこともなかった。この言い回しは、人当たりが柔らかくて声を荒げないマンダールの人たちの批判の表現にふさわしいと思って感心した。

二回目の滞在時、ウディンさんは恋に落ちた。数年前に妻を病気で亡くしたウディンさんは、五人の子供たちをひとりで育てていたが、そろそろ再婚を考えていたらしい。広域調査にマムジュまで移動したとき、なぜかパンボアンの友達の家に泊まりたがったのだが、翌日になって、その家の二〇歳くらいの娘と結婚しないかと母親である友達に勧められているという。前日は、娘当人には知らせないお見合いだったのだ。その頃、ウディンさんは四〇代だったと思う。娘には他に同年代の求婚者もいるという。問題は、結婚したばかりの彼女の姉と同じだけの婚資が払えるかだ、と悩みつつ、すっかり相手が気に入ったウディンさんは、調査が終わる日まで時間を見つけては一〇数キロ離れたパンボアンまで行ったり来たりを繰り返していた。一緒にごはんを食べていても、突然、「胸が痛い」と言い出して驚かせた。ウディンさんは優秀なガイドで、儲けはわるくないだろう。知的で情熱家でユーモアがある。しかし、両親に勧められているとはいえ、二〇歳の女の子が、自分とあまり変わらない年の子供たちがいる(一番上のこどもはほとんど同じ年だった)二〇才年上の人との見合いで結婚を決めるだろうか。そういえば、ワティは学校の先生として働き、あまり遊びにもでかけない。アリーナは対照的に、特に仕事はなく、でかけなくても一日五回は衣装替えをするおしゃれさんで、よく友達と出歩いている。この地域の女性は、どのように恋をしてどのように結婚相手を選ぶのだろう。

ウディンさんは詩人になり、マンダール語でわたしたちを主人公にした詩まで書いてくれた。タイトルは、「マンダールのバナナ」である。

日本を発ってマンダールに来た
みんな、彼らは何を探しているのだろうという

本当のことを言おう
世界中を回ってきた
マンダールにはたくさんの種類のバナナがある

去年もここへ来て
またここへ戻ってきた
マンダールのバナナはなんて有名なんだろう

ロカ・マヌルンならバラニッパ
ロカ・ペレならパンボアン
ロカ・コドならマムジュ

マカッサルに帰ってから、スーパーと港の市場にバナナを見に行った。スーパーマーケットでは、ピサン・ケポック（マンダール語でロカ・マヌルン）、ピサン・ラジャ（ロカ・バランバン）、ピサン・アンボン（ロカ・ティラ）、ピサン・スス（ロカ・バランガン）が売っていた。市場では、この地域のマジョリティであるマカッサル語とブギス語が使われている。売っているバナナをなんと呼ぶか、マカッサル語とブギス語、インドネシア語とマンダール語をつきあわせなくてはならず、手間取ったが、売っている種類は少なかった。ほとんどスーパーと同じで、それにピサン・ダディ（ロカ・ダディ）、ピサン・ロンポ（ロカ・レロ）が一軒だけおいてあるくらいだった。そして、それらのバナナはどこから来るのか訊いてみると、ボネ、という地名が何度も出てきた。ボネは、南スラウェシのちょうど中心にあたる平野部にある稲作地帯だ。マーケットで見たバナナは、ふたつの疑問を提起した。

マンダールの市場で見たバナナの多様性はどこへ消えたのか。バナナ食いと言われるマンダールのエリアではなく中央部平野の稲作地帯であるボネがなぜマカッサルに供給されるバナナの一大産地なのか（図3―1）。

わたしは、二〇〇二年夏、南スラウェシのバナナ生産地を広域調査するために、再々度、スラウェシを訪れた。

4　南スラウェシ一帯を走る

二〇〇二年八月の調査は二週間。二〇〇一年度と二〇〇二年度は、同じメンバーで日産学術研究助成をいただき、旅費を作ることができた。

まずは、マカッサルの市場で品種と出荷地を訊いて歩き、そこで出てきた産地を網羅したルートで、南スラウェシのバナナ栽培と品種の分布を調べて歩くことにした。ガイドはもちろんウディンさんである。ウディンさんは、再婚していた。二〇〇〇年にお見合いをした若い女性は、同年代の男性と駆け落ちしてしまったそうで、それはとても残念だったようだが、もう少し落ち着いた年代の女性と結婚したのだ。奥さんは、静かな人だけど、いつもスマイルなんだよ、とうれしそうだった。

南スラウェシ州は、インドネシアの中で、ジャワとバリに次ぐ農業生産地帯であり、汽水域でのエビや魚の養殖でもインドネシアで一番を誇る。二〇〇二年の統計では、コメは三八二万トン、トウモロコシ五九万トン、キャッサバ五二万トンを生産していた。

古川久雄は、一九八二年の論文で、南スラウェシを、歴史的な主食作物の違いによって、五つの地域に分類した（古川 一九八二）。米食圏（中央部の平野での稲作を中心とする一大農業地帯）、トウモロコシ圏（南部の、少雨でトウモロコシ栽培がさかんな地域。エビの養殖場もここに多い）、サゴ圏（ルウ県に属する東北部の低湿地帯。もともとサゴが優越し、最近は入植者によって稲作がさかんになっている）、雑食圏（北部山岳地帯のトラジャの居住地域で、棚田・焼畑・コーヒー栽培を組み合わせた地域）、バナナ圏（北西部のマンダール居住地域で、バナナとココヤシ栽培を中心とした地域）である。わたしは、これらの地域区分を、自分の興味にしたがって、中部稲作地帯、南部トウモロコシ地帯、北東部入植地帯、トラジャ山岳地帯、マンダールバナナ地帯、と呼び変えて、それぞれの地域のバナナ栽培を見て歩くことにした（図3―1）。

州外への出荷が少ないせいかバナナは統計が整っておらず、帰国してから、アムリさんにお願いしてバナナに関する統計も探してもらったが、二〇〇一年から二〇〇五年には統計の数字もなかった。一九九一年から二〇〇〇年の一〇年間の統計の平均生産量は約三二万トンだったが、毎年数字が乱高下するので、どうも当てにならない。ボネとセンカンを中心とする中部稲作地帯を中心に、南スラウェシ全体で生産されている、という程度のことしかわからなかった。

マカッサルの市場で聞き取られた産地は、多い順にボネ、パロッポ、ソッペン、センカン、マムジュで、その他、マカッサル周辺の各県の地名が多く聞かれた。多かれ少なかれ、トラジャ山岳地帯を除くほぼすべての地域からバナナが送られていた。

わたしたちは、名前が挙がった町を通り、五つの地域を網羅した一筆書きのルートをつくり、今回もドライバー付きのレンタカーで調査に出発した。

マカッサルから南に向かい、海岸線に沿って南部トウモロコシ地帯を進むと、海沿いにエビの養殖場が続く。エビ養殖が最もさかんな生業のようである。養殖池には水をかき回すプロペラが回っているものと回っていないものがあり、回っていないものは、地元ではボルと呼ばれるミルクフィッシュ（サバヒー）の養殖だそうだ。ミルクフィッシュは、エビの前から養殖されていたのだが、日本人がエビを大量に買い付けるので、エビ養殖場が増えた。エビは、水中の酸素がより多く必要なので、プロペラで水を攪拌して空気を取り入れているのだそうだ。

道沿いで見る品種は、二倍体のバナナや、矮小型キャベンディッシュのカッパル（AAA）、灰色の厚い果皮をもち早生のバランダ（ABB）など、小振りだったり丈が低く、早く収穫できる品種が多い。ここは南スラウェシの中では降水が少なく不安定な地域なので、このふたつが乾燥に強いのかもしれない。ウディンさんによれば、これらの品種は観葉植物として重宝されるそうなので、植物体のまま都市部へ売られるのかもしれない。一日目は、あちこちの市場を覗きながら南スラウェシの東南端にあたるビラの町まで走り、ベッド以外はイスもない簡素な海辺のコテージに泊まった。

二日目には、このあたりで最も大きなブルクンバの町で市場を見た。ピサン・ケポックやピサン・ラジャももちろんあるが、ピサン・アンボンがいちばん多いのが印象的だった。生食用にされる品種が市場で最も多く見られたのは、南スラウェシの中ではここトラジャ山岳地帯だけだった。また、この地域でしかほとんど見ない品種が三種見られた。この地域からは、マカッサルへの出荷はほとんどなく、小さな町の市場を中心として独自の商圏を持っていた。バナナは、周辺の村からペテペテと呼ばれる小型バスや歩いて運ばれて来るという。不思議なことに、風景として目立つカッパルやバランダは、市場では全く見かけなかった。

近くのタナベルという村は、ピニシと呼ばれるブギスの木造の帆船づくりで有名な村だった。二つの柱と七枚の帆が美しい帆船だという。ちょうど、愛媛大学の遅澤克也さんが、大きな帆船を作らせているところだというので、覗かせてもらった。一〇〇トンの船だというが、遠洋航海も可能と思われる大きさに驚いた。ピニシは二〇一七年に伝統的造船技術としてユネスコの無形文化遺産に登録され、クルーズ船も作られて、スラウェシ観光に一役買うようになっている。

三日目、中部稲作地帯に入った。水田と、ココヤシ、バナナ、カカオ、ロンタルヤシ、クローブなどの混作の畑や単作の畑があり、バナナのみの畑もあった。バナナ畑は、地域によって、ピサン・ケポック、ピサン・ラジャ、ピサン・スス、ピサン・ダディのうち、一つかふたつの品種が卓越していて、商品作物として作られているのがよくわかった。道ばたで、めずらしい品種を見つけて持ち主に声をかけても、名前は知らないといい、あまり興味も示さない。マンダールの人々のようなバナナへの興味は感じなかった。

この地域には、マカッサルでバナナの主要産地として名前が挙がったボネ、センカン、ソッペンがある。これらの都市の市場では、マカッサルで標準的な品種が多かったが、市場によって、特に多い品種は違っていた。マカッサルへトラックで出荷されるバナナはこれらの市場を通過していないという。市場の店は、朝四時か五時頃、周囲の村からバイヤーが買い集めたバナナをバスターミナルで買うのに対して、マカッサルに運ばれるバナナは、村から買い付けられて近郊のタチピなどの町に集荷され、そこからマカッサルへと出荷されていた。

毎日、少しずつ移動しながら調査していると、バナナを指すことばも、品種を指すことばも変化する。ブギス語では、バナナはウッティといい、マカッサル語ではウンティとなる。品種名も、それぞれ違う。市場では、まず、その土地のことばで方名を訊き、マカッサルではなんと呼ぶか、または、インドネシア語ではなんと呼

図3-10　パロッポの市場でピサン・ケポックとウディンさん

ぶか、と訊いていく。もちろん、インドネシア語はわからない、という種類もある。当てがつけば、写真を貼ったカードや、ポラロイドで撮った写真を見せたりしながら、これと同じ?と訊くこともあるが、マカッサルには出荷されないバナナは、そのまま方名だけを書いて、特徴をメモする。多くの品種と多くの名前を組み合わせるのはパズルのようで、毎日、写真とカードと名前とにらめっこをする日々だった。

七日目、北東部入植地帯であるルウ県に入る。この地域は、もともと、非常に人口密度が低かったが、二〇世紀に、政府による移民政策でジャワから移住してきた人と、自主的に移住してきたスラウェシ島内の人たちによって一大農業地帯になったところである。カカオとバナナとココヤシのマンダールで見慣れた畑が増える。チークの植林も見える。パロッポの中央市場はおもしろかった。大きくてそれなりに古そうな市場なのだが、売り場が区分されていなくて、服の隣に野菜、魚の隣に洗面器が売っている。インドネシアに限らず、どこの市場でも、青果、魚、肉、雑貨、衣料くらいは別れているものだが、なぜかこの市場だけ売り場がちゃんぽんだった。この市場には、マカッサルの標準的な品種が多かったが（図3—10）、それ以外にもいくつか、特徴のある品種があった。北東部入植地域のバナナはパロッポでは集荷されずに、県の中央に近いマンクタナなどの小さな街の集

図3-11　トラックでマカッサルに運び込まれるバナナ

荷場からトラックでまっすぐにマカッサルへ出荷されるのだという（図3―11）。

八日目、トラジャの山岳地帯に向かう。急峻な山道で、二時間で一〇〇〇メートルほど一気に登った。空気圧が一気に変わったせいで、耳が痛くなる。トラジャ地域に入ったとたん、特徴的な反り返った屋根をもつトンコナン・ハウスと立派な装飾の米蔵が現れた。伝統的なトンコナン・ハウスは、竹で屋根を葺くようだが、多くの家はトタン屋根だった。竹で数年おきに葺き替えるのはとてもお金がかかりそうだ。棚田が発達しており、農業景観も他の地域とはかなり違っていた。水田には水牛が歩いている。南スラウェシではマイノリティのキリスト教徒であるトラジャは壮麗な葬式で知られるが、近年は観光化が進み、コーヒーの名産地としても知られるようになった。

山に登るに連れ、バナナの品種も他の地域とはかなり違ってきた。まず、ほかのどの地域でも一番多

図3-12　花序のないプンティ・プジュ、マカッサルではピサン・ケポックになる

いピサン・ケポック（ABB）が少ない。その替わり、ピサン・ケポックによく似ているが、花序が全くないプンティ・プジュという品種があり、これは外の地域に出荷されるときにはピサン・ケポックと呼ばれるという（図3―12）。プンティ・プジュはルウ県にも多いというが、他の地域ではほとんど見ない。また、平地の地域にはめずらしいプランテンタイプ（AB）のピサン・タンドックが生えているのが目立つ。この地域の市場では、市場の品種の頻度も他の地域とはずいぶん違っていた。ピサン・アンボンやピサン・ダディが多く、ピサン・ケポックもあるものの他の地域よりは頻度が低い。おそらく、バナナの用途が料理用よりは生食用が多いのだろうと思われた。

ランテパオで一日休み、一〇日目、トラジャ山岳地帯を南に向かって平地に下り、西に向かう。ウディンさんがランテパオで買ったマンダールの歌のテープを聴きながら、マンダールエリアに帰る。二年ぶりのティナンブンだ。

ダルティヤ家では、ダルティヤさんと妹、ワティとリファイ、お手伝いさんたちが出迎えてくれる。三年ぶりのリファイは大人びてタバコなど吸っているが、相変わらず、シラカン、シラカンともてなし役を買って出る。アリーナがいないので尋ねると、みんな、どうも歯切れが悪い。なんと、ティナンブンの若い男性と駆け落ち婚していた。そのため、表だって話題にできなかったのだ。ウディンさんの見合い相手も駆け落ちしたことを考えると、親同士が決めたり見合いで決まる結婚が多い中、若い人同士が駆け落ちで一緒になる、というのがひとつのパターンなのかと思えた。数日後、調査の帰りにそっとアリーナの新居を訪ねると、質素な家だった。アリーナは六カ月の男の子を抱いて、新たな親族の女性たちに囲まれていた。服も昔より質素だが、化粧はいつものようにばっちりで、うれしくなった。マンダールの衣装で撮った結婚記念の写真を見せてくれた。

一日休み、これまでの地域と比較するために、マムジュにでかける。改めてマムジュの市場を調べてみると、マカッサルの標準品種六種のうち、マンダールエリアの市場であまり見ない二種(ロカ・ダディとロカ・レロ)がほとんどなくて、代わりにロカ・バランガンが多いということがわかった。マムジュからは、マカッサルだけでなく、カリマンタンへも出荷されている。荷台にバナナを山積みにした大きなトラックがカリマンタン行きの船に乗り込んでいた。

5 流通ルートと品種の多様性

南スラウェシを旅して、いくつかのことがわかった。ひとつは、この地域のバナナには流通ルートが三種類あるということだ。ひとつは、定期市を中心とした流通だ。半径約一五キロ圏内の地域から地元の小規模な小売り業者が小型バス・ペテペテや三輪人力車・ベチャで買い付けたり農民自身が持ち込んだバナナが売られている。この市場では、品種は選別されないので、めずらしい品種が並んでいることがある。市場での品種の呼び名はだいたい同じだが、売り手によっては、独自の呼び方をすることもあり、名前にも多様性が残っていた。

もうひとつは、ボネやマムジュ、パロッポなど、地方都市の市場を中心とした流通だ。貸し切りのペテペテなどで周囲の大規模な産地から運ばれてくる。この市場では、めずらしい品種を見ることは少なく、品種の呼び方はおおよそ統一されていた。

三つ目は、州都マカッサルの市場を中心とした流通だ。各地の郊外にある集積所から品種ごとに大型トラックで運ばれてくる。房ごとに果掌の数がマジックで書いてあるものもあった。品種ごとに果掌ひとつあたりの値段が決まっているのだろう。大きな市場で荷下ろしされたバナナは、ペテペテやベチャで、市内の他の市場やキオスクにも運ばれていく。品種名は市場の中では統一されていたが、マカッサルの中でも、市場によっては全く違う品種名で呼ばれているところもあった。

表3-3　南スラウェシのバナナの品種名

インドネシア語名	方名数	方名
susu	13	bagiya
		baweang
		bulaeng jawa
		burum-burum
		dani-dani
		dani-lasuna
		doni-doni
		lasuna
		loka
		manuku-manuk
		putti putti
		tello
		uni-uni
raja	11	amisi
		balambang
		kelapa
		lompu
		manis
		manisi
		nisi
		pulu
		panasa
		punu
		te’ ne
ambon	7	buleran
		la’ bu
		lankiran
		lerang
		panjan
		tallang
		tila

インドネシア語名	方名数	方名
kepok	6	babeyang
		bainan
		balik
		belimbing
		manurung
		tau
lompo	5	bainan
		lelo
		loppo
		tau
		tedong
—	4	dadi
		kalling
		lanssat
		susu
—	4	gemuk
		katingan
		nanka
		salayar
barangang	2	barangang
		dano
—	2	asli bulaeng
		rakka
—	2	lasse
		salassa

これらの流通経路はそれぞれ独立していて、途中で合流したり枝分かれしたりしない。そのため、定期市向けに買い付ける業者は品種をあまり選ばずに買い、地方都市向けに出荷する業者はその地域でよく売れる品種を買い付け、マカッサル向けに出荷する業者はマカッサルの標準六種を買い付ける、ということになるのだろう。

つまり、地域での品種多様性を担保しているのは、売れるかどうかは二の次の趣味的栽培であり、それを出荷することができる地域の市場なのだ。定期市では、買い付けた業者が直接売るか、育てた農民が直接売る。客が、これは何だと訊いたときに、これはよく知られたあの品種と同じように使えるとか、やや固めの食感だとか、バナナチップにいい、といった情報を伝えることができる。売り手と買い手の距離が近いからこそ成り立つ売り買いだ。フィリピンでどのようにバナナが実っているかも知らずに日本でバナナを食べるのと対極の流通がそこにあった。

品種名も、おもしろい動きをしていた。バナナの品種名は、地域ごとに異なる。最初は、マカッサル、ブギス、トラジャなど、主要民族が違うと、市場での呼び名も変わるのかと思っていた。しかし、どうやらそれだけではなかった。例えば、ピサン・ラジャは、調査の過程で一一もの異名に出会った。マカッサルの標準六種はすべて、四つ以上の異名があった。おもしろかったのは、小さな果実が鈴なりになっているピサン・スス（ロカ・ロカ）で、かわいらしい形態から、ブルン・ブルン、ダニ・ダニ、ウニ・ウニなど愛称的な名前が各地にあり、なんと、一三もの異名に出会った。マカッサルに出荷されるようになる以前から、これらの品種は各地にあって、それぞれの名前で呼ばれていたのだろう（表3―3）。

一方、ひとつの名前が指すバナナのカテゴリーと分類の基準は、どの地域でもかなり似ていた。名前が一対一で対応するのである。まれに、有名な品種であるピサン・ケポックとピサン・ロンポを同じ名前で扱っていた市場もあった。ただ、品種名の後ろに形容詞をつける形で、さらに細かく見分ける、いわば亜品種も各地にあった。特に、マンダールエリアでは、調査期間が長かったこともあり、特に畑で多くの亜品種が聞き取られた。亜品種名は、地域市場ではそのまま使われることもあるが、地方都市やマカッサルに運ばれると、名前が消滅する。「ロカ・バランバン・テンバガ」は「ピサン・ラジャ」に過ぎない。また、果房にしたときに標準的な品種に似たものは、標準的な品種に吸収されることがある。トラジャで見たプンティ・プジュがトラックに積み込まれるときにはピサン・ケポックになるのがこの例だ。

こうして、地域の品種の多様性は、選別と名前の読み替え、分類のし直しによって、マカッサルの標準的な品種に収斂されていくのである。

スラウェシの調査によって、「品種の多様性」という興味が形をなした。

第4章

アフリカのバナナと出会い直す

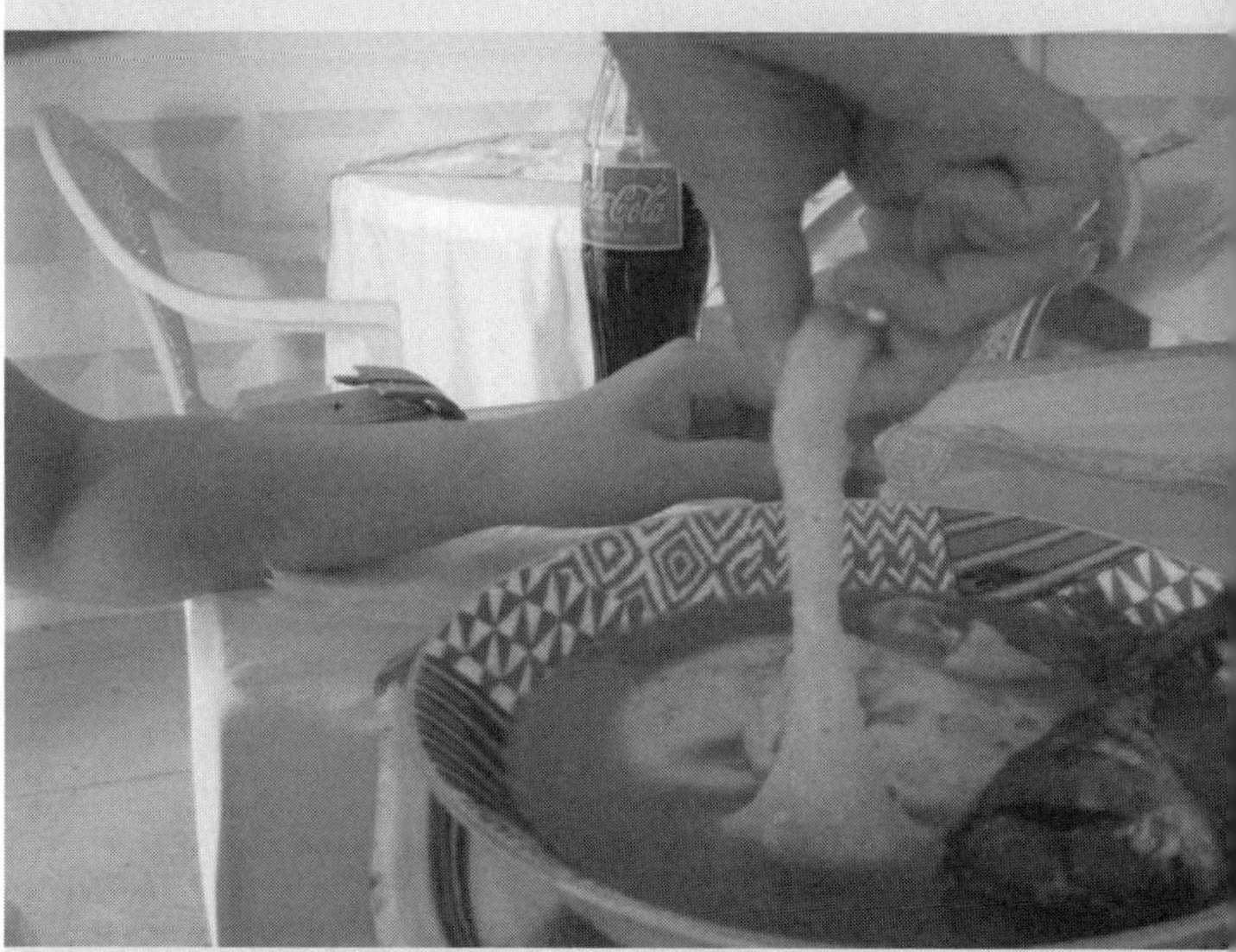

1　カメルーンのバナナとの再会

1……モンディンディム村のバナナ

最初のインドネシアの調査を終えた一九九九年一一月、短期間、カメルーンのモンディンディム村を再訪する機会があった。それまでもすでに三度訪れていたが、バナナについてきっちりと勉強してから訪れたのは初めてだ。以前から、バナナを含めた作物の品種名は聞いていたが、ひとつひとつの品種がもつ特徴をどのように記載すればよいかわからなかった。写真を撮るポイントもわかったし、インドネシアで使った品種カードで、何を確認すればよいのかわかったので、今度こそ、モンディンディム村のバナナを網羅しようと意気込んだ。

村に着くと、再会を喜びあいながら、今回の家を探す。最初二回に借りていた大きな一軒家は、呪いも解けたと判断されたらしく、元の持ち主の兄である村長のパスカル一家が暮らしていた。今回は、集落の反対側にある、ニャニャが建設中の小さな家を借りることにして、ついでにごはんも作ってもらうことにした。

滞在は四日だけだったので、戸もベッドもまだできていない家でも家の中にテントを張ればなんとかなると思ったのだが、あっという間に、完成したベッドが運び込まれ、玄関の戸もどこかから調達してきて蝶番とともにつけられた。ここの人たちは本当にありあわせでなんとかする器用仕事が得意だ。家自体、二間くらいの小さな家ならば、ニャニャのような高齢女性でも、簡単に作ることができる。柱になる木の切り出し、竹を割って柱に横に渡してくくりつける作業、ラフィアヤシの葉を重ねた屋根材を村の男の誰かに依頼するとして、あとは、時間を見つけて土をこねて壁に塗る作業を自分ですればよい。二、三カ月でできてしまう。二〇〇〇年代以降増えた木材とトタン屋根の家は、金がかかっているのでそんなに簡単に棄てるわけにはいかないが、昔ながらの手作りの家は、家の雨漏りがひどくなったから、とか、親しい親族の家の近くに、とかいう理由で、わりと簡単に建て替えられていた。

ニャニャの家の近くには、彼女の三番目の息子であるアブドゥルと、彼の二人の妻、オノリーヌとベルトが住んでいた。アブドゥルという名前はイスラムに由来する名前である。モンディンディム村を開いた二人の兄弟の兄の娘のうちふたりがムスリムに嫁ぎ、そのうちひとりはヨカドゥマに住んでいた。そのため、モンディンディムの第二世代で中等教育を受けることを希望する男の子は、その家から学校に通うことがあり、その中にムスリムになることを選んだ男性が二人いた。そのうち一人は商売をしてベルトアに居を構えていたが、アブドゥルだけが、ムスリムの村人としてモンディンディムで暮らしていた。ムスリムの男性と結婚するにはムスリムにならなくては、ということで、妻のオノリーヌとベルトもイスラムに入信していた。村で一軒だけのムスリムは、生活習慣が違って大変なのではないかと思ったが、日常的には、見えるところでお祈りをするわけでもなく、酒を飲まず豚肉を食べない（正確には、狩猟で得てもイノシシは食べない）だけで、そう不都合があるようには見えなかった。妻たちは、村の男性に売るための蒸留酒も造っていた。夫にねだられないので、実入りは他の女性よりよかったかもしれない。ラマダンだけは、昼間に何も飲み食いせず、日が暮れると家族一同で長い祈りを捧げていた。アブドゥルは酒を飲まないので、つきあいの悪いやつだと言われる、吝嗇だといわれないようにせめてタバコくらい吸わなくちゃ、と言ってタバコを吸っていた。ムスリムであるアブドゥルの

図4-1　アブドゥル一家・2004年（中央後ろがアブドゥル、向かって左がオノリーヌ、右がベルト）

一家も、クリスチャンである村の他の人たちも、呪いは強い力を持つと信じていて、世界観を共有していた。

ふたりの妻のうち、二人目の妻のベルトは、モンディンディム村の母村近く出身のカコで、もともと、キャッサバを主食とする地域で育っている。それに対して、一人目の妻オノリーヌは、南のバンガンドゥの出身で、生家ではプランテン・バナナを栽培していたという。オノリーヌも、カコであるアブドゥルがキャッサバ料理を好むので、キャッサバをたくさん作っていた。

到着した初日、オノリーヌとベルトが連れ立って遊びに来てくれた。この二人は姉妹のように仲がよく、お互いが病気で入院すると、夫を放りだして病院で看病するほどである。いつも連れだって畑にでかけ、お互いの台所で料理した食事を一緒に食べる（図4―1）。

ジュベで、妻同士の諍いをたっぷりと聞かされ、一夫多妻はトラブルの元だと思い込んでいたわたしは、この二人をみて、考えを改めた。しかし、この日の話題は、アブドゥルが三人目の妻を連れてきた、ということで、二人は結託して三人目を追い出す決心をしていた。夫が新しい妻を連れてきたとき、受け入れられることと受け入れられないことにはどこに違いがあるのか、いまだにわたしには判別できない。

村の噂話と、新しい妻を絶対に受け入れない宣言を聞いたあと、今回はクウェンデ（料理用バナナ）とノンバ（生食用バナナ）を見に来た、この地域のバナナをすべて見たいのだ、とわたしは二人に訴えた。すると、オノリーヌが俄然元気になった。オノリーヌいわく、カコはプランテンのことを知らない、プランテンならバンガンドゥに聞け、という。ベルトも異存なさそうだ。その場で六種類のバナナの名前が出てきた。

翌日は、一日雨だったが、その翌日、近くの畑を歩いただけで、最初の日に聞いた六種に加えてもうひとつの料理用バナナと、三種の生食用バナナがあっさりと見つかった。それぞれにカードをつくり、シモンズの一五ポイントチェックシートを試した。しかし、シモンズのチェックシートはあまり用をなさないように思われた。カメルーンのバナナのほぼすべてがＡＡＡかＡＡＢで、しかも、ＡＡＢはすべてプランテン・サブグループだからである。葉に斑点があったり、通常はたくさんの片に分かれた苞が重なっているのが一枚に繋がっているなど、明らかに他とは違う形態を持つ品種もあるが、そのような特徴は、シモンズの一五ポイントでは基準にならない。とりあえずやってはみたが、みんな同じになってしまうので、途中から止めてしまった。しかし、その数年後に、料理バナナの中に明らかにプランテンではないものがあることを見つけて、思い込みで手を抜いてはいけないと反省した。

ところで、プランテン・サブグループの中には、さらに植物学的な分類がある。フレンチタイプとホーンタイプである。ホーンタイプは、通常、果房の先にある雄花軸が退化してその先にあるはずの雄花序もない、いわば「花」が存在しないグループである。フレンチタイプには雄花軸も雄花序も残っていて、そのあいだはたくさんの中性花に覆われていることが多い。ホーンタイプは、果掌の数が少なくて果指が大きめであり、フレンチタイプは果掌が多くて果指が小さめである。雄花序はないが、中性花に覆われた雄花軸が残っていたり、不完全な雄花序があったりする中間タイプもあり、これらは、フォルスホーンタイプと呼ばれる（フレンチタイプにより近いものがフレンチホーンと呼ばれることもある）。バナナにはもともと「花」である雄花序があったはずなので、ホーンタイプは、フレンチタイプから突然変異で進化したと考えられている。モンディンディム村には、それぞれのタイプのプランテンがあった。

名前を訊くと、カコとバンガンドゥで同じ名前を持つものもあり、違う名前を持つものもあった。東部州全体で栽培されていて同じ名前で呼ばれるような料理バナナと、バナナを多く作る地域でしか見られない料理バナナがあるようだった。ベルトが植えていたバナナの中には、バンガンドゥ名はわかるがカコの名前はわからないものがあり、株をもらって植える根栽作物は、近場で分けてもらえるものを選ばずに植えているようだった。しかし、七つの料理バナナを観察したあと、新しいバナナの出現はぱったりと止まってしまった。いろんな村人に、バナナの名前を訊いても、わたしが挙げる以上のものは知らないし、ないというのだ。コンゴでだって、塙さんによれば、五八種類ものバナナがあったという。いくら、主作物がキャッサバだからって、これはないんじゃないか、と思ったが、ないものはしかたない。時間切れになったので、翌年、もう一度来て、村の誰かのツテをたどって、バンガンドゥの村に入ろうと思った。

2……バンガンドゥの村へ

翌二〇〇〇年の一一月、カメルーンを再訪した。このときは、同じ時期に、初めてアフリカで調査をするアジア・アフリカ地域研究研究科の四方篝さんと服部志帆さんが東部州に同行することになっていた。四方さんは焼畑・混作の調査、服部さんは狩猟採集民バカの調査である。まずは、一週間かけて、モンディンディムを拠点に、彼女たちの調査地と、わたしのバナナの調査地を探すことになり、研究チームが所有していた車と、お抱え運転手のアレンとともに出発した。

モンディンディムの例から、周囲でキャッサバを主作物にしている人たちは、比較的最近、サバンナとの境界域から移住してきた人たちだとわかっていたので、森林の焼畑・混作を見るのであれば、バナナを主作物としている方がいい。モンディンディム村は、北にボマン、南側がバンガンドゥというそれぞれがバナナを主作物とする人たちの住むエリアの境界だった。モンディンディムにも、ボマンやバンガンドゥから婚入している女性たちがいたし、小学校の校長先生夫妻もバンガンドゥだった。どちらを選んでもよかったのだが、オノリーヌや校長先生夫妻など、親しい人たちのツテがあることで、バンガンドゥの地域が候補となった。

バンガンドゥの人たちは、モンディンディムがあるンゴラ村の南からモルンドゥまで約一〇〇キロメートルに渡って、街道沿いに暮らしている。言語は、現在も北のサバンナに居住するバヤというグループと近縁で、バントゥではなく、アダマワ＝イースタンに分類される。一九世紀後半にサバンナと森林の境界あたりからこの地域に移動してきたということがわかっていて、百数十年程度、この地域でバナナを主食として暮らしてきたと考えられる。

モンディンディムの住人の親族がいるバンガンドゥの村を車で見て歩いたあとで、一度ヤウンデにもどり、改めて書類を整えて調査に出発するふたりを見送り、就職の面接のために一度帰国して年末にカメルーンにもどった。四方さんは、モンディンディム村から七〇キロメートルほど南に位置するバティカ村を調査地としていた。モンディンディムで一九九三年から小学校の校長をしていたバンガンドゥの男性、テオフィーユと妻ベロニークの住むンジョン集落だ。心配性の運転手アレンが、ここなら安心できると連れて行ったらしい。わたしも、四方さんにくっついて、ここで一一日間の調査をさせてもらうことになった。

再会した四方さんは、膝から下がぼこぼこになるほどの虫刺されに悩まされ、時々高熱を出して体調維持に苦労していたが、一カ月でフランス語がずいぶん聞けるようになり、村の人たちとすっかり打ち解けていた。一方、服部さんは、調査地選びに苦労していたが、一週間ほど試しに居候していた村に会いに行くとコロコロに太っていて驚いた。料理するのを隣で見ていたら必ず分けてくれるから、という。狩猟採集民の人たちはたしかに食事を分配することで知られているが、食べ物を持たず、分けてもらうだけの生活で太れるのはツワモノだ。

バティカ滞在中、南北に五〇キロメートルと、幹線道路から東に延びる脇道に一五キロメートルの道沿いで、品種を探して歩いた。その結果、コンドゥ（料理バナナ）が一九種と、アトナ（生食用バナナ）が四種見つかった（表4―1）。

品種の選択には、商品化が影響しているようだった。最も多かったのは、フォルスホーンであるボイである。栽培期間が一〇カ月から一一カ月でほかの品種より早く収穫できることと、果指が大きいことから商品として好まれる。次に多いのが、ボイと同じように早生で果掌の大きいフォルスホーンのボトコと、反対に晩生だが

表4-1　カメルーン・バティカ村周辺のバナナの品種

方名	観察地	推定ゲノムタイプ	頻度*	利用タイプ**	ローカルな分類
boi	バティカ	AAB	1	A, B	
botoko	バティカ	AAB	1	A, B	
ndjoku	ビンベ	AAB	1	A, B	
bodouma/gbongili	ビンベ	AAB	2	A, B	
dokokou	バティカ	AAB	2	A, B	
dokondu	バティカ	AAB	2	A, B	
medo (red type)	ボンゴイ	AAB	2	A, B	
medo (white tipe)	ビンベ	AAB	2	A, B	
nangiya	ビンベ	AAB	2	A, B	
songue	ボンゴイ	AAB	2	A, B	*kondu*（料理用）
dingedinge	マンベレ	AAB	3	A, B	
madimadi	バティカ	AAB	3	A, B	
mbidi	マンベレ	AAB	3	A, B	
mondele	ボンゴイ	AAB	3	A, B	
ndenge	バティカ	AAB	3	A, B	
ndoumou	バティカ	AAB	3	A, B	
ngombo	ディウラ	AAB	3	A, B	
wekondu toa	マンベレ	AAB	4	A, B	
—	バティカ	—	4	A, B	
nomba	ンゴラ	AAA(?)	1	C	
atona dio	バナナ	AAA	2	C	*atona*（生食用）
atona njim	バナナ	AAA	2	C	
banana	バティカ	AAA	2	C	

*　1: 非常に一般的、2: 一般的、3: めずらしい、4: 非常にめずらしい
**　A: 主食、B: 軽食、C: 生食、D: 飲用

みっちり詰まった大きな果房ができるフレンチのンジョクだ（図4―2）。ンジョクは、「ゾウ」という意味で、大きな果房を表している。螺旋型の苞が一枚だけのディンゲディンゲや、すべての果指が外向きにイカの足のように反ったンデンゲ、果指も葉もストライプ模様のソンゲ、液が赤いナンギヤなど、素人目にもわかりやすいものもあった。

面白かったのは、名前がわかった二二種のうち、バンガンドゥの人たちから見て命名の意味がわからなかったものが三割程度あったことである。頻度の高いものでも名前の意味がわからないものがあった。もしかした

図4-2　(左から)ボイ(フォルスホーン)、ボトコ(フォルスホーン)、ンジョク(フレンチ)

ら、森に入って、他の言語を話す人たちから株を分けてもらったときに名前も引き継いだのかもしれない。

料理バナナの食べ方は、朝は蒸しバナナ(ウェヤ・コンドゥ)を食べ、夕方は蒸したものを臼と杵で搗いたバナナダンゴ(キマ)を食べるのが基本である(図4―3)。目を引いたのは、パンブというバナナダンゴで、形状は同じなのだが、料理バナナ専用のたたき棒(ベパンブ)と、たたき台(パンブ)でキマよりさらにきめ細かくなるように叩き、イギリス式のふっくらしたオムレツのような形に整える。

この棒とたたき台のセットは、コンゴのジュベ村を思い出させた。ジュベ村では、たたき棒とたたき台で叩いたディドコが正餐で、女性たちは毎日、夫のためにディドコを叩いていた。バティカでは、パンブは常食ではないらしい。しかし、汎用性の高い簡易な台所道具が多い中で、ひとつの用途にしか使われない特化した調理器具は、その食材を主食として重視してきた歴史を思わせた。たたき棒もたたき台も、一本の木から削り出す形で作られ、重みで叩きやすいよう、叩いたときに割れないよう、硬い木を使わなければならず、簡単に日常用具を自作する人たちにあっても、それなりの労力を伴うものだ。この地域は、幹線道路沿いにあることと、伐採道路やコンゴが

図4-3　バナナダンゴ、キマ

近いことから、バナナを中心に農作物の商品化が進んでいる。もしかしたら、現金の必要性が高まり、商品向けの女性の農作業が増える中で、時間のかかるパンブが廃れ、簡易なキマが中心になっていたのではないか。

ある食材とのつきあいの長さや深さは、道具の特化とともに、保存食や携行食に出るとわたしは考える。余ったときや移動するときに切り抜ける技術がないと、主食としては不十分だからだ。バンガンドゥでは、料理バナナを保存したいときには、熟す前にスライスして太陽や炉で一、二週間かけて乾燥させたり（ミクタ）、熟した料理バナナを皮を剥いた状態で乾燥させ、食べるときにはそのまま臼と杵で搗いて唐辛子を加えるボンドという料理法があった。

ほとんどの料理用バナナは、蒸しバナナにもバナナダンゴにも使われたが、わりとよく見られるナンギヤ（フレンチ）と、ンデンゲ（フォルスホーン）のふたつは、バナナダンゴにすると不味いと言われた。どうやら、実が硬くて搗いても崩れにくいようだった。

他の地域と同じように、遠くの畑からバナナを収穫して運ぶときの背当てとしたり、重いものを頭に乗せて運ぶときにクッションとして葉が使われていたが、包装材としてはあまり使われていなかった。それは、クズウコン科（Marantaceae）のいくつかの植物の葉が、明るい二次林ならどこでも豊富に採集できるためである。これらの葉は、縦が三〇から五〇センチメートル、幅が二〇から三〇センチメートルで、バナナの葉と同じように水分を多く含み、バナナの葉よりも裂けにくい上、葉柄が簡単に紐にも加工できることから、バナナの葉よ

図4-4　バティカ村のバナナ畑

りさらに使いやすいらしかった。

しかし、バナナの葉には、この地域ならではの使い方もあった。ある日、偽茎から取り出した柔らかい繊維を煮込んでいるところに出くわした。どうするのかと思っていると、割礼を終えた男の子が連れられてきて、それに薬を含ませて消毒されていた。コットンである。その後、南フランスのエクサンプロヴァンスにある植民地資料を集めた国立文書館でこの地域の植民地時代の報告書を見ていたら、この使い方が、利用可能な技術として詳細にレポートされ、本国に報告されているのを見つけた。もしかしたら、商品化が検討されたのかもしれない。

また、周囲の村を回ってバナナの品種の情報を集めていたとき、バンガンドゥのある男性結社の踊り場の入り口には、結界としてアトナ・ディオという生食用品種が植えられると聞かされた。そこから先には女性は入れないのだそうだ。「ディオ」は男性結社を示すのだと説明された。

料理用バナナは、焼畑移動耕作で開かれる料理バナナ畑（ピンバ・コンドゥ）、もしくはカカオ畑（ピンバ・カカオ）に、生食用のバナナは家の周りに植え付けられることが多い（図4―4）。四方さんによれば、カカオを植え付けるときには、それまで畑にしたことがない一次林か古い二次林を選んでカカオに日陰を与える樹木を残すというが、料理バナナ畑は、伐開後五年以上経過した二次林を選択することも多い（四方 二〇一三）。料理バナナ畑とカカオ畑は、植え付け当初、一見非常に似ている。料理バナナ、キャッサバ、トウモロコシ、ココヤム、ヤムイモなどが、適当な間隔を空けて植え付けられ、ジュベの畑とよく似ている。違うのは、カカオ畑には、直まきや苗でカカオも植えられるということだ。カカオ畑では、他の作物が収穫されたあとカカオだけが残され、カカオの単作畑になっていく。料理バナナの畑で二〇メートル×二〇メートルのコドラートを作ってバナナの数を数えてみたら、三四本あった。ヘクタールあたり八五〇本である。

バナナはふつう垂直に植えるが、雨期に入ると、切り口に雨が当たって腐らないように斜めに植えることがあるという。斜めに植えたバナナがどのように育つのか見られなかったのは残念だった。子株の管理はしない。雄花序は、通常は放置するが、収穫を早めたいときには切り落とすことがあるという。全体的に、ジュベと同じように非常に放任であるように見えた。

この調査は二〇〇一年一月だったが、実は、二〇〇二年の秋以降、カカオの値段が高騰した。隣国コートジヴォワールで内戦が起こったためである。コートジヴォワールは、カカオの生産量が世界一である。内戦でカカオが流通しなくなり、カメルーンのカカオの値段が一気に二倍以上に跳ね上がったのだ。実は、カカオの国際価格は、一九八〇年台後半から低迷していて、一九九〇年代後半から少し上向きになったところだった。わたしは、ジュベ村でもモンディンディム村でも、手間暇かけて植えたであろうカカオ畑にあまり手をかけず、適

図4-5　モンディンディム村のカカオ収穫作業（2014年）

当な収穫をしているのが不思議だった。ジュベ村の場合は、社会主義を標榜していた国家経済が破綻しかけていて買い付けが来ないからだろうと思ったし、モンディンディム村の場合は、トラックで買い付け商人は年に何度か来るのだが、買い付け価格が安くて労力に見合わないのだろうと思っていた。わたしがモンディンディム村に最初に調査に入った一九九三年から、バティカ村で調査をした二〇〇一年は、実は、カメルーンのカカオの価格が低迷していた時期で、二〇〇二年以降、モンディンディム村もバティカ村も、すっかりカカオ農民の村になっていった（図4—5）。新しいカカオ畑を作るだけでなく、以前に作った畑も除草して農薬を噴霧し、せっせと世話を始めたのである。すると、カカオはみるみる元気になって、たくさん実をつけ始めた。人々もカカオも、なんとも現金だ。金になるときは世話をするし、その年に世話をしたただけ実が実る。値段が低いとなれば、カカオのめんどうを見る時間に漁撈をしたり狩猟をする方がよいわけだ。混作は、何かを選んで何かを棄てる必要がないのがよいところだが、カカオの場合も、それが経済の変動に対するリスク管理になっているように見える。

カカオの価格の変動の話を聞いたとき、なぜ、毎日のようにチョコレートを食べている日本では、それがニュースにならないのだろうと思った。原材料としてのカカオの国際価格も大きく変動したはずである。バナナもそうだが、生産地で起こっている大きなできごとを全く知らずにその食べ物が手に入る、というのが現在の世界なのだ。

その後、四方さんは、断続的に二七カ月にわたってカメルーン東南部で調査を続け、博士論文を元に、『焼畑の潜在力』というすばらしい農業生態史を発表した（四方 二〇一三）。四方さんによれば、バンガンドゥのバナナ栽培のミソは、毎日、途切れなく収穫できるようにバナナを栽培することだという。そのためには、できれば年に二回新しい畑を開くこと、植え付け時期をずらすこと、早生の品種と晩生の品種を混ぜること、藪の中でも自力で更新する特徴を生かして数年分の畑から収穫することなど創意工夫を凝らすのだという。

畑を拓く回数が年に一回であることを除けば、ジュベ村も同じことをしているのだが、ジュベ村で村は年に数カ月、料理バナナが足りなくなってキャッサバを食べざるを得ない時期があるのに対して、バティカ村では通年の収穫を達成している。両方とも、通年を通してバナナを収穫することが女性のプライドでもあり、社交にもバナナが必要なことも一致している。おまけにバティカ村では、バナナを販売もしている。この違いには、何が効いているのだろうか。

また、四方さんは、バナナとカカオは「おいしい関係」であるという。通常、自給作物と商品作物は、労力や土地を巡ってトレード・オフ、つまり、どちらかを取ればどちらかを捨てる、という関係になりがちだ。しかし、彼らは自給作物用の混作畑の中にカカオを加えることで、カカオの価格変動に備えている。また、生態的にも、カカオのための被陰樹を多く切り残すことで、森林の維持と回復にも有用であるという（四方 二〇一三）。

もうひとつ、これまで労働力の面でトレード・オフと見なされてきた商品作物生産と自給用の農、狩猟採集、その他の生業との関係についても、カメルーン南部州でファンの人々を対象に、カカオ栽培と自給用の焼畑、狩猟、蒸留酒の製造といった生業複合の関係を調べた坂梨健太さんが報告している（坂梨 二〇一四）。農民は、カカオ生産を続けるために、猟で得た獣肉の販売やラフィアヤシから採集するヤシ酒、自給用の焼畑で得たキャッサバやトウモロコシを元にした蒸留酒の販売といったカカオ以外の資源を利用して、労働力として依存している近隣のバカの人たちと関係を維持することでカカオ生産を維持している。

生業複合とは、単にいくつかの生業を組み合わせて生業を営むということではなく、ひとつひとつの生業が他の生業に結びつくネットワークを形成している状態を表している。バティカにおけるバナナもまた、そのようなネットワークの大きな結節点なのだ。

バティカの体験は、熱帯雨林と焼畑移動耕作とバナナ、そして、キャッサバ、カカオなど新たな作物との関係を考えさせてくれた。

ところで、四方さんによれば、バティカ村には、三〇〇人のバンガンドゥとともに、それを上回る数のバカの人たちが住んでいる。伐開、播種、除草、収穫まで、多くのバカの男性、女性、子供がバンガンドゥの農作業を手伝い、蒸留酒や小さな現金を受け取っているという。また、九月から一二月のカカオの収穫期には、ほとんどのバカが手伝いに駆り出されるという。モンディンディム村でも、二〇〇八年の段階で、人口二〇〇人程度のうち、五〇人程度がバカで、バティカ村ほどではないが、伐開などを手伝っている。

カメルーン東南部のバカの人びとは、もともとは、森のキャンプで狩猟や採集をしながら移動する傍ら、季節的に街道沿いの村の近くで農民の畑の伐開や収穫作業などを手伝っていたと思われるが、一九五〇年代頃からは、植民地政府やその後の独立政府によって、街道沿いに定住することや畑をもつことを強く指導された。今は多くの人びとが自給用の畑をもち、中には、販売用のカカオの畑を自分でもつ人もいる。自給用の主作物はバナナで、一九九〇年代まで、キャッサバを主作物とするモンディンディム村のバカの人たちも主作物はバナナであった。

わたしがバティカ村に調査に入る直前の二〇〇〇年八月から一〇月、前年に一緒にインドネシアで調査をした北西功一さんが、モルンドゥから西に数十キロメートルにあってコンゴとジャー川をはさんで向かい合っているドンゴ村で、バカの調査をした。ドンゴ村は、バンガンドゥの地域の南にあり、バントゥ系の言語を話すバペレとバカが多く住むエリアである。北西さんの調査は、バナナに特化したものではなかったが、前年の経験を生かして、バカの人びとのバナナ栽培についても調査した。

北西さんの報告(北西二〇〇二)を読むと、バカのバナナ栽培は、粗っぽく言ってしまえば、周囲の農民の焼畑移動耕作の手を抜いた感じのものであるという。毎年必ず畑を拓くわけではなく、バペレの人たちなどの手伝いに呼ばれると、酒や現金、布などがもらえるので、そちらを優先する人もいる。畑の大きさも、バペレなどに比べると小さい。一方、栽植密度は、わたしが測ったバンガンドゥの畑に比べると一・五倍以上である。つまり、小さな畑に密に植えられている。

また、ひとつの村の中のバカの人の畑に一六品種の料理用バナナと四種類の生食用バナナがあったが、ひとつの畑に植えられる品種は一、二種類で、村全体でもよく見られる料理バナナは五品種程度、収穫されるバナナの六〇%以上がテテンドというひとつの品種が占めているということで、品種の多様性はあまり高くないという。

北西さんは、このようなバカの農耕を見て、彼らは主食がバナナなどの根栽類だからこそ畑を持てるのではないかと考えた。バカを始め、狩猟採集民の経済の特徴として、「即時的収益システム」が指摘されている。何かにコストをかけたら、できるだけすぐに利益を得る、ということで、つまりは、「その日暮らし」経済である。狩猟は、植えて数カ月待つ農耕よりもすぐに獲物が手に入る。それに対して、コストをかけて時間が経ってから利益が手に入ることを「遅延的収益システム」と呼ぶ。農民は、植えたら数カ月後、一年後に実ることを期待して待つ。獲物や収穫物を貯めておかない南の狩猟採集民は、一般的に、将来のために現在の行動を選ぶ、ということをしない。畑作業のシーズンであっても、どこかで好物のイモムシやハチミツが大量発生したといえばみんなででかけていく。その結果、畑が荒れて、せっかく植えたトウモロコシが雑草に負け、実が入らないということもあるという。しかし、バナナは雑草にも負けずに実をつける。穀物のように、植え付け時期や収穫時期が決まっているわけでもなく、一年中いつ植え付けても育つ。株で繁殖するので、タネを取っておく必要もない。料理も茹でればよいので、もともと主食としていた野生のヤムイモと同じである。そのようなバナナの特徴が、バカが自分の畑を持つことを受け入れるのに役立ったのではないか、と北西さんは分析している。さらに北のヨカドマの周辺には、キャッサバを主作物とするバカがいるという。彼らの農耕が、バナナを主作物とするバカとどのように違うのかは興味深いところである。

3……移動社会の生業と食

モンディンディム村は、サバンナと森林の境界地帯からの移住村である。コンゴ・ブラザヴィルのジュベ村も、やはり、数十年前にその場所に移動してきた村だ。中部アフリカ熱帯雨林の歴史を言語学や考古学によって描いたヴァンシナは、この地域の社会の基本的な特徴を、集団の拡大と分裂の繰り返しと、小規模な集団の移動が常に起こっている移動性にあると考えた（Vansina 1990）。さらに、コピトフは、アフリカの歴史全体が、このような比較的短距離の移動を繰り返すローカル・フロンティアの歴史であると論じている（Kopytoff 1987）。塙さんは、ヴァンシナに依拠しつつ、ジュベ村の周辺地域を事例として、中部アフリカ熱帯雨林の歴史を自然環境と生業との関係で論じ、ヴァンシナが一九二〇年代に自律性を失ったと考えた小集団による移動文化を描いた（塙 二〇〇八）。モンディンディム村もそのような文化の末裔として考えることができる。

移住した先が、似た自然環境で、同じ言語を話し、同じ作物を栽培する人たちに囲まれている場合は、母村と同じ作物を選ぶことが多いだろう。しかし、モンディンディム村の場合は、母村がキャッサバ、移住地の隣人はバナナを主作物としていた。

モンディンディムの農と食について最初に調査した一九九四年から一九九六年にかけて、彼らの食はバナナを中心にしたセットとキャッサバを中心にしたセットだったことは、2章で述べたとおりである。主食における出現頻度は、キャッサバのダンゴであるカモが五割強、残りの五割弱が、バナナやイモを蒸したものだった。ところが、二〇一〇年代になると、バナナやイモの出現頻度が減ってきた。食事におけるキャッサバの出現頻度が高くなり、それについて質問すると「わたしたちはカコなのだから、キャッサバが主食である」という説明をされることが増えた。前の調査から約二〇年が経っていた。

一九九〇年代には、近隣から婚入していた森林地域出身の女性はバナナをよりたくさん植え付ける傾向があったが、二〇一〇年代になると、森林地域出身の女性もキャッサバをより植え付けるようになっていた。モンディンディム村は、行政的には、北隣のンゴラ村の一集落、という位置づけだったのだが、ンゴラ125（ヨカドゥマから一二五キロメートルという意味）という名前で役場に登録されるようになり、行政村としての独立性を高めていた。人口も二〇年ほどで一・五倍になっていた。カコの村として、周囲からの独立性が高くなるにつれ、自分たちの生業と食文化のアイデンティティとしてキャッサバを重視するようになったように見えた。

4……コンゴ盆地の主作物の変化

コンゴ盆地の熱帯雨林に暮らす人びとの長い歴史には、実はバナナが大きな役割を果たしている。

コンゴ盆地のバナナについて説明する前に、アフリカにおけるバナナの分布について、押さえておきたい。アフリカの中で、中部アフリカ、西アフリカ、東アフリカ大湖地帯には、バナナをもっとも重要な主食とする地域がある。それらの地域は、品種群の分布によって、かなり明確な三つの地域に別れている（De Langhe & De Maret 1999）（図4―6）。一つは、プランテン・サブグループが分布する、西アフリカから中部アフリカ一帯である。もう一つは、東アフリカ高地ＡＡＡと呼ばれる特有の品種群を中心に栽培する、東アフリカの大湖地帯にあるウガンダ、ルワンダ、ブルンジ、タンザニアなどの高地である。この地域は、農村部ではアフリカ一と言われる高人口密度をバナナで養ってきた。三つめは、インド洋に面したケニア、タンザニアからマダガスカルに至る地域で、インド洋複合と呼ばれる多種多様なゲノムタイプの品種群が見られ、その構成はアジアと非常に似ている（小松ほか二〇〇六）。

西アフリカと中部アフリカで重要な主食作物となっているのは、プランテン・サブグループである。プランテン・サブグループはインドをはじめアジア各地にも存在するのだが、アジアの一〇倍を超える一〇〇を超え

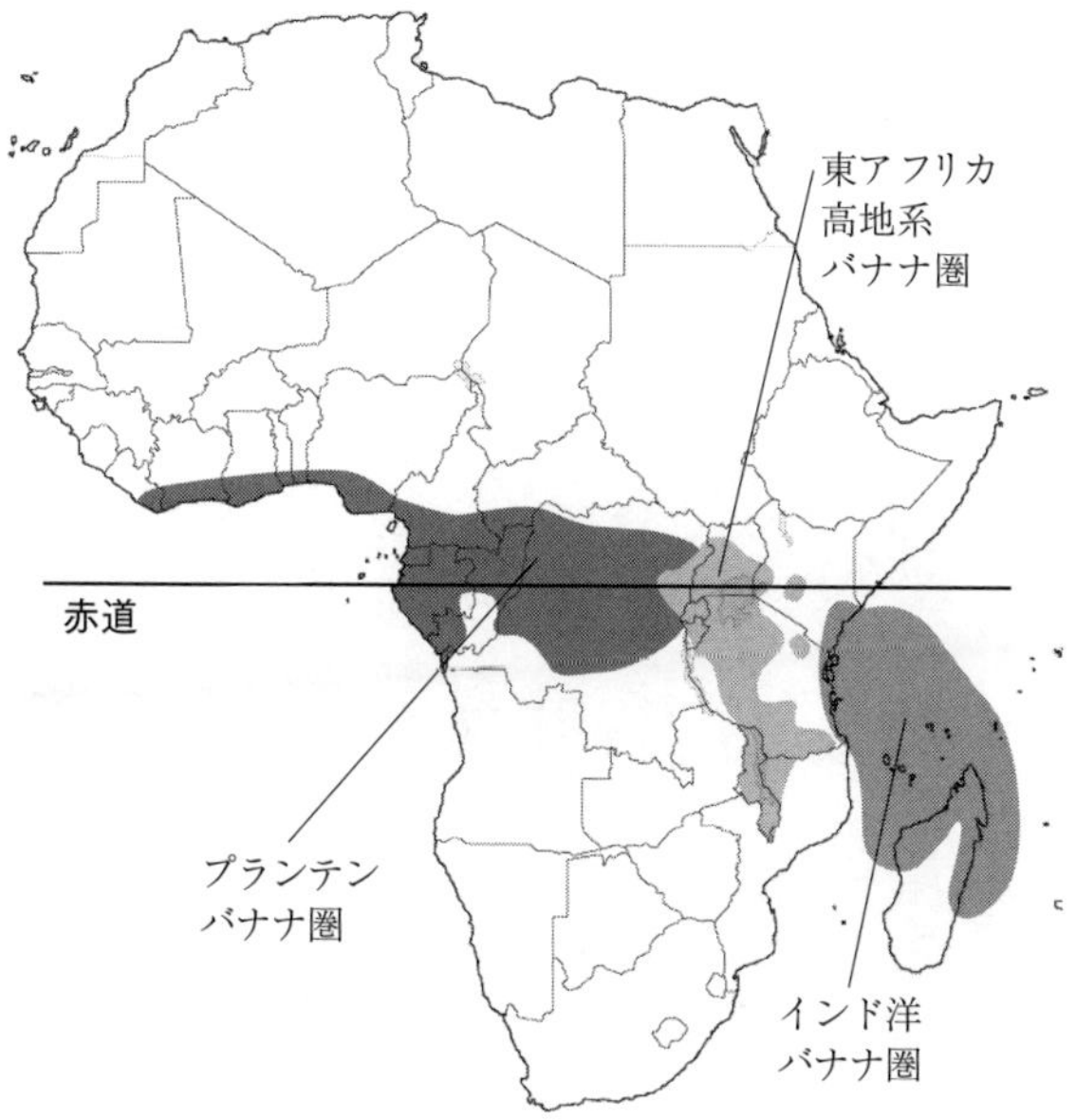

図4-6　アフリカのバナナの分布
（[De Langhe & De Maret 1999]から筆者作成）

る品種に変異していることなどから、最初にアフリカに到達したバナナだろうと考えられている。

コンゴ盆地に話をもどすと、この地域の住民たちの多くはバントゥ系の言語、中でも、ヴァンシナが西バントゥと名付けた言語を話す（Vansina 1995）。この地域に最初に住んだ人たちは、漁撈や狩猟を生業の中心としており、農を中心とした生業と共に入っていったのは、西バントゥの言語を話す人々であった。バントゥ系の言語のルーツは、現在のカメルーンとナイジェリアの国境地帯あたりにあると考えられている。ヴァンシナによれば、西バントゥの祖先グループは、紀元前一五〇〇年以降に、コンゴ・ブラザヴィル北部からガボン東部あたりを二次センターとして中部アフリカの森林地帯に拡がり、紀元前までには、森林地帯の全体にまばらに分布し、一〇〇〇年くらいにはおおよそ現在の言語分布と近い分布になったと推定されている(Vansina 1995)。西バントゥの祖先グループが持っていたのは、アフリカ原産の数種のヤムイモ(*Dioscorea cayenensis, D. rotundata* など)、アブラヤシ、コーラ、種子を食用にするウリなど西アフリカ原産の作物と、石器と土器、木製の臼と杵などだった。ヤムイモ栽培には十分な日光と、明確な乾期が二カ月以上あることが望ましく、コンゴ盆地の熱帯雨林の環境下では生産量があまり高くないので、農だけで暮らすのではなく、野生のヤムイモの採集や狩猟、漁撈を組み合わせた生業が必要だった。そのような状況下で、紀元前一世紀くらいに、鉄器と、バナナ、タロイモ、ヤムイモ、サトウキビなどの東南アジア起源の作物セットを取り入れたことが、この地域の人口を大きく増大させたと考えられている。中でも、重要なのは鉄器とバナナであった。鉄器によって、大木の伐採が容易になり、熱帯雨林の状況下ではヤムの十倍の生産力をもつといわれるバナナが、カロリー源の安定を保証したのである(Vansina 1990)。

その後、コンゴ盆地の熱帯雨林の主作物は長くバナナであったと考えられる。しかし、基本的に無文字文化だったアフリカで、文字による記録が残る頃には、状況が変化していた。ヨーロッパ人によって南米からもたらされたキャッサバの到来である。キャッサバは、中央アフリカ、西アフリカ、東アフリカでそれぞれ異なる時期とルートで取り入れられた(安渓 二〇〇三)。

コンゴ盆地のキャッサバの導入史を概観すると以下のようになる(Jones 1959)。一四世紀にコンゴ川の河口を中心に成立したコンゴ王国とポルトガル人が一五世紀後半に接触して交流を深める中で、一六世紀後半頃、コンゴ王国の周辺でキャッサバの栽培化が進んだと考えられている。コンゴ王国の東側、内陸部に位置していたブションゴ王国では、キャッサバ導入についての口頭伝承が記録されていて、それによると、シコクビエ、バナナ、ヤムを主食としていた彼らに、薄切りにして茹でて食べるキャッサバがもたらされ、一六五〇年頃、シクワングと呼ばれるアフリカ独自のチマキ状の料理法が知られるようになったという。当時の王が、バッタ害に対抗するためにキャッサバを導入したという伝承もある。バッタに対抗するためのキャッサバ導入、という伝承は、他の地域にも見られる。コンゴ川流域は、一九世紀後半にリヴィングストンやスタンレーが踏破するまではヨーロッパにとって「暗黒大陸」で、作物導入の記録もほとんどないのだが、スタンレーがコンゴ川流域を旅した一八七六―一八七七年頃には、少なくとも彼の通過した流域各地ではキャッサバが重要な主食材料だったという。コンゴ川流域には、奴隷をはじめとする交易を背景に、キャッサバが浸透した。一方、同じ熱帯雨林でも、ガボンでは、二〇世紀のはじめにもキャッサバをほとんど取り入れず、バナナを中心に栽培しているなど、地域によって大きな差があった。二〇世紀になると、キャッサバはアフリカ全体でますます重要性を増し、アフリカでトウモロコシと並ぶ最も重要な作物となった。

一九五〇年代の資料では、コンゴ川流域ではほぼすべての地域でキャッサバが主要な主食作物となっている。また、コンゴ・キンシャサの東部と北部、コンゴ・ブラザヴィル、ガボンでは、プランテンが主要な主食作物(のひとつ)である地域が数カ所あった。そのほかには、アジアイネがコンゴ・キンシャサ北部と中央部で重要な役割を担い、トウモロコシが南部のサバンナ地方を中心に重要な役割を担っていた(Johnston 1958)。歴史的に考えれば、コンゴ盆地の主作物は、ヤムイモからバナナへ、バナナからキャッサバへと変わってきたことになる。

このような主食作物の分布は、環境要因によって選ばれると考えることもできるのだが、コンゴ川流域では、バナナを育てる適地ではイネも育つことが多く、キャッサバはバナナ、イネ、トウモロコシが育てられる地域のうち湿地と高地を除くほぼすべてで栽培が可能である。そのため、ある地域に適した作物は複数あり、作物

表4-2　バナナとキャッサバの土地生産性の報告例　　単位　トン／ヘクタール

地域	バナナ	キャッサバ	条件	出典
ウガンダ	6—17	—	小農による東アフリカ高地AAAの栽培	Tuchemereiwe et al. 2001
ウガンダ	60	—	実験圃場での東アフリカ高地AAAの栽培	Tuchemereiwe et al. 2001
DRC東部（ソンゴーラ）	4.9—11.5	9—20	小農によるプランテンとキャッサバの混作畑	安渓 1981
DRC中部（ボイエラ）	—	9	小農による自給用栽培	佐藤 1984
DRC西部	2.3—4.7	7.9—14.6	小農による自給用栽培（キャッサバは販売用を含む）	Fresco 1986
—	—	20—26	集約栽培	Purseglove 1968

※DRC　コンゴ民主共和国、(　)内は民族名

の分布はそれ以外の要因が影響する。キャッサバは多くの地域で重要な作物になったが、すべての地域でキャッサバが最も重要なわけではない。

5……バナナとキャッサバ

作物としてのバナナとキャッサバを比較すると、バナナもキャッサバも、北緯三〇度から南緯三〇度までの赤道周辺が主な栽培域である。バナナの栽培に最適な条件は、平均月気温が二七度、結実期の平均気温が摂氏二九度から三〇度で、降水量が二〇〇〇ミリメートルに近く、月間降水量が七五ミリメートルを下回る月が三カ月以上ない地域である（Purseglove 1972; Stover & Simmonds 1987）。水はけがよく、栄養分に富んだ土壌が必要で、バナナの生長はよい土壌の指標ともなる。一方、キャッサバは、平均気温二七—二八度が最適で、寒さと霧に弱く、赤道直下でも一五〇〇メートル以上の高地には向かない。乾燥には強く、降水量が年間五〇〇ミリメートルから五〇〇〇ミリメートルの地域まで栽培が可能である。土壌を選ばないので、冠水した土地、表層が非常に薄い土地、石が多い土地以外ならあらゆる土壌で栽培できる（Purseglove 1968）。

これらの条件を比較すると、高地の少ない中部アフリカでは、バナナの栽培が可能な環境条件では、キャッサバも栽培が可能であり、土壌が貧しいところでは

キャッサバがより適応的であることがわかる。

コンゴ盆地の農民の見解では、バナナは土壌がよくないとよく育たないので一次林が好ましく、キャッサバは二次林でも十分に育つという。このため、バナナを主作物とするときには一次林を伐開し、キャッサバを主作物とするときには二次林を伐開する、というところが多い。ただし、実際には、伐開の簡便さや収穫の便利のよさなどを重視して、二次林を開くことも多い。

これまでに各文献で報告された報告では、バナナよりキャッサバの土地生産性の方が高いと考えられている（表4―2）。収穫までの期間も、バナナが植え付け後九カ月から一八カ月かかるのに対して、キャッサバは早い品種で植え付け後六カ月から収穫が可能になり、多くの品種が一二カ月から一八カ月で最大になる。ただし、バナナとキャッサバの生産性を比較することは非常に難しい。混作されることが多い上、土壌条件によって生産性がかなり異なるからだ。

保存性に関しては、バナナは熟す前に収穫しなければならず、収穫期が個体ごとに異なる。キャッサバは、畑で保存が可能で、中部アフリカの場合、スイート・キャッサバより保存の利くビター・キャッサバなら、一年以上は食用可能な状態で必要に応じて収穫が可能である。収穫後は、バナナは果掌ごとに熟していくので、一―二週間で消費する必要がある。保存用の乾燥も各地で知られてはいるが、実際に保存されることはほとんどない。キャッサバは生だと数日しか保たないが、乾燥させることで長期間の保存が利く。

労働生産性については、バナナに対する労働量が地域によって全く違うのはこれまでの章で見てきたとおりだが、中部アフリカに関して言えば、バナナの場合、より畑の伐開、特に大木の伐採に労力がかかることが多い。キャッサバは、二次林でも十分に収穫できるので、伐開と栽培には手がかからない。ただし、中部アフリカの多くの地域で栽培されているのはビター・キャッサバで、毒抜きに手間がかかり、その上、モンディンディム村で食べられているようなカモ（フフ）にするにしろ、コンゴ川流域で発達しているシクワングというちまき状の料理にしろ、かなり手がかかる。

最初にキャッサバを作物として受け入れたとき、中部アフリカの農が、焼畑移動耕作と混作を基本としていたことが、受け入れを容易にしたと考えられる。これまで書いてきたように、バナナのような根栽作物を栽培している混作畑にキャッサバを取り入れるのは、作物の一つとして足せばよいだけなので容易である。育てながら、他の作物との空間的、時間的な配置、水分や養分の必要量、主食としての使い勝手を確認し、他の作物との相性がよければ増え、悪ければどちらかを選ぶことになる。狩猟や漁業、採集などの季節的な生業との組み合わせも試行錯誤できる。それがさらに主作物となるには、バッタ害という自然災害や、政策による栽培の奨励、奴隷貿易などの社会変動が影響している。二〇世紀後半には、都市化と人口増加によって、キャッサバがさらに広く主作物になった。主作物、特にそれを主食とするような作物が入れ替わるときには、何か大きなきっかけがあることが多い。

一方、主食としての作物が取り入れられるときには、栽培のしやすさだけでなく、既存の加工法、料理法や食材との組み合わせが重要である。ビター・キャッサバには毒抜きの技術が必要だが、毒抜き技術は栽培法とともに伝わったので（反対に、毒抜き法がわからなかった西アフリカでは受容が遅れたと言われている）、あとは、毒を抜いたキャッサバをどのようにして食べるかだった。最も簡単なビター・キャッサバの料理法は、1章で述べたコンゴのジュベ村のように、毒抜きして乾かしたかたまりを蒸して食べることだ。この方法だと、バナナと一緒に蒸すことができる。キャッサバが淡泊な味で、ヤシ油などそれまで使っていた調味料のほとんどと相性がよかったことも、受け入れを容易にしただろう。

つまり、畑においては混作の一要素として受け入れが可能であり、バナナよりもさらに条件の悪いところでも育てることが可能で、バナナの料理に使っていた調理道具や調味料でキャッサバを受け入れることができたことが、キャッサバが速やかに受け入れられた要因であると考えられる。そして、キャッサバが最も重要な主食材料になるにつれ、調理法も凝ったものになり、専用の篩（粉にして練る場合）や練り板（毒抜き後にそのまま練る場合）などが発達した。そのようなところでは、バナナに特化したたたき棒やたたき台が廃れてしまったところが多い。

バナナからキャッサバに主作物が変わった地域では、土地利用や労働力の配分に変化が起こっている。キャッサバは、短い休閑でも栽培が可能なので、休閑が短くなる傾向があり、土地の劣化が起こることがあるかわりに、人口が増加してもかなりの支持力がある。また、キャッサバの生産は、バナナの生産に比べて、伐開にかかる男性の労働力が少なくて済むので、男性が商品作物栽培や雇用労働などで現金獲得に費やせる時間が増える。反対に、草地であれば女性が伐開するし、収穫してからの加工や調理の手間も大きく増えるので、女性の労働はバナナよりも必要になる。バナナやキャッサバの商品化の程度にもよるが、世帯内の金の巡り方も変化するだろう。

バナナからキャッサバという中部アフリカの変化だけでなく、主作物と主食が変化するということが意味することについては、最終章で再度考えてみたい。

2　西アフリカのプランテン・バナナ

1……ガーナへ

アフリカのバナナ圏は三つあるといわれている。そのひとつは、コンゴやカメルーンを含む中部アフリカから西アフリカの大西洋岸の森林地帯で、プランテンと呼ばれるひとつの品種群が卓越した地域である。地図で、ひとつながりにみえることもあり、わたしは漠然と、中部アフリカと西アフリカは似たようなバナナ文化を持っているのではないかと想像していた。

二〇〇九年、さまざまな方面に顔の広い佐藤靖明さんが、国際農林業協働協会の「自給的作物研究検討委員会」の委員を引き受けた。ついでに協会が出版している熱帯農業の教本シリーズである「熱帯作物要覧」で、『アフリカの料理バナナ』という冊子を出版する話があって、佐藤さんと北西さん、わたしが寄稿した。この冊子を書くために、アフリカ全体のバナナ栽培について復習することになった。冊子の中ではアフリカの主だったバナナ生産地について現地調査に基づいた報告ができたのだが、唯一足りないのは西アフリカだった。

『アフリカの料理バナナ』を書いたときの統計によると、二〇〇七年、プランテンとバナナを合わせた生産量で、ガーナは、アフリカで第四位だった。ガーナの国内における主食作物の生産量では、イモやプランテンの重量を三分の一に換算してカロリーで比較すると、重要な順に、キャッサバ、ヤムイモ、トウモロコシ、プランテン、タロイモとなる。

西アフリカで最も主食作物としてバナナが重要なのは、ガーナである。フフと呼ばれるバナナ餅も有名である。ガーナのプランテンを見てみたい、という気持ちがむくむくと大きくなった二〇一〇年、夏にカメルーンで調査をすることになり、ちょうど同じ時期にカメルーンに行く予定だった北西さんを誘い、帰りに一〇日ほどガーナに寄ることにした。

ガーナ研究者の知り合いもいたが、農業を研究している人はいない。調査許可はいらないらしいという情報を当てにして、ともかく行ってみようかと思っていたら、思わぬところから強力なサポーターが現れた。ガーナ出身のスィアウ・オンウィナ＝アジマン先生である。アジマン先生は、日本の大学院で博士号を取った農学者で、東京農工大学の教員である。「自給的作物研究検討委員会」で佐藤さんと一緒だった。アジマン先生にガーナのバナナについて教えていただけないか、あわよくば、ガーナで調査するためのツテを紹介してもらえないかと思い、六月、佐藤さんと一緒にアジマン先生を訪ねた。

アジマン先生（親しみをこめて、日本語でアジマン先生と呼んでいる）は、エネルギッシュを画に描いたような人だった。大きな目をくるくる回しながら、流ちょうな日本語と豊かな表情で、ガーナの農業やバナナについて、日本とガーナの研究の交流について、ちょうど開催中だったサッカーのワールドカップでガーナがどのように活躍するかについて、弾丸のように話してくれた。アジマン先生をはじめ、ガーナの研究者、特にガーナ大学農学部出身者には、日本の大学に留学する研究者も多く、アジマン先生は、ガーナの研究者たちと日本の大学や企業をつなぐハブのような役割を果たしている。二時間ほどの滞在のうちに、ガーナで調査をするアレンジを引き受けてくれることになって、あまりの幸運に小躍りした。

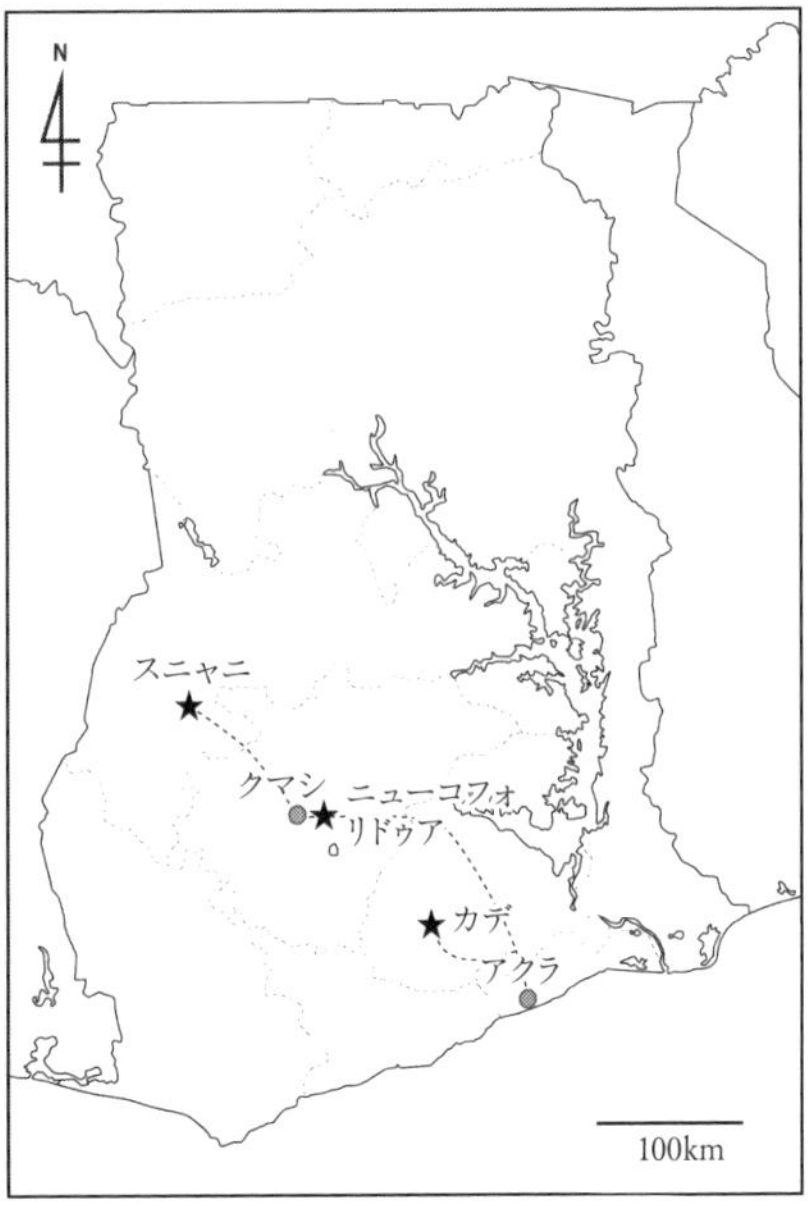

図4-7　ガーナ調査地地図

二〇一〇年八月二九日、北西さんとわたしは、ガーナの首都、アクラに降り立った。カメルーンの首都ヤウンデからアクラは、直線距離で一三〇〇キロメートルくらい、直行便の飛行機ならあっという間だ。しかし、フランスの植民地だった（五分の一はイギリス領だったが）カメルーンとイギリスの植民地だったガーナのあいだに直行便はない。ヤウンデから、ガーナを通り越して西隣のコートジヴォワールの首都アビジャンへ飛び、飛行機を乗り換えて東に戻るというルートで一日がかりでアクラに到着した（図4―7）。

翌日、アクラ郊外レゴンにあるガーナ大学のキャンパスに、今回のわたしたちの後見とアレンジを引き受けてくれた農学部のジョン・オフォス＝エニム先生を訪ねた。ガーナ大学は、緑豊かで広大なキャンパスに各学部や学生寮、コロニアル様式のホールが点在する、きもちのよいところだ。ジョン先生（わたしたちは日本語で、ジョン先生と呼んでいる）は、大柄で貫禄があるが気さくな人で、やはり日本の大学に留学経験があった。バナナの栽培と料理を見たい、品種もたくさんみたい、というわたしたちが事前に伝えた希望を聞いて、ジョン先生は、東部州カデ近郊にあるガーナ大学の森林・園芸作物研究所での調査を手配してくれた。村の人は英語が話せないし、わたしたちはもちろん現地語が話せないので、通訳として大学院生クリストファー、そして若いドライバーのコフィが同行してくれることになった。

翌日、大学近くの市場でバナナをゆっくり観察した。売っているプランテンは数種類だ。バナナは、ガーナの南半分である森林地帯、アシャンティ、ブロン=アファフォ、ウェスタン、イースタン、ヴォルタの各州で栽培されている。バナナ栽培地域に含まれる各州では、ヴォルタ州南部の多数派がエウェである以外は、アカン諸語と呼ばれる言語グループの話者が多数派である。アカンには、さらにいくつかのサブグループがあって均質ではないが、例えば、プランテンはブロディア（完熟するとココ）、生食用バナナはコドという同じ単語で呼ばれる。アクラを含むガーナ海岸部の東部はサバンナ地帯で、アクラ周辺はガという言語グループであるが、アクラでも、プランテンとバナナはアカン語で呼ばれていた。

市場には、いくつかの種類のプランテンが見られた。小振りなプランテンであるアペンと、大ぶりなプランテンであるアパントゥ、アサミエンサだ。小振りなプランテンは堅くて、茹でバナナに向いている。大ぶりなプランテンは、柔らかくて、バナナ餅であるフフに向いているという。アペンの下位分類として、小さな種が入っているオニアバがある。コンゴやカメルーンでは、向いている調理法によってプランテンの品種が分類されることはなかったので、新鮮だった。買い手の分類なのかとも思ったが、あとからわかるように、農民もこの分類を基本としていた。これら以外も二種類見つかったが、少なくとも、アクラの市場で見られる種類はそう多くなさそうだった。むしろ目を引いたのは、多彩なマメだった。アフリカ原産のササゲを中心に、バンバラマメ、ラッカセイ、アズキ、ダイズなど色鮮やかなマメたちが並んでいた。

九月一日、ガーナ大学森林・園芸作物研究所に向かう。研究所は、アクラから八〇キロメートルほど北西に位置するカデの郊外オクマニンにある。ジョン先生の采配で、ジョージ・ンカンサ先生がわたしたちのホスト

図4-8　アンペシとパラヴォソース

役を引き受けてくれた。毎日の食事は、職員の娘で官舎に住んでいるダイナの一家が作ってくれ、作り方を教えてくれるという。夕方、さっそく、茹でバナナであるアンペシとパラヴォソースと呼ばれる料理を見せてもらった（図4―8）。「アンペシ」という言葉は、イモ類やプランテンを茹でただけの主食全体を指すことばである。茹でバナナは、コンゴやカメルーンのように水が少なめな蒸し煮ではなく、たっぷりの湯で茹でる。それでも茹であがりはカメルーンのものよりずいぶんと固い。この食感が好まれているようだ。大ぶりなプランテンが茹でバナナに好まれないのは、大きすぎて食べにくいほかに、柔らかすぎることがあることがわかった。食感にこだわる人たちなのである。パラヴォソースは、南米原産のココヤム（*Xanthosoma sagittifolium*）の葉であるコントンムレと塩魚をクタクタに煮て、ヤシ油で味付けをした料理である。さまざまな調味料とたっぷりのヤシ油で濃厚な味だった。

それから四日間、研究所内外のプランテンの畑で品種の調査をしたり、ゴムの木の畑やヤシ油の搾油やガリと呼ばれるキャッサバの粗挽き粉の作業場を見学したり、定期市で食品の調査をしたりして過ごした。近くの農民の畑もいくつか見せてもらった。プランテン、キャッサバ、タロイモ、ココヤム、トマトなどの作物と、ココナツ、マホガニー、アブラヤシなどの樹木が混じっていた。混作自体は、中部アフリカと似ていたが、休閑期間は短いようだった。

図4-9　(左上)アペン(フレンチ)、(左下)アパントゥ(フォルスホーン)、(右)アサミエヌ(ホーン)

品種は少なかった。研究所の実験畑には、七種類の在来品種のプランテンと、一種類の生食用バナナが見られた。フレンチタイプはアペン、フォルスホーンタイプはアパントゥ、ホーンタイプはアサミエヌと呼ばれ、利用法もそれぞれ決まっていた。それぞれの中に、色や果実の大きさなどで、いくつかの品種があった（図4―9）。形質的にはたしかに、フレンチ、フォルスホーン、ホーンは、雄花序の有無でわかりやすいが、それまでコンゴでもカメルーンでも、プランテンのサブカテゴリーを聞いたことがなかったので、農学者による分類と同じツリー構造をもつ分類は意外だった。また、果房の少ないホーンタイプであるアサミエヌには、

図4-10　肉と魚が乗った豪華版フフ

果房の数によって、アサバコ（一つ）、アサミエヌ（二つ）、アサミエンサ（三つ）と規則正しい名前がついていた。研究所の外の畑でも、新しいプランテンはひとつだけで、品種の調査はあまり拡がらなかった。

一方、非常に多彩だったのは料理である。ダイナと母、近所の女性たちは、朝から夜まで、裏庭で薪や炭を使って、毎回違うメニューのたくさんの料理を作ってくれた。バナナ料理も、その付け合わせの料理も、とうもろこしやキャッサバを材料にした主食料理もあり、四泊五日のあいだに、作り方を記録した料理は二四種類である。どれも、食感や風味までこだわりがあり、とてもおいしかった。

前述のアンペシ以外に、もうひとつ、代表的なバナナ料理がフフである。サブサハラのアフリカでは、主食は、粉を練ったり、蒸し煮したイモやバナナを搗いたりしてダンゴ状にすることが多い。東アフリカでは「ウガリ」と呼ばれ、西アフリカでは「フフ」と呼ばれる。ガーナのフフには、いくつか特徴があった。ヤムイモだけのフフもあるのだが、プランテンとキャッサバ、ココヤムとキャッサバ、プランテンとヤムイモ、プランテンとココヤムというように、それぞれ搗いた材料をさらに合わせて搗くことが多いのだ。合わせることで、より粘り気が出て、スムースな食感になることを好んでいるようだ。蒸し煮したスイートキャッサバは、ほろほろ崩れるような食感だと思っていたわたしは、搗いたキャッサバが搗いたプランテンよりずっとねっとりとするのに驚いた。ガーナのフフは、ダンゴというより、搗きたての餅の食感だった（図4―10）。

道具も独特である。普通の臼は、材料が底に集まるように、底が丸い。しかし、フフ用の臼は底が平らである。竪杵も、先端の繊維が最初からほぐして広げてあり、広い面積で搗けるようになっていた。臼に、まずはひとつの材料を入れ、繊維が感じられなくなるくらいまで搗く。その後、もうひとつの材料を搗き、それらを合わせて均質になるまでさらに搗く。女性が低いイスに座って臼の中をまとめ、男性が搗く。このリズムと所作が、横杵か縦杵かの違いで、日本の餅つきにそっくりだった(図4—11)。家族の一回分の量を搗くと、三〇分はかかる。なかなか贅沢な食事である。都会のインスタント食品として、また、ヨーロッパへの輸出向けに、さまざまな配合のフフ粉も売られていた。

図4-11　フフを搗く(クウェク夫妻)

フフには、必ず、スープをかけて供される。ヤシ油をたっぷり足すパームオイル・スープ、落花生ペーストのグランドナッツ・スープ、油を足さないライト・スープの三択で、それに加えて鶏肉やヤギ肉、生魚や干し魚などさまざまなトッピングがある。それらが組み合わされることもある。その日作ってもらったパームオイル・スープは、ホロホロチョウ、牛肉、ヤギ肉、ナマズにティラピアの燻製がすべて乗った豪華版だった。フフに限らず、ほぼすべてのスープに、塩、タマネギ、唐辛子、トマトが使われるようで、この日は、そのほかに、市販のトマトペースト、ニンニク、ショウガ、ナス、マギー・キューブが加えられた。非常にコクのある味だ。

　食べる頃には、フフ自体は冷めているのだが、そこに熱々のソースをかけ、手でフフをちぎり取りながら食べる。食感は、上新粉で作った餅菓子の皮のようである。ガーナのフフは、これまでに食べたバナナ料理の中で、最も好きなものになった。

　ソースとともに食べられる正式な主食としてのバナナ料理は、アンペシかフフなのだが、他にも、軽食料理があった。マッシュしたプランテンに塩干しした魚や調味料を加えた「エト」、ロースト・プランテン、プランテン・チップスなど、熟していないプランテンを使うものもあるが、スナックの多くは、レッド・プランテンまたはココと呼ばれる熟したプランテンを使う（図4—12）。

図4-12　エト

　代表的なのは、レッドレッドと呼ばれる料理で、熟したプランテンを揚げたものと、トマトとヤシ油、鰹の燻製などと煮たササゲを組み合わせた料理である。ヤシ油の赤と、熟したプランテンの「赤」を組み合わせた命名だという。ほかにも、熟したプランテンを搗いて塩、タマネギ、ショウガ、トウガラシ、ペッパーコーン（*Xylopia aethiopica*）、ヤシ油を少々混ぜ、俵型にして植物油で揚げると「カクロ」、同じタネをプランテンの葉で包んで茹でると「アカンチエ」というスナックになる。また、このタネをさらにすり鉢ですりつぶして小麦粉を混ぜてヤシ油で揚げると「タタレ」、角切りにしたプランテンをサイコロ状に切り、同じスパイスを混ぜてヤシ油で揚げると「ケレウェレ」になる。これらのスナックには、付け合わせとしてラッカセイが供され、熟したプランテンの甘みとスパイスのバランス、プランテンとラッカセイの食感の違いを楽しむのだ。

カデ滞在中に作ってもらった食事には、プランテン以外に、キャッサバやトウモロコシ、コメを材料とした主食料理もあった。代表的なのは、「バンク」、「ケンケ」、「ガリ」である（図4―13）。

バンクは、キャッサバとトウモロコシ粉を材料とした料理である。ガーナのキャッサバは現在、ほぼすべてが毒のないスイート・キャッサバだ。バンクを作るには、キャッサバやトウモロコシの粉を練って軽く発酵させたドーとよばれる生地を水で濾してなめらかにし、加熱しながら塩を加えて練る。軽い口当たりに、軽い酸味があって、何のスープにでも合う。すりおろしたキャッサバに水を加え、火にかけて練る簡易版もある。

ケンケには、二種類あった。ガ・ケンケと、ファンテ・ケンケである。「ガ」はアクラを中心に住む言語グループ、ファンテは、その西の中央州に住むグループである。作り方は、トウモロコシの粉を練って発酵させた

図4-13　（上から）バンク、ケンケ、ガリ

ドーを湯に入れて練り、葉に包んで蒸し上げるのだが、ガ・ケンケは塩を入れてトウモロコシの外皮で包むのに対して、ファンテ・ケンケは塩を入れず、プランテンの葉で包むのだという。ケンケはかなり日持ちがするようで、調理済みのものが中食や出先の食事として供されることも多いようだ。

ガーナの食事には、おもしろいことがふたつあった。ひとつは、ひとつの煮込み料理に、魚介類と肉が何種類も使われることだ。コンゴやカメルーンではこのようなことはなかったし、日本でも鍋料理以外ではあまりみない。ガーナの料理は、コクが深いことが重要らしく、鶏肉とヤギ肉、サバにティラピアなど合わせて使うことがめずらしくないのが印象的だった。

もうひとつは、主食と副食の組み合わせにルールがあることである。フフにかけられる三つのスープに加え、たっぷりのオクラでねっとりさせたオクラ・スープも副食の定番なのだが、フフやアンペシなど、プランテン料理にオクラ・スープは組み合わされない。オクラ・スープは、バンクに合うものとされているようだった。ケンケは、すりつぶしたトウガラシとタマネギのソースや揚げ魚など、スープではないものと組み合わされる。わたしは、比較的あっさりしたオクラ・スープがとても好きなのだが、フフとの組み合わせにそのメニューはあり得ない。日本でいうと、パンと味噌汁みたいに思われているのではないだろうか。いつか、このふたつの取り合わせで食べてみたい。

このような組み合わせは、カメルーンのモンディンディム村で見た主食と調味料の組み合わせと同じように、サバンナの食事と森林の食事であるように思われる。西アフリカは、ヨーロッパとは異なる独自の農耕が発達した地域だ。中尾佐助の『農業起源をたずねる旅――ニジェールからナイルへ』(中尾 一九九三)に詳しいが、西アフリカのサバンナには、ソルガムやトウジンビエ、ササゲ、バンバラナッツ、ゴマ、オクラといったアフリカ原産の作物を育てる独自の農耕文化が発達した。作物だけでなく、家畜に引かせる鋤をもたないこと、ひとつの穴に複数の種類の種を蒔く混播、ウスとタテギネで製粉し、モチ状にして食べることなど、農耕から加工、料理まで一貫した技術をもつ。中尾はこれを「スーダン農耕文化複合」と命名した。その文化が南に拡がるギニア湾沿岸の森林に影響を与え、より湿潤な環境に適応したヤムイモとアブラヤシを中心とする農耕文化を生み出し、これは「ギネア農耕文化複合」と名付けられた。森林地帯は、その後、アジア起源のヤムイモやプランテン、アメリカ大陸起源のラッカセイやキャッサバ、トウガラシやトマトなどを追加して、作物のバリエーションが多くなり、食が豊かになったが、今でも、ほとんどのスープにとって植物油、特に精製されていないヤシ油が味の重要な要素である。カメルーンもそうなのだが、なぜか、プランテンとゴマやオクラは組み合わせがよくないと考えられている。国内であらゆる食材が流通するようになった現在、主食と調味料の取り合わせがどのように変化したりしなかったりするのか、また、その背景にあるものは何か、ということは興味深いところである。

図4-14　同じ皿から食べる若者たち

フフのようにイモやプランテンを搗く料理について、中尾は、もともと毒性の強い野生のヤムイモの毒抜きの工程に起源しているという説を支持している。機能から考えればその仮説が適切なのかもしれないが、わたしは、茹でただけで食べられるイモやプランテンを搗くのは、モチ状にして食べることへのサブサハラに住むアフリカの人に共通する嗜好性の高さが理由ではないかと思う。

また、食事風景を見ていて印象に残ったのは、ダイナとクリス、コフィといった、おそらくは初対面の若者たちが、屈託なく同じ皿からフフを食べていたことである（図4—14）。それまでも、家族や親戚がひとつの皿から一緒に食べるところはアフリカ各地で見ていたが、都会暮らしの若者たちが、初対面でもスープに浸かったフフを一つの皿からちぎり取って食べている光景は、アフリカの共食文化の根強さを感じさせた。

2……ガーナの品種と料理法は標準化されているか

二〇一〇年の調査は、ガーナ滞在が一〇日間だけで、研究所をベースにしたため、地域の農やバナナの品種、料理法について、謎も多かった。

ひとつは、品種の少なさである。バナナを主食のひとつとしているのに、研究所で栽培されていて農民にはほとんど出回っていない改良品種を除けば、七品種しか見られないというのはどういうことなのか。それまでアジア・アフリカ各地で、少なくともひとつの地域で十数種類のバナナを見てきたので、調査が足りなかったのか、カデ近辺がそうなのか、ガーナのバナナ生産地域全体がそうなのか、と北西さんと議論したが、結論はでなかった。

もうひとつは料理である。ダイナとその家族は、たくさんの料理を作ってくれたのだが、帰国前に本屋で買い求めた料理本を見ると、作ってくれた料理がほとんど載っていたのだ。主食であるアンペシャやフフはともかく、カクロ、ケレウェレなどのスナックも一緒だし、コントンムレスープなどの副食もある。主食以外の料理の固有名が広い地域に行き渡っているという体験がなかったので、混乱した。一瞬、ダイナが料理本に載っている料理をわざわざ作って出してくれたのではないか、と思ったのだが、多くの女性が手分けして手際よく作ってくれたのだからそんなわけはない。

このふたつの問いは、言い換えれば、「ガーナのバナナは、品種も料理法も均質なのか?」ということである。ガーナの中で、バナナの生産地として有名なのは、アシャンティ州とブロン＝アファフォ州なので、今度は、このふたつの地域を訪れてみたいと考えた。そして、二〇一二年夏、もういちどガーナを訪問することにした。

今回は、ガーナ滞在一九日間を半分に分けて、前半はバナナ生産の歴史が古いアシャンティ州、後半は生産量が増えているブロン＝アファフォ州を訪ねることにした。

旅の前半は、カメルーン研究仲間で、カカオ農民を専門にしている坂梨健太さんと同行した。ガーナの農業と言えばまずはカカオである。コートジヴォワールに次いで世界二位の生産国であり、独立前から現在に至るまでガーナの財政の基盤である。そして、カカオの生産地帯はバナナの生産地帯とほぼ重なり、カカオ畑の初期にはバナナが植えられるなど、ふたつの作物は関係が深い。カカオから見れば、バナナとは違う視点からガーナ南部の農業が見えるはずだ。前半の旅は、今度もこの頃は学部長になっていたジョン先生が手配してくれた大学院生パトリックが、通訳兼運転手として同行してくれた。

アシャンティ州のバナナ生産地の村に滞在したいというと、ジョン先生は、日本留学ネットワークを駆使して、州都クマシにある森林研究所のスティーブン・ブレドゥ先生を紹介してくれた。

クマシまでの道中に、タフォにある国立のカカオ研究所に寄ることにした。ここに滞在した数時間で、ガーナのカカオ生産と流通がいかに政策的に統括されているかの一端が理解できた。研究所は、ガーナ大学と同様に広大な敷地で、研究棟や図書館だけでなく、プールやゴルフコースまで完備していた。歴史的にカカオの政策的な優先度が高かったことがわかる。ジョン先生の連絡で、副所長のアイゼック・オポク博士が研究所の歴史と組織について説明してくださった。品種改良、社会科学、農学、昆虫学、病理学、生化学の六つの部門に分かれ、多くの研究者を抱えている。最も力を入れているのはカカオの生産量を大きく変動させている病理部門だった。

品種改良部門では、多くの改良品種を作り出してきた。植えてから三年ほどで収穫可能であり、収量が高く、丈が低くて収穫作業がしやすい、病虫害に強い品種だ。ここで作られた改良品種は、各州の苗床センターで育てられ、農民に無料で配布されるという。農薬にも補助があるそうで、カメルーンに比べてずいぶん保護されている。カカオ畑には、若い苗を日光から守るために被陰樹があるが、被陰樹の樹種や密度の研究もされていた。最新の改良品種は、被陰樹が不要なタイプで、それは植え付け密度を高めて土地生産性を高くする一方、森林の劣化を招くとも指摘されている。

世界一のカカオ生産国である隣国コートジヴォワールとガーナは、カカオの流通をめぐって不思議な関係にある。ガーナは、国が品質管理しているので品質のよさが自慢である。日本に輸入されるカカオがガーナ中心なのは、品質が評価されていることが一因だろう。一方、コートジヴォワールは、ガーナから見れば、大量生産しているが品質が悪い、ということになる。両国は国境を接しているので、密輸が絶えない。コートジヴォワールの買い取り価格が高くなれば、カカオはそちらに流れ、ガーナが高くなれば、ガーナに流れ込む。ガーナに流れ込めば生産量は上がるが、品質にばらつきが出て、輸出商品としての価値が下がる。コートジヴォワールで内戦が起きたときには、カカオの流通が止まり、世界中のカカオの買い取り価格が急騰したので、カメルーンでも感じたことだが、ガーナのカカオの話を聞くと、国際輸出商品を輸出の核にするということは、自分たちだけでは事態をコントロールできないことだと実感する。

クマシに着くと、ブレドゥ先生が、隣にある作物研究所のビローブド・ゾメクさんを呼んでくれた。ゾメクさんは、国際的なバナナ研究にも参加しているプランテン研究者で、彼が、クマシ周辺での調査をアレンジしてくれることになった。さっそく翌日までに、滞在できそうな場所を探してくれる。クマシから二四キロメートルアクラ寄りにある、ニュー・コフォリドゥアという町である。村をイメージしていたが、人口一〇〇〇人程度の立派な町だった。

この町は、地名からわかるように、一九四七年に東部州の州都であるコフォリドゥアからの移住者が創設した町だ。その後、カカオ栽培のためにガーナ中から移住者が集まっている。ガーナ中南部には、人口密度の高い海岸部や、気候条件の厳しい北部から農地を求めて移住してきた人たちが住んでいる町が多い。町の端に街道が通り、街道沿いに、立派なゲストハウスがある。わたしたちはそこに泊まらせてもらうことになった。実は、この建物は、ニュー・コフォリドゥアがある意味でとても有名な町であることを示す建物だった。この町は、二〇一一年に、アフリカで初めてフェアトレードタウンとして認定された町で、二〇一二年時点でアフリカ唯一のフェアトレードタウンであり、建物はその事務所を兼ねていたのだ。それまで、無知なことに、フェアトレードタウンという存在を知らなかったのだが、二〇〇〇年にイギリスの地方の町ガースタングで始まったフェアトレードを地域ぐるみで推進する取り組みで、各国の認証団体が町ぐるみで活動しているという基準を満たしていると認定すると名乗ることができる。ほとんどのフェアトレードタウンは、買い手側である北の国にあるが、中南米やアフリカにもいくつかのフェアトレードタウンがあり、ニュー・コフォリドゥアはアフリカで初めてであるだけではなく、コスタリカに次いでふたつ目の、売り手側のフェアトレードタウンであるらしかった。

ガーナには、政府が運営するカカオのマーケティングボードがあり、そこが、カカオの買い付け価格の下限を決め、買い付け業者を認可する。そのため、買い取り価格には業者ごとの大きな変動は生じない。フェアトレード会社のフェアであるゆえんは、政府が買い取り会社を通して配分する販売量に応じたキックバックの公正な分配にあるらしかった。しかし、農民がみなフェアトレード会社を選ぶかと言えば、そうでもない。それぞれの買い付け会社は、前払いをしたり、農機具などをボーナスとして与えたり、はたまた年金を提示するなどして、カカオ農家を囲い込む。貯蓄の少ない農民たちは、先に利得を得られることに弱いのだ。

この町のカカオは、三〇年も前に植えたという在来品種と、比較的新しい畑の低木の改良品種が隣接していた。在来品種の畑と改良品種の畑では、樹高が全く違う。カメルーンの樹高の高いカカオ畑を歩き慣れていたわたしは、かがまないとくぐれないような低木のカカオが不思議に感じた。改良品種だからといって、全く被陰樹が要らないわけではなく、どの畑にも原生の木を切り残すか、果樹を植えるようだった。

わたしたちのめんどうは、ゾメクさんに頼まれた三〇代の農民の男性、クウェク・アスィブリさんが見てくれた。毎日、昼ご飯と晩ご飯は、街道を渡って住宅街の中にあるクウェクさんの家で、妻のラレバさんが作る料理をごちそうになった（図4—15）。この家には、小学校低学年の男の子と、まだ小さな女の子と赤ちゃんの三人のこども、ラレバさんの母、親類の男の子が住んでいて、クウェクさんの友達が長逗留しているようだった。クウェクさんは、北部のブルキナファソ国境に近いゼビラの町からこの町にやってきた移民二世だ。クウェクさんは、三〇年前に父が植え付けたというカカオ畑と、四年前に借りて植え付けたという畑を持っていた。土地は借地だった。

家の横に別棟で台所があり、料理は、前庭か台所で作業する。毎日、午前中は畑を見に行き、昼にはクウェクさんの家の前庭でご飯を食べて帰り、一休みしたら、夕方また家に行って料理を見学しながら過ごしてご飯を食べて帰る、という毎日だ。

図4-15　クウェクさん一家と

クウェクさんの家の食事は、カデの食事より簡素で、おそらく、農民の家のふつうの食事なのだろうと感じた。食事には、主食として、アンペシ、フフ、バンクに加えて、キャッサバ粉を練ったダンゴであるアベティが出た。副食としては、魚、インゲンマメ、さまざまな野菜が出た。魚は、冷凍や燻製、塩漬けされた海魚や川魚である。最もよく食べられるササゲは、この地域で作ってい る人は数人で、多くの人は購入して食べるようだった。副食に出てくる頻度は、魚、マメ、肉の順に高いというが、これらのほとんどが購入されていた。

夜、寝る頃になると、クウェクさんが、ショットガンを持ってやって来て、翌朝まで泊まり込んでくれた。夜も普通に道を歩け

表4-3　ガーナ・ニュー・コフォリドゥアのバナナの品種

方名	観察地	推定ゲノムタイプ	頻度*	利用タイプ**	ローカルな分類
apem	ニュー・コフォリドゥア	AAB	1	A,B,（C）	*apem*（フレンチ・プランテン）
oniaba	ニュー・コフォリドゥア	AAB	1	A,B,（C）	
nyiretia	ニュー・コフォリドゥア	AAB	4	A,B	
apantu pa	ニュー・コフォリドゥア	AAB	1	A,B,（C）	*apantu*（ファルスホーン・プラテン）
brodeyuo	ニュー・コフォリドゥア	AAB	2	A,B,（C）	
asso	ニュー・コフォリドゥア	AAB	3	A,B,（C）	
asamienu	ニュー・コフォリドゥア	AAB	3	A,B,（C）	*asamienu*（ホーン・プランテン）
bomienu	ニュー・コフォリドゥア	AAB	3	A,B,（C）	
kwedu brodie	ニュー・コフォリドゥア	AAA	1	C	*kwedu*（生食用）
kwedu pa	ニュー・コフォリドゥア	AAA	1	C	
kwedu tintia	ニュー・コフォリドゥア	AAA	1	C	
kwedu akesie	ニュー・コフォリドゥア	AAA	3	C	

*　1: 非常に一般的、2: 一般的、3: めずらしい、4: 非常にめずらしい
**　A: 主食、B: 軽食、C: 生食

たし、危険には感じなかったが、住宅街からは少し離れた街道沿いのゲストハウスは危ない、ということだった。

カデの調査と合わせてわかったのは、やはり、品種は少ない、ということだった。クウェクさんは、カカオ畑とは別に、植えて二年目のバナナ畑をもっていたが、これまでにもよく見たアペン、アパントゥ、オニアバ以外には、フレンチタイプであるニレティヤが見られただけだった。他に、このあたりにある品種は四種類程度だという。

結局、この町で見たプランテンは、フレンチであるアペンが三種類、フォルスホーンであるアパントゥが三種類、ホーンであるアサミエヌが二種類、生食用バナナが四種類であった（表4―3）。それらの品種は、実の大きさや形、果房の数、偽茎の色などで認識され、名付けられていた。そして、アペン、アパントゥなどの分類は、フフに向いているか、アンペシに向いているかで判断されているようで、結果として植物学的な雄花序の有無と一致する分類になっているという感じがわかってきた。だ

から、同じくフフに使われるアパントゥとアサミエヌの違いは、畑では見た目の違いとして認識されるが、台所やマーケットではあまり問題にならない。最初に説明を受けたのがカデの農学関係者だったので、フレンチ、ホーンなどの植物学的な分類を元にしていると考えてしまったのだ。地元の人の感覚を知るためには、長く滞在して、体系的な質問ではない会話をしているときにぽろりと出ることばや行動を頼りにするしかない。

この地域には、研究所が苗で配布した四倍体の改良品種も植えられていた。バナナの改良品種を作出するのは非常に難しい。遺伝子組み換え技術が生まれる前は、種がないバナナからごく希に存在する種を根気よく探して育て、交雑する必要があったからである。このような努力はあまりに手がかかるので力を入れている研究所は世界中でも非常に少ない。そのほとんどが、バナナの改良品種で伝説的な人物であるフィル・ロウが率いたユナイテッド・ブランズ社の研究所を引き継いだホンジュラスの国立研究所が作出したＦＨＩＡというシリーズである。ニュー・コフォリドゥアにもＦＨＩＡの四倍体バナナがあったが、未熟で料理しても柔らかくて煮崩れてしまい、人気がないということだった。

帰りに、作物研究所にゾメクさんを訪ねると、ガーナのバナナについて書かれた報告書があると言ってくれた。いただいた資料を見ると、ガーナでバナナを生産する六つの州についての品種や土地利用などについて一九九五年にまとめられた詳細な報告書だった。これによると、ガーナ全体で確認されたプランテンの品種は、フレンチが一五種類、フォルスホーンとホーンを合わせて一五種類だった。バナナ生産地帯全体で、複数の専門家が網羅的に調査して三〇種類、ということだ。ちなみに、アシャンティ州の調査結果として、ホーンが二種類、フォルスホーンが一〇種類、フレンチが七種類出ていた。品種名はすべてアカン語で記載されていた。

この調査が実施された一九九〇年代前半、すでに、南ガーナ一帯で一次林がほとんどないという記載があり、

図4-16　アンジェリーナと子どもたちと市場の調査。向かって右端がフランシス。

聞き取りをした一四三人の農民から聞き取った休閑期間は、平均で九・四年であるが、四分の一の農民は五年以下と答えていた。所有しているバナナ畑のサイズは平均一・八ヘクタールであるが、説明文では、多くの農民は一ヘクタール以下であると付記されていた。プランテンをはじめとする主食作物は、カカオと混作されることが多いので、面積の見積もりは、質問の仕方によって、また、農民がその畑の主作物をなんであると考えているかによって、幅が出る。いずれにせよ、バナナに特化した報告書が全国規模で作成されているということは、ガーナがカカオだけでなく主食作物にも目配りしていること、プランテンも経済的なポテンシャルの高い重要な作物とみなされていることを示していた。

後半の調査は、ブロン＝アファフォ州の州都スニャニを訪問した。スニャニは、森林の北限に近く、バナナやカカオの生産の北限でもある。アクラから大型高速バスで六時間である。もともとは、海岸部からスニャニあたりまで森林だったらしいのだが、スニャニに近づくと、バスから見る光景はところどころほとんど禿げ地で、森林の劣化はカカオ畑だけが原因ではなさそうだった。

スニャニでは、ガーナ大学でお会いしたことがある、エネルギー・自然資源大学の副学長、ダニエル・オビ

図4-17　スニャニのバナナ畑

ン＝オフォリ先生がアレンジしてくださり、食料農業省の研究者、オフォス＝デンチラさん一家がホスト役をしてくださった。陽気な妻のアンジェリーナが料理を教えてくれ、市場調査に行くというと、夏休み中の小学生であるフランソワとメアリーというふたりの子供たちと一緒に市場にもついてきてくれたので、ホームステイしているように楽しんだ。畑の調査には、オフォス＝デンチラさんの部署で働いているフランシスが着いてきてくれ、的確な訪問地選びと説明で助けてくれた。（図4―16）。

翌日、最初に訪問した畑で、禿げ地の理由がわかった。南部ガーナでは、しばしばさまざまな理由で野火があるのだが、一九八三年には南部ガーナ一帯で大火があり、スニャニ周囲の畑のほとんどが消失したという。訪れた前年の二〇一一年もひどい日照りで、植えたばかりのカカオの八〇―九〇%が枯死したという。

図4-18　果指が1本のカメンコ

バナナの品種は、これまでに見たもの、その中でもかなり代表的なものばかりだった（図4—17）。

話を聞かせてくれた農民のひとりは、プランテンの三〇%は自家消費、七〇%は売ったり贈与したりするという。他の農民も、商品としてプランテンを作っている印象だ。市場ではアペン（アンペシ用のフレンチ）が高く売れるといい、植えている品種もアペンが多かった。

スニャニでは、びっくりするような品種に出会った。なんと、果実が一本なのである（図4—18）。アサバコのように、果掌がひとつ、というのは知っていたが、果実が一本だけ実っているカメンコという品種を見たときには驚いた。なぜ、こんなプランテンを植えるのか、面白がって植えるのかと思って訊くと、道端で苗をまとめ買いしたら、その中に混じっていたのだという。知っていたら選ばなかったよ、と畑の持ち主は言うが、このいかにも生産性が低いバナナが捨てられずに植え継がれているのを見て、なんとなくうれしくなった。

二〇一二年のガーナ調査でわかったことは、ガーナのバナナの品種は中部アフリカよりも限られていて、しかも、南ガーナ全体で名称が統一されていることだった。料理もやはり、ニュー・コフォリドゥアでもスニャニでも同じ名前が使われていた。

バナナは種がないので、新しい品種が生まれるのは、よそから持ち込まれるか、突然変異によって起こった形態の変化が株を増やすことで定着することによる。例えば、カメルーンやコンゴのプランテン・バナナは、紀元頃には存在したと考えられている。東アフリカではプランテンの品種は限られていることから、最初に限られたひとつかふたつの品種が中部アフリカに到着し、そこから二〇〇〇年ばかりをかけて、多くの品種に分化していったと考えられる。ガーナ南部のバナナ生産地全体で品種数が少なく、同じ品種が同じ名前で同じ料理法で利用されているということは、いくつかの理由があり得る。ひとつは、バナナ栽培地帯は、アカン語が共通言語となっているため、文化的均質性も高く、品種名も料理名も共有している、ということ。また、道路が発達してアクラを中心に流通が発達しているため、消費地の情報が逆流して、品種や品種名が統一された、ということ。アカンにも方言がたくさんあるとはいえ、カメルーンに比べれば言語の共通性は高いし、流通も発達している。しかし、それだけでは、品種の少なさは説明できない。

帰国してしばらくして、あっと驚く本に出会った。二度目にガーナに滞在する直前に出版された、ラ・フルールの *"Fusion Foodways of Africa's Gold Coast in the Atlantic Era"* である（La Fleur 2012）。ラ・フルールは、ガーナへのバナナの到来は、従来言われていたような紀元後まもなくではなく、奴隷貿易にともなう食料の移動によって一六世紀以降に持ち込まれたのだ、と主張している。中部アフリカから地続きの西アフリカになぜそれまでプランテンがなかったのかといえば、ガーナの東南海岸部と、その東隣に位置するトーゴ、ベナンに位置するダホメ・ギャップが原因だという。西アフリカのギニア湾沿岸部のほとんどは熱帯雨林だが、ダホメ・ギャップだけが少雨気候で森林とサバンナの移行帯になっており、その東西で森林の動物相や植物相が異なるのだ。ラ・フルールは、このギャップに住む人たちがプランテンの栽培に失敗したために、ヨーロッパによる奴隷貿易の時代までプランテンがガーナ以西にもたらされなかったと主張する。

この主張には驚いた。西アフリカの歴史に関する研究が前提としていたように、わたしも、プランテンは紀元後まもなくガーナ以西に到着していたと思い込んでいたからだ。また、ダホメ・ギャップは、最も狭い海岸沿いで、二〇〇キロメートル強の距離であり、徒歩でも現地の人の足なら数日で渡ることができる。こんな距離が障壁になってプランテンが届かなかったとはにわかには信じられない。

しかし、ガーナのプランテンの品種の少なさや品種名が均質なことは、歴史が五〇〇年程度であると考えると納得がいく。中部アフリカから限られた品種が持ち込まれ、変異する時間がそんなに長くなかったと考えればよいのだ。

これを確認するためには、カメルーンとガーナで、プランテンの代表的な品種の遺伝子を分析して、遺伝的多様性を比較すればよい。遺伝子分析への興味が高まった。

一方、歴史が浅いとすると、洗練された料理法と、プランテンの価値の高さが興味深い。同じ時期に持ち込まれたキャッサバは、現在は、プランテンよりずっと多く生産されているにも関わらず、市場での価格は安く、ガリと呼ばれる粗挽き粉が都会の安くて簡便な朝食として食べられたり、田舎でのどちらかというと貧しい食事材料とみなされているのに対して、プランテンは、ヤムイモと並んで南部ガーナの主食として確固とした評価を得ている。だからこそ、キャッサバなどより古い歴史があると思い込んでしまったのでもある。どのようにしてこの地位を得たのだろうか。

バナナ以外にも、ガーナでは、森林と食について考えさせられた。カメルーンでもコンゴでも、熱帯雨林の田舎の食事は、野生動物や川魚で彩られていた。しかし、ガーナでは、カデでもニュー・コフォリドゥアでもスニャニでも、海岸部やヴォルタ川から運ばれてきた魚が多かったのである。そして、もともとはサバンナの食材であったと思われるマメが次に重要で、家畜や野生動物はかなり高価な食材だった。これには、森林の減少によって野生動物が減少したという要因と、舗装道路や冷凍トラックなどインフラの発達で、海岸部やヴォルタ川からの魚の流通が容易になったという要因がある。森林の減少は、食卓では、主食作物より前に、副食に変化をもたらしているようだった。カカオの増産や主食作物の商品化でガーナの後を追っているように見えるカメルーンの森林と食卓の行方が気になった。

3 東アフリカ高地AAA

1……科学研究費バナナ研究チーム始動

二〇一二年に、カメルーンとガーナでバナナの調査をしたあと、もう一度、組織的にバナナの調査をしてみたいと思うようになった。一人では行けるところにも限界がある。アフリカだけでなく、ニューギニアや南米の調査もしたい。そこで、「バナナの足」研究会当初のメンバーである北西功一さん、その後に参加してくれた京都大学アジア・アフリカ地域研究研究科出身のアフリカ研究者である四方篝さんと佐藤靖明さん、ニューギニアのバナナ栽培地域で生態人類学的研究をしてきた千葉大学の小谷真吾さんをメンバーに科学研究費を申請し、二〇一五年に採用された。

チームのメンバーは、バナナを中心とした農に興味がある、という共通性もあるが、それまでしてきた仕事は、少しずつ興味の中心が違った。四方さんは、ファーミングシステムを中心とした栽培技術に、佐藤さんはバナナに対する認識に、小谷さんは資源利用と人口変動に、北西さんは流通と経済に、わたしは品種の多様性と食文化に興味があった。一緒に新しい調査地で短期調査をすれば、基礎調査を分担できるとともに、それぞれの興味を生かした研究もできるのではないか。このチームでは、それぞれのメンバーが研究していた国に他のメンバーを案内して、新しいフィールドで集中的な共同調査をすることにした。最初に選んだのは、佐藤さんの調査地であったウガンダである。

2……集約的なバナナ栽培の衝撃

前述したように、アフリカのバナナ栽培文化は地理的におよそ三つのタイプに分けることができる（図4―6）。そのひとつが東アフリカ高地地域である。ウガンダ、ルワンダ、ブルンジ、コンゴ民主共和国東部、タンザニア北西部、ケニア西部の高地で標高九〇〇～二〇〇〇メートルに位置する地域である。

この地域では、土地集約的かつ労働集約的なバナナ栽培が営まれている。品種は、世界中でこの地域だけに発達した東アフリカ高地AAAと呼ばれる特殊な品種群が中心であり、その中に非常にたくさんの品種を見分ける。

この地域のバナナたちは、そもそもは、東南アジアから伝播したわけだが、隣接する中部アフリカはプランテンに特化し、東アフリカ高地は東アフリカ高地AAAに特化した。考古学的な証拠と歴史言語学からは、中部アフリカのプランテンの方が早く、紀元までには作物として取り入れられていると考えられている。その頃は、東アフリカ高地には、西アフリカからサバンナの作物を持った人々が到来してシコクビエなどの穀類やヤムイモなどを栽培していたと思われるが、東南アジアから最初に到来したプランテンを含むバナナは何らかの理由で中心的な作物にならなかった。現在も、東アフリカ高地でプランテンの割合は非常に低く、ウガンダではバナナ畑におけるプランテンの割合は二%に過ぎないとも言われている。タレンゲラらによれば、それには農学的要因と文化的要因があるという（Talengera et al. 2012）。農学的要因としては、この地域ではプランテンのバナナ細菌病（立ち枯れ病）の被害が多いこと、プランテンは葉の生産性が低いこと、根の張りが悪く背の高い植物体であることといったことである。プランテンは子株が親株の上部から出てくるので、だんだん根が浅くなるらしい。文化的にも、東アフリカ高地バナナの方が重要であり、地域によってはプランテンは悪い前兆と関係していると言われることもあるという。風の強い丘陵地帯で倒れやすいプランテンが嫌われた、ということはあり得るかもしれない。しかし、おそらく、文化的な理由はあとづけだろうと思われる。

品種の違いだけでなく、東アフリカ高地と中部アフリカはさまざまな点で対称的である。まず、東アフリカ高地では、主食としてのバナナの重要度が高い。カメルーンやコンゴのように、バナナが主作物である村の隣村はキャッサバが中心、というような違いがなく、地域ぐるみでバナナが最重要作物なのである。また、バナナ栽培にかける労力が違う。中部アフリカでは、数年間利用したバナナ畑は放棄されるが、東アフリカ高地では、数十年、場合によっては一〇〇年も同じバナナ畑を使う。そのために、非常にきめ細やかに手をかける。利用法も違う。バナナの葉や葉柄など実以外の部位の利用も発達していて、生活のすべてにバナナが重要な役割を果たす。世界で最もバナナに依存している人たちは誰か、と聞かれたら、おそらく、この地域の人たちなのではないか。

最初に、この地域のバナナ栽培について教えてくれたのは、「バナナの足」研究会仲間の丸尾聡さんだった。丸尾さんが一九九七年から調査を行ったのは、タンザニア北西部のビクトリア湖畔に住むハヤの人たちだ（図4―19）。ハヤの人たちの居住域は、熱帯湿潤サバンナで、年間一四〇〇ミリメートルくらいの降水量があるが、大乾期には月の平均降水量が五〇ミリメートルを下回る月が三カ月あり、バナナの栽培条件としてはけっこう厳しい。この地域では、一四世紀以降に、牛肥を利用する集約的なバナナ栽培が発達した。

丸尾さんによれば、ハヤのバナナは作物以上のものである。まず、生活空間そのものがバナナを中心になり立っている。草地の中に、バナナに囲まれた屋敷地が点在する。中部アフリカでは、バナナはカカオと混作されているが、この地域では、屋敷地でコーヒーと混作される。コーヒーはエチオピア原産で、この地域でも一七世紀半ばにはすでに栽培されていた。ハヤの屋敷地でも、バナナとコーヒー、その他の穀物やイモ類が混作される。バナナには主食用、酒造用、生食用の三つのバナナのグループがあり、ひとつの村で、合わせて七二品種が観察されたという。そのうち六〇品種がAAAでそのほとんどが東アフリカ高地AAAである。世帯平均でも二六品種あり、非常に細かくバナナを見分けていることがわかる。その見分けは、日々の細かい観察と丁寧な世話のたまものである。子株の管理、除草、牛糞の施肥、古い葉や偽茎の皮の除去、支柱、雄花序の除去など、一年を通してバナナに手をかけ続ける。そのため、バナナの部位に関する語彙も非常に細かい。子株は、育ち方だけでなく、周囲の個体の子株の位置までを勘案して、いつも距離が適切になるように選ばれるという（丸尾 二〇〇二）。

この地域のバナナ栽培のもうひとつの特徴は、牛糞を肥料として用いてきたことである。ハヤでも、かつては半数程度の世帯が牛を飼育していた。一九世紀末に牛疫が大流行して牛の数が激減し、それ以降も牛の数はもどらなかった。牛肥に頼らずにバナナ畑を維持するために、ハヤでは、植物を使うなど、さまざまな方法で地力の保持に努めている（丸尾 二〇〇二）。東アフリカ高地では、数世紀にわたって、バナナと牧畜を組み合わせた生業が営まれてきたが、その後、このような農牧複合を残した地域と、バナナ栽培に特化した地域に分かれた。ハヤは二〇世紀にバナナ栽培に特化していった人々である。

一方、二〇〇二年から、ウガンダ東南部のガンダの人たちの地域で調査を始めたのが佐藤靖明さんである。ウガンダは、この地域の中でも、国ぐるみでバナナに特化している。佐藤さんが二〇〇五年から腰を落ち着けて調査したのは、丸尾さんの調査地から直線距離で百数十キロメートルの距離にあるカンプング村だった（図4—19）。

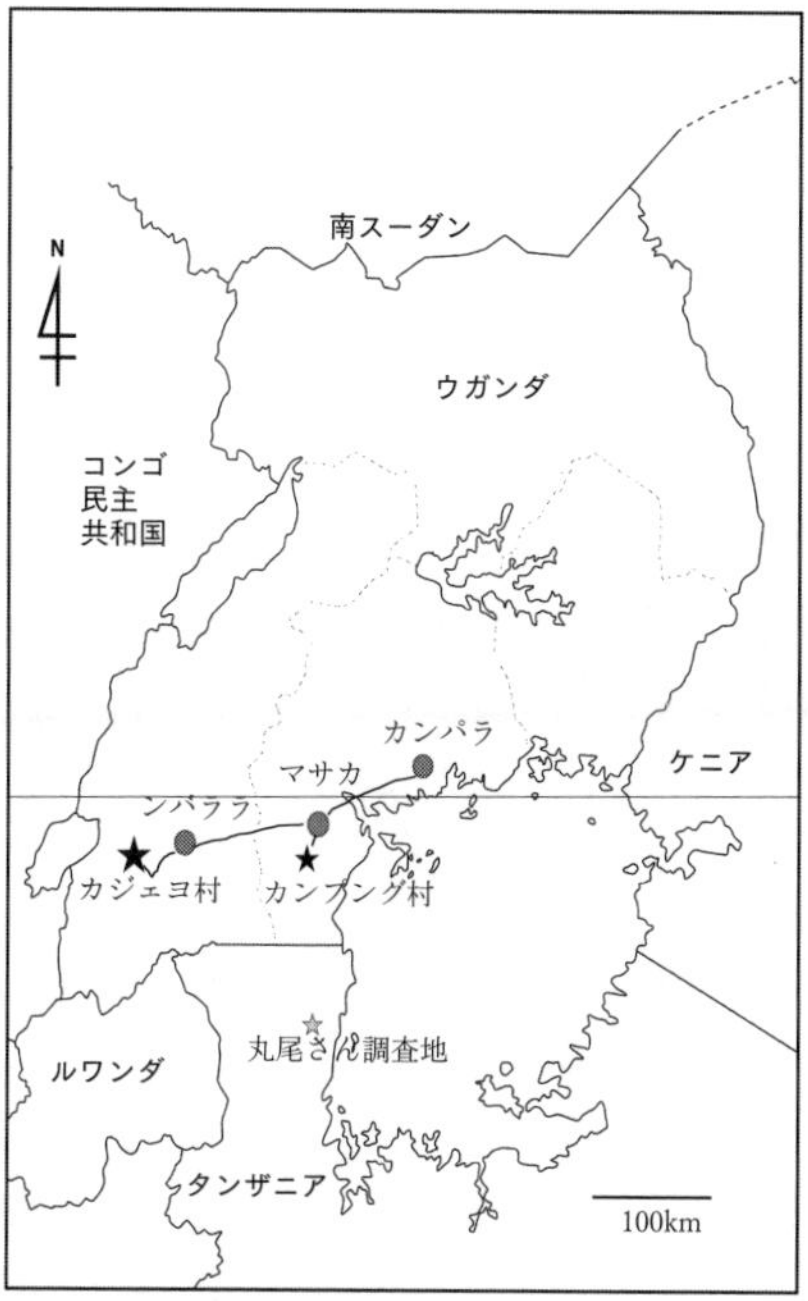

図4-19　ウガンダ地図

佐藤さんが対象としたのは、ガンダの人々である。ガンダは、ウガンダの国名の元にもなった人々で、ウガンダ最大の人口を有し、バナナの栽培と食に強いアイデンティティをもち、周囲から「バナナ好きな人々」と称されるという。居住域は南東部の落葉樹林帯なのだが、この地域は、アフリカ農村でも有数の人口密度で、佐藤さんの調査地周辺の行政区では一平方キロメートルあたりの人口密度が一四一人というデータがある。そのために、原植生だった落葉樹林はほとんど見られない。

この地域では、一二世紀から一五世紀頃にバナナの集約的な農業が発展し、一六世紀から一七世紀には、バナナを経済的基礎としたブガンダ王国が発展したと考えられている。世界的にも、バナナ栽培文化を中心に王国を作った例はめずらしい。

ガンダの人たちのバナナ畑はルスクと呼ばれ、ルスクとは家を囲むホームガーデンでもある。その中には、主食用のバナナと酒用のバナナが作られ、商品作物であるコーヒーが植えられ、サツマイモやカボチャなども混作される。儀礼の場や墓もルスクの中にある。ルスクが生活と生業と世界の中心なのである。ハヤと同じように、ガンダでも品種は多く、ひとつの村で数十種類あるという。それらのバナナは、まず、ふたつの基準で分類される。偽茎に黒い斑点が多い（アクミナータ系のバナナの特徴でもある）「わたしたち（ガンダ）のバナナ、キトケキガンダ」と、少ないそれ以外のバナナ（呼び名はない）、という分類と、料理用バナナ（マトケ）と酒用バナナ（ムビデ）、という分類である。「わたしたちのバナナ」は、基本的に東アフリカ高地AAAを指す。料理用バナナはすべて「わたしたちのバナナ」である。酒用バナナには、彼らが外来種と思っているバナナが含まれる。ちなみに、ウガンダの国家の統計では、バナナはまず「料理用（food type）」、「酒用（beer type）」、「生食用バナナ（sweet type）」に分類されている。

佐藤さんは、ガンダの栽培法、品種の認識の個人差、品種のやりとり、生活空間としてのルスクなどガンダのバナナ栽培文化のさまざまな側面を詳細に観察して、『ウガンダ・バナナの民の生活世界――エスノサイエンスの視座から』（佐藤 二〇一一）というバナナマニアな本を書いた。この本が、われわれの調査のガイドブックになった。

ところで、ウガンダのバナナの生産地の中心は、一九七〇年代以降、ガンダの居住地域から、ウガンダの南西部に移り変わった。労働力の高齢化、病気の蔓延、土壌の劣化などがその理由だという。南西部の主な言語グループはアンコーレである。アンコーレ牛と呼ばれる牛がいるように、アンコーレの地域は牧畜で知られているが、主作物はバナナである。ガンダは作物栽培だけで生業を成り立たせているが、アンコーレは、農牧複合をしているらしい。農牧複合はアフリカの農業のひとつのタイプでもあるが、多くの農牧複合は、シコクビエやトウモロコシなど、穀物栽培と組み合わされている。バナナのような根栽作物の農牧複合とはどのようなものだろうか。

3……東アフリカ高地AAAに会いにウガンダへ

佐藤さんが、アンコーレの地域で予備調査をして、われわれが調査に入れそうな村を探してくれ、北西、小谷、四方、佐藤、小松のメンバーでその村に調査に行くことにした。せっかくなので、佐藤さんのもうひとつの調査対象であるガンダの地域も見せてもらうことにした。二〇一六年八月、わたしたちはウガンダへ向かった。このとき、ウガンダの首都カンパラでは、国際民族生物学会が開かれていて、カンパラには、世界中の民族生物学者や生態人類学者が集まっていた。わたしたちのガンダとアンコーレの調査の前半は、台湾の新竹教育大学の民族生物学者である張瑋琦先生と張先生の大学院生である蘇黄詩涵さんと葉于甄さん、そして、富山大学の生態人類学者・藤本武さんが同行することになった。四年後、わたしたちは国立清華大学に籍を移した張先生を頼って台湾を訪ねることになる。カンパラ大学の大学院生アントニアが調査の通訳兼アシスタントを務めてくれることになっていたのだが、急病で、代わりに妹のダニエラが手伝ってくれることになった。アンコーレ出身で、カンがよく説明のうまいダニエラは、とても頼りになるアシスタントだった。わたしたちはレンタカー二台を連ねて、まずはガンダの調査地に向かった。

カンパラを出発してタンザニアへ向かう幹線ルートを南下すると、一時間ほどで赤道を越える。陸路で赤道を越えるのは初めてだ。赤道を越えて一時間でガンダの中心地であるマサカに着く。そこから三〇分ほどで、佐藤さんの調査地、ラカイ県チルンバ郡カンプング村に到着した。ここは二泊だけなので、畑や料理など、見せてくれるものをざっと見ることにしていた。

佐藤さんのホスト・ファミリーはナチャンジさんというおばあさんとその家族だった。普段は、息子や娘は違う町に住んでいるらしい。家は道からすぐのところに日干しレンガ造りのきれいな家が二棟建っていて、家の裏の急傾斜地がバナナ畑だった。バナナは一本ずつ丁寧に手入れされている。古い葉は切り落とされ、子株も一本を残して切り取られている。バナナ畑の中に、ココヤム、スイート・キャッサバ、トウモロコシ、サトウキビなどが、少しずつ固まって植えられていた。

せっかくたくさんの客を連れて行くので、この機会に、これまでの感謝の気持ちを込めてパーティーを開こう、という佐藤さんのインフォーマントの提案で、家の裏にある台所とその周辺では、親類の女性たちや近所の女性たちが集まって、パーティー用の準備が始まっていた。ウガンダの南部は、津々浦々携帯電話が通じる。パーティーの準備も、佐藤さんと電話で打ち合わせていたのだ。

わたしはさっそく料理をする女性たちに張り付いて、料理の記録を取り、他のメンバーは、バナナ酒造りを見学にでかけた。この日は、ふたつのバナナ料理を作ってくれた。未熟な料理用バナナ（マトケ）とラッカセイを煮た「カトゴ」と、バナナのみを煮た料理である。どちらも、中部アフリカで食べるよりもずっと柔らかく、しかし、ガーナのフフよりはかたまり感がある、という独自の食感だった。

翌日のセレモニー用の料理は圧巻だった。前日から、大量のバナナの皮を剥いて準備し、一〇キログラムくらいのバナナの包みを三つ、それぞれ二時間半くらいかけて蒸すのである。鍋の中にバナナの葉を巻いて作った鍋敷きを敷き、バナナの葉で幾重にも包んだバナナを蒸す。最初一時間くらいは強火で、そのあと弱火にし

図4-20　オムウンボの炊き上がる音を聴く(張瑋琦氏提供)

て一、二時間蒸す。鍋底でちりちりと音がし出したら、できあがりだ（図4―20）。日本のコメの炊き方のようだ。火から下ろすと、熱々のうちに、包んだ葉ごしに手でバナナを押し潰す。見ているだけで熱い。一〇キログラムの塊がまんべんなく潰れるように押すので時間がかかる。ひとしきり潰すと葉を開いてさらに押す。十分潰れると、保温のためにまたとろ火にかける。二度蒸しすることもあるようだ。こうして、大量の蒸して潰したバナナができる。とても手がかかった料理だ。この「バナナのバナナ包み蒸し」がガンダの最も正式な主食であるオムウンボである。これに、バナナの柔らかい若葉で肉や香味野菜を包み蒸しにしたルウォンボという副食が典型的なガンダ料理らしい。今回は、ルウォンボに加えて、牛肉のスープという大ごちそうである。三〇キログラムのオムウンボは約七〇人の客の胃の中にあっという間に消えた。一日滞在しただけで、ガンダの女性のバナナ料理に対するこだわりと誇りを感じることができた。

食生活も文化的にも、バナナへの依存度が非常に高いガンダの人々であるが、二〇〇〇年以降、ウガンダ全体にバナナ細菌病が蔓延し、バナナの枯死が相次いで、大きな危機感が感じられた。村の人たちと話をしていても、バナナの病虫害対策がどうしたらよいのだと尋ねられ、佐藤さんが、政府の対策情報を知らせると言う場面もあった。

4……アンコーレ、バナナと牛の複合

翌日は、西へ、アンコーレの地域に向かう。アンコーレはバントゥー系の言語を話し、丸尾さんが調査したハヤと近縁の言語グループである。彼らは、もともとビクトリア湖畔に住んでいて、その頃にはすでにバナナ

図4-21　アンコーレ地域の景観

栽培と牧畜の技術を持っていたのだが、九〇〇年から一五〇〇年のあいだに、現在の場所に住むようなったという（Schoenbrun 1998: 166-167）。一五世紀くらいには、牧畜を主生業とする少数のバヒマと農耕を主生業とする多数のバイルから成るアンコーレ王国が成立し、バヒマがバイルを支配してきた。一九世紀末には、おもにシコクビエを主作物とする農業と牧畜を組み合わせていたようだ。もともと持っていたはずのバナナ栽培技術だが、この地に住んでから一九世紀末くらいまでは、一部の栽培適地を除いてバナナの栽培は盛んではなかったという。一九世紀末頃、牛疫が流行って多くの牛が死んで以降、牛の頭数は現在まで以前の水準には戻っていない。もともと、アンコーレ牛と呼ばれる在来の牛だったが、現在は、ほとんどが外来種との交配種である。一九一〇年頃から料理用バナナの栽培が徐々に増えていき、今では、主作物はバナナになっている。一方、それ以前に主作物だったシコクビエは、主食用としてではなく、酒用として栽培されている。アンコーレは、二〇世紀になって主作物がバナナになった、というユニークな地域なのだ。

ガンダの地域を越えると平原のサバンナが現れ、シマウマや、ウガンダの国鳥であり国旗にも描かれているホオジロカンムリヅルを見ることができた。さらに進んでアンコーレの地域に入ると、丘がつらなり、バナナ畑に囲まれた家が点在する光景になる（図4―21）。植生は、森林サバンナモザイク地帯だが、天然林は全く見当たらず、ユーカリやマツの植林が小規模に見られるだけだ。天然林は一九六〇年代後半から一九七〇年代にかけて消失したという。わたしたちがホームステイしたルクンジリ県は、年に二回ずつの乾期と雨期があり、年間降水量が七〇〇ミリメートルから一二〇〇ミリメートルまでの幅があり、年による差が大きい。

図4-22　日本・台湾チームとカムワカさん一家

夕方、ルクンジリ県ケビソニ郡カジェヨ村のカムワカさんの家に着いた。奥さんと二〇代の息子のリチャード、使用人の一家が同居していて、いつもはカンパラに住んでいて英語が堪能な三〇代の娘のヒルダが、わたしたちをもてなす助っ人として呼び戻されていた（図4―

22)。張先生や藤本さんの一行が帰った翌日の朝から、カムワカさんの家に四泊のホームステイが始まった。カムワカさんの家は大きな家で、二部屋を空けてもらい、男性三人が一部屋、ダニエラと四方さんとわたしが一部屋を使わせてもらった。家には水道もひかれ、自家発電機もあり、夜の数時間は電灯もついた。

村では、五人そろって村の畑を見て歩いたり、学校訪問をしたりもしたが、それ以外は、それぞれがばらけて、仕事を分担したり、興味があることを見に行ったりした。

カジェヨ村の風景は、丘陵地帯に、バナナ畑に囲まれた家と、放牧地と、植林地が点在する光景である。それまで、コンゴ、カメルーン、ガーナと、平地でばかり調査してきたので、見渡しのよい丘からの光景が印象的だった。土地は、アンコーレ語で、平地、谷地、丘陵地に分類される。平地では、集落とバナナ畑が並ぶ。バナナ畑は、家に隣接していることもあるし、独立していることもある。谷地では、酒や飲料の材料になるシコクビエやソルガムが栽培され、乾期には放牧地になる。バナナ以外の作物は、世帯の都合によって谷地や平地に栽培される。丘陵地は主に、植林地と雨季の放牧地として使われ、ラッカセイ畑が作られることもある。バナナ畑はオモシリ、バナナ以外の畑はオルトーチェという単語にその畑で主に作られる作物の名前がつき、バナナ畑だけが特別扱いされている。商品作物としてロブスタやアラビカのコーヒーも栽培しており、コーヒー畑（植林地と同じ名前で呼ばれ、「コーヒー林」と認識される）で栽培されたりバナナ畑に混作されていたが、村では、二〇一二年頃からコーヒーの病気が蔓延し、多くのコーヒーが枯死したため、調査時点では、ほとんど見られなかった。

現在、現金獲得源として大きな役割を果たしているのはバナナである。アンコーレの地域では、一九七〇年代から首都カンパラ向けの出荷が始まり、一九九〇年代からはそれまでカンパラ向けの生産の中心だったガン

図4-23　（左から）a：エンジャガダ、b：エニャルウェル（料理用）、c：エントゥンドゥ（酒用）（a、bは北西功一氏、cは四方篝氏提供）

ダの地域を越えて、最も出荷量の多い地域となった。しかし、バナナも現在バナナ細菌病で大打撃を受けているということで、土地の狭小化と病気というふたつに悩まされていた。

品種の分類は、まず、東アフリカ高地系AAAかどうかで見分けられる。その中で、料理用の品種はエニャムウォニョ、酒用の品種はエンビーレと呼ばれる。カジェヨ村では、エニャムウォニョが九種類、エンビーレが五種類観察できた。ふたつを合わせる総称はないのが、「わたしたちのバナナ」という分類のあるガンダとは異なる。料理用のエニャムウォニョの中で自給用に好まれるのは、煮込むと柔らかく、早く煮えるので燃料が少なくて済むエンジャガタであるが、販売用には、果指や果房が大きくコンパクトにまとまっていて運搬しやすいエニャルウエルが価値が高い。エンジャガタは、果指の間が拡がっていて、柔らかいために輸送に向かないと考えられている。酒用のエンビーレは、実がねっとりしていて、固くて水気が多く酸味があるという（図4—23）。

エンビーレ以外にも酒の材料にされるバナナは四種あるが、それらの総称はない。その中にひとつ、生食にも軽食にも酒用にも使われる汎用性の高いカバラガラというバナナがある。カバラガラは、その品種を使って作られる揚げ菓子の名前でもあり、カンパラでも需要が高い。生食用バナナは二種あり、エベネーチェと呼ばれる。そのうちひとつは、世界的にはグロスミッチェルとして知られるもので、アンコーレではボゴヤと呼ばれる。カンパラ向けに高値で売れる品種だ。もうひとつはカワンダと呼ばれている。カワンダは、国立農業研究機関（NARO）のある地名で、そこで作られたハイブリッドのおそらく四倍体の品種である。果房だけで一メートル半の長さになるという巨大バナナだが、「甘くなくて不味い」という評価で、ほとんど作られていなかった。そして、AABのプランテンタイプが二種あり、代表的な品種の名前をとってゴンジャと呼ばれる。ゴンジャは主食には使わない。熟する直前のもの、または熟したものを、朝食用に両端を切って皮つきで茹でたり、皮を剥いて焼いたり、バナナチップにしたりする。総じて、東アフリカ高地系AAA以外のバナナは、「その他」扱いされている。

バナナ畑は、数十年以上維持され、父から息子へと受け継がれる（図4―24）。化学肥料は使わず、牛やヤギ、ヒツジなどの家畜の糞、収穫後に切り倒したバナナ、食物残渣や灰などを肥料とする。また、肥沃度を保つためにマメを植えることもあるという。バナナ畑は、中心部の肥沃度が高いので、自給用としても商品用としても価値の高い料理用の品種をたくさん植え、端に近い方は、酒用や生食用の品種を植えるという。四方さんと佐藤さんが、リチャードに手伝ってもらって畑に一〇×二五メートルのコドラートをふたつ作り、品種の分布を調べたところ、実際に、畑の中心部に植えられた五種類はすべて料理用品種で、畑の端に近いところでは、料理用品種が二種類、酒用と生食用の品種が四種類だった。栽植密度も、前者はヘクタールあたり一〇八〇本、後者は二〇八〇本で二倍近くちがった。中心部の方が手入れをして子株の数をしっかりコントロールしているこ

表4-4　ウガンダ・カジェヨ村周辺のバナナの品種

方名	観察地	推定 ゲノムタイプ	頻度*	利用タイプ**	ローカルな分類
Enjagata	カジェヨ	AAA-EA	1	A	*Enyamwonyo*（東アフリカ高地・料理用）
Enyabutende	カジェヨ	AAA-EA	1	A	
Enyarweru	カジェヨ	AAA-EA	1	A	
Rwasha	カジェヨ	AAA-EA	1	A	
Enzirabahima	カジェヨ	AAA-EA	2	A	
Mbwazirume	カジェヨ	AAA-EA	2	A	
Enzirabushera	カジェヨ	AAA-EA	3	A	
Kafuzzi	カジェヨ	AAA-EA	3	A	
Kyetengwa	カジェヨ	AAA-EA	3	A	
Musakala	ケビソニ***	AAA-EA	?	A	
Kibuzi	ケビソニ***	AAA-EA	?	A	
Mzuba	ケビソニ***	AAA-EA	?	A	
Entobe	ケビソニ***	AAA-EA	?	A	
Ensika	カジェヨ	AAA-EA	1	D	*Embire*（東アフリカ高地・飲料用）
Entundu	カジェヨ	AAA-EA	1	C, D	
Enyarukira	カジェヨ	AAA-EA	2	D	
Engombanyi	カジェヨ	AAA-EA	3	D	
Enshenyure	カジェヨ	AAA-EA	3	D	
Kabaragara	カジェヨ	AAB	1	B, C, D	特定の名称なし（東アフリカ高地以外の飲料用）
Kayinja	カジェヨ	ABB	2	D	
Kisubi	カジェヨ	AB	2	D	
Dipuli	カジェヨ	?	3	D	
Bogoya	カジェヨ	AAA	2	C	*Ebyeminekye* または *Ebyeinekye*
Kawanda	カジェヨ	Hybrid	3		
Gonja	カジェヨ	AAB (Plantain)	3	B	*Gonja*（AABプランテン）
kyinywa kyimwe	カジェヨ	AAB (Plantain)	4	B	

*　1：非常に一般的、2：一般的、3：めずらしい、4：非常にめずらしい

**　A：主食、B：軽食、C：生食、D：飲用

***　幹線道路上のマーケットで観察

（Sato, Komatsu, Kitanishi, Shikata-Yasuoka, Odani 2018より）

図4-24　よく手入れされたバナナ畑

と、酒用や生食用の品種の方が子株がそもそも多いからだ、ということだった。両プロットを合わせて最も植えられていたのは、出荷用に好まれるエニャルウェルで、次が、やはり商品価値の高いカバラガラである。その次が、主食として村で好まれるエンジャガタだった（表4―4）。

エニャルウェルが好まれるのは、果指や果房が大きく、果房がコンパクトで運びやすいからだと言われて、なるほどと思ったのだが、実は、出荷するバナナは、最も重要な出荷先であるカンパラに着くときには、果指が一本一本切り離される。自転車や車で買いに来る集荷業者が買い付けたバナナは、幹線道路沿いの集荷所に集められるのだが、市場を観察に行った北西さんと小谷さんによると、料理用のエニャムウォニョは、カンパラ行きのトラックに乗せられる前に、果実一本一本が切り分けられて、袋に入れて積まれるのだそうだ。だとすると、果房がコンパクトであることはエニャルウェルが商品として好まれる理由にはあまりならないことになる。

毎日の食の中で、バナナは中心的な役割を果たしている。いちばんよく作られるのは、オムブンバというマッシュした蒸し煮のバナナである。オムブンバは、ガンダではオムウンボと呼ばれる料理に似ているが、作り方はガンダより簡便である。日常的なオムブンバは、バナナの皮を剥いて鍋に入れ、バナナの葉四─五枚を二つ折りにして鍋肌から覆う。その上に皮を剥いたジャガイモやサツマイモ、キャッサバなどをのせることもある。バナナが半分浸かるくらい、約一〇センチメートルほど水を入れ、一時間程度弱火から中火で煮る。水がほぼなくなったらできあがりで、焦げないように最後は慎重にタイミングを計る。煮上がったら、バナナの葉の上からへらで押してマッシュする。

図4-25　主食がたくさんある食事

バナナとマメの煮物は、ガンダと同じようにここでもカトゴと呼ばれる。カトゴを作るには、まず、豆を十分に煮る。煮上がったら、皮を剥いて縦に半分に切ったバナナと豆を同じ鍋に入れ、ひたひたに水を入れ、塩と岩塩を加える。火にかけて、水気がなくなるまで煮ればできあがりである。

中部アフリカやガーナではみなかったことであるが、ウガンダでは、主食はひとつではなく、いくつかあることが望ましいと考えられている。オムブンバが料理されるときには、ジャガイモやサツマイモ、キャッサバが一緒に料理される。コンゴやカメルーンであれば、それはバナナが足りなかったときなのだが、ウガンダでは、一つの皿にいくつもの主食が並ぶことがよいと考えられているからである。カジェヨ村でもそのように考えられていて、比較的豊かであるカムワカさんの家では、毎回来客のために複数の主食を用意してくれていた（図4―25）。

つけあわせは、マメ、鶏肉、牛肉、サヤインゲンやニンジンなどの野菜を煮たものである。マメは、非常にたくさんの種類があり、品種によって、煮える時間、堅さ、味などにさまざまな評価がある。味に加えて、煮えやすく柔らかいマメの評価が高い。収穫期以外は乾燥豆を調理するが、豆を水に戻すことはせず、最初から火にかけて、乾燥豆の場合で三〜四時間煮る。

味付けは、塩、トマト、タマネギ、ペースト状のラッカセイ、精製油、牛乳から作ったギー、市販のスパイス類などである。トウガラシはあまり使わないので、辛みはほとんどない。水分をほぼ残さない場合と、スープ状にする場合がある。ギーは伝統的な調味料であるが、手がかかるので、儀礼の時以外、手作りすることはほとんどなく、市場でも高価で特別な調味料である。昔のアンコーレ牛で作ったギーは湯を入れても分離しないし、常温で一カ月でも保った、今の牛のギーはそうはいかない、とカムワカ夫人はこぼした。

ホームステイ中、毎食たっぷりとおいしい食事を提供してもらったのだが、何より感動したのは、絞りたての牛乳を使ったチャイだった。ミルクと湯、たまにはショウガを加えて淹れる濃厚で後味のよいチャイは絶品だった。朝の乳搾りも体験させてもらったが、当然、ほとんど乳を出してくれなかった。牛は、どの家でも飼っているわけではなく、むしろ、放牧地の少ない現在、牛を飼っているのは裕福な世帯に限られているようだ。牛を飼っていない世帯は、買っている世帯が売る牛乳を買って飲むのだそうで、ということは、わたしたちは毎日、売り物になるはずの牛乳を提供してもらっていたのだった。トウモロコシやシコクビエの薄い粥、オブ

図4-26　バナナ酒ができあがったところ

ヌにミルクを入れて飲むこともあるというが、体験はできなかった。おそらく、バナナが主食になる前からの軽食だったと思われる。

到着した日、ちょうど、近所でバナナ酒を醸造しているというので見に行った。バナナ酒を作るには、まず、酒用のムビデを穴に埋め、三日目の夜くらいに繋いだ隣の穴で火を炊き、追熟させる。五日目に柔らくなったところを取り出す。皮を剥いた実を木製のボートに入れて、草を加えて男性が草とバナナを混ぜながら踏む。水を入れて混ぜ、ジュースを絞ってポリタンクに入れる。絞りかすを出してジュースを戻し、煎ってすったソルガムを二〇リットル当たり二キログラム入れて、一日発酵させるとできあがりだ（図4―26）。翌日、できあがった酒を飲ませてもらった。見た目には茶色い泡が浮いていて美味しそうには見えないが、アルコール度は低く、あっさりとしていて飲みやすかった。

バナナの各部位は日常道具としても重要だ。葉は、オムブンバを蒸すときの落とし蓋として必要なだけでなく、肉や魚の包み蒸しの包装材として、バナナやシコクビエなどの酒の覆いとしてさまざまな場面で使われていた。この地域の特産品のひとつは蜂蜜であるが、木製の養蜂箱の蓋はバナナの偽茎を割いたもので、それを牛糞で固めていた。

図4-27　牛の放牧

ガンダの居住地域もそうだが、アンコーレの地域でも、人口増加が激しく、土地はどんどん細分化されているようで、牛を飼っていても放牧地がない、という人も多いらしい（図4—27）。放牧をせずに、バナナの偽茎などを食べさせながら宅地で牛を飼うゼログレージングという試みが最近試されていて、カムワカさんの家でも家の裏に四頭の牛がいた。あと二頭いるのだが、餌が足りないので人に預けているという。カムワカさんの家はほかに羊を三頭、ヤギを二頭飼っていて、ヤギは餌としてバナナの果皮を与えられていた。

牛疫で減った牛が回復していないこと、人口増加で放牧地が減って牛を飼うことが難しいことなどから、牛の頭数が減っていることは、農業にも大きな影響を与えていた。牛が減ると、牛耕ができなくなり、重要な肥料である牛糞も不足する。

植林地を持っている人も少なく、木材は貴重なようだった。調理用の木が確保できない世帯は、落枝を拾い集めたり、バナナ

図4-28　ランチ持参のプレ1年生の子供たち

の偽茎を乾燥させたものを燃料にすることもあるという。バナナやマメの好みで、煮えやすい、ということが条件になるのは、慢性的に燃料が足りないことがあるのだろう。

5……学校を表敬訪問

仕事を始めた初日、わたしたち五人はリチャードとダニエラと一緒に村のあちこちの畑を見て歩いた。基本的にはカムワカさんの家と畑、放牧地で調査をさせてもらうのだが、人の畑も見せてもらうので、村全体にお礼をしなければという話になった。カメルーンなどでは、宴会を開いてビールやコーラなどの飲み物でもてなすことが多いのだが、カムワカさんに相談すると、飲み物はもらっていないという人が現れるのでよくない、小学校に寄付すればみんなのためになるというので、わたしたちは、学校に寄付することにした。

翌日の午前中、わたしたちは、カムワカさんとダニエラと一緒に小学校に向かった。小学校には幼稚園クラスもあり、いくつもの立派な建物が並んでいた。教室のひとつは、政府が半分資金を出し、残りの資金は親たちが寄付をして建てたものだ。もうひとつの建物はすべて親の寄付で建てたという。そして、一番大きな三つ目の建物は、なんと、日本の小学生たちが教会を通して寄付したものだという。六クラスほどに先生たちは一二人いて、宿舎がないので遠くから通っている先生もいる。わたしたちのささやかな寄付は、先生たちの宿舎の建設費の足しにしてもらえるとのことだった。校長先生にお話を聞いたあと、子供たちの勉強風景を見せてもらった（図4─28）。教室に入ると、くりくりした目の子供たちが、先生の合図で、声をそろえて挨拶してくれる。幼稚園のちびっこたちのクラスで、教室の後ろに、カラフルな小さなバケツ型の入れ物が並んでいるのに気がついた。ランチボックスだという。見せてもらうと、中には、オムブンバやカトゴが入っていた。校舎の横の小屋では鍋が火にかかっていて、先生たちの昼食を準備しているところだった。子供たちは、毎日料理用バナナを一本持ってきて、それを係の人が煮て先生方の昼食にするのだそうだ。政府や自治体だけに頼らずに、地域で学校を支えていた。

6……結婚式で伝統をさがす

三日目の土曜日、村の中で結婚式があるという。結婚に関する儀礼は何段階にも分かれていて、今日は、花嫁の村で花婿のお披露目式である。このようなセレモニーは、短期調査では一長一短だ。村中が結婚式にかかりきりになるので、落ち着いて話を聞かせてもらうことはできないし、もちろん畑仕事をする人もいない。短期調査では、一日調査ができないのはなかなか痛い。しかし、一方で、人生儀礼には、その地域で文化として

図4-29　結婚式の料理風景

大切にされているものが象徴的に現れる。二日間の滞在で、日常におけるバナナの重要性がわかってきたわたしたちは、儀礼でバナナや他の作物や牛乳がどのように扱われるのかに興味があった。

結婚式は午後からだが、料理を見せてもらおうと、式辞を頼まれて取材に行くカムワカさんにくっついて出かけた。この日は、四方さんと佐藤さんはバナナ畑の計測に、北西さんと小谷さんは市場調査にでかけたので、通訳としてダニエラにつきあってもらった。結婚式の開かれる家に行く途中、頭の上にバナナの葉できれいに包んだバナナを載せた人が歩いていた。近所の人は、生食用のバナナであるボゴヤをプレゼントするのがお約束らしい。

家は、大勢の村の人と、ケータリング業者のスタッフであふれていた。まずは、家の中で、シコクビエのジュースとソルガムの発酵ジュースとさらに発酵が進んだ酒をいただく。清涼飲料水も手軽に手に入るのだが、儀礼の日にはおもてなしとして伝統的な飲み物がわざわざ作られる。庭では、ケータリング業者の数名のスタッフが、巨大な鍋で料理していた（図4―29）。直径一メートルほどの鍋が二つと、直径六〇センチメートルの鍋、あわせて三つでオムブンバを料理している。深夜から八時間かけて煮て、巨大なヘラでマッシュしたあと、弱火で保温しているという。それに加えて、白飯、牛肉入りの炊き込みご飯、ゆでジャガイモ、牛肉のシチュー、チキンとヤギのフライ、ナスの煮物、内臓の煮物、牛とヤギのレバーの炒め煮、ラッカセイのソース、キャベツとトマトのサラダ、とたくさんの料理が山のように作られている。これらの料理は、到着した客が式を待ちながら食べる。ビュッフェスタイルで、大きな皿を受け取って欲しい料理を盛り付けてもらう。わたしも、式を待つ客たちにまじって、一皿ごちそうになった。

一方、家の中では、密やかに別の作業が進められていた。年配の女性が、牛乳のバターオイルであるギーから、エシャブエと呼ばれる特別なソースを作っているのである。エシャブエを作ることにはそれ自体に儀礼的な意味があり、調理する人だけでなく、周りの人も静かにしていなければならない。庭からたくさんの人の声が聞こえてくる小さな部屋の中で、そこだけに別の時間が流れていた。

儀礼として意味づけられる食物もいくつかあった。ひとつは、ビュッフェに供されるオムブンバであり、あとふたつは儀礼的に交換されるカロとエシャブエである。カロは、製粉したシコクビエとキャッサバを湯で練ったダンゴ状の料理である。東アフリカのウガリや中部アフリカのフフと似ている。ウガンダでは、レストランにも普通にあるメニューだが、村にいるあいだ、食事に出てくることはなかった。

カムワカさんは、式辞のために家族の話を聞いて草稿を練るのに忙しく、一段落したのは一四時だった。四時間ほど賑やかな場にいてくたびれたわたしが家に帰ると、ちょうど畑の計測を終えて帰ってきた四方さんと佐藤さんが、着替えてスピーチにでかけるカムワカさんと一緒に結婚式を見にでかけた。

ふたりによれば、式の途中には、花婿側と花嫁側の親族で儀礼的な交換が行われたという。夫の母が妻に、カロを入れるためのバスケットを贈り、妻の兄弟姉妹は、夫方の親族に棒にいくつかの籠をぶら下げた贈り物を贈る。その中には、カロ、牛乳、バナナ酒、シコクビエ酒、エシャブエなどが入れられる。ウェディングケーキは、カロを入れるバスケットと同じ形のバスケットに入れられていたのだそうだ。これを聞くと、この地域で文化的に重要なのはまず、シコクビエと牛乳だったのだろう。ウガンダは、料理用のマトケを雌、酒用のムビデを雄と考え、両方が畑にあるのが望ましい状態だと言うが、アンコーレではそのような言説は聞かれなかった。

7……生業の変容

わたしたちが見てきたアンコーレの生業は、一世紀のあいだに大きく変化した結果である。二〇世紀の初めには、シコクビエとソルガムを中心とした農業と牛の放牧を組み合わせた生業だった。牛糞は重要な肥料だったが、牛が減ったことで、肥料も減った。二〇世紀になると、バナナ栽培が少しずつ重要性を高めていった。牛耕が難しくなったことが影響しているのかもしれない。商品用作物としてのコーヒー栽培と相性がよかったためかもしれない。二〇世紀前半には人口密度が高くなり、二〇世紀半ばまでには自然林も消失した。一九七〇年代からはバナナがカンパラに出荷されるようになり、一九九〇年代以降は、カンパラへの最大の供給地になった。おそらく、この過程で、地域の食卓で好まれるエンジャガタのような品種から、カンパラ向けに高く売れるエニャルウェルやカバラガラなどの品種の植え付けが増えたのだろう。二一世紀になると、バナナとコーヒーというふたつの商品作物の病気の拡大と土地不足の進行で、生業はまた変容を余儀なくされている。放牧地も不足して、牛を飼うことはかつての富裕層にとっても難しくなりつつある。カムワカさんの家では、放牧をしない飼育を試したり、家の裏に池を掘って、牛糞を投入して魚の養殖を試みたり、バナナ畑に溝を掘って牛糞を投入するという新しい方法を試していた。それらのアイディアは、ウガンダ政府が全国から集めて紹介する篤農家の技術などを参考にしているという。生業複合を基盤に、持てる要素を組み替え、新たな要素を組み込んで生業を安定させるアフリカの農業の試みの最前線であった。

そして、彼らの生業の歴史は、儀礼の食文化が語り継いでいる。

8……遺伝子組み換えバナナ

ウガンダでわたしたちが興味をもったもうひとつのテーマは、遺伝子組み換えバナナである。

ウガンダを含む東アフリカ高地では、東アフリカ高地AAAが、ゾウムシ、線虫、ブラックシガトカ病など、複数の病虫害で深刻な生産減に追い込まれている。東アフリカ高地にはたくさんの品種が含まれるが、そもそも、遺伝的にかなり近縁であり、土地集約的に植えられていることもあって、病虫害が流行ると被害の拡大が速い。現在では、ウガンダ南部のバナナ生産地帯全体に被害が拡がっている。国立農業研究機関(NARO)は、もともとバナナ研究が主力のひとつであるが、近年はバナナの病虫害対策の研究に力を入れているにも関わらず、効果的な対策は見つかっておらず、バナナの病虫害はウガンダの農業・食糧政策にとって、喫緊の課題になっていた。その救世主として期待されたのが遺伝子組み換えバナナである。そして、NAROがとうとうブラックシガトカ病に強い遺伝子組み換えバナナを完成させたという。

遺伝子組み換え作物（GMO）は、アメリカ、カナダ、ブラジルなど南米アメリカ大陸を中心に、工業加工食品と家畜の飼料用に開発されたダイズとトウモロコシ、綿花などの普及が進んでいる。一方、アジアに向けて、国際稲研究所（IRRI）がビタミンAを強化したゴールデン・ライスと呼ばれるイネを開発したが、主食作物の遺伝子組み換えは多くの国で反対運動に遭い、受け入れは進んでいない。ウガンダで最も重要な主食作物であるバナナでGMOが受け入れられれば、世界のGMOに大きな影響を与えたに違いない。

カジェヨ村の調査を終えて、南のルワンダ国境と西のコンゴ・キンシャサ国境地帯を抜け、南部をぐるっと一周してカンパラに戻ったあと、カンパラの北部にあるカワンダのNAROを訪問した（図4―30）。ウガンダにおけるバナナの遺伝子組み換えは、ゾウムシ、線虫、ブラックシガトカ病の三つを防ぐことが最も重要な目標だという。ほかに、バナナ細菌病や干ばつの対策も目標だ。世界的に流行している新パナマ病は、東アフリカ高地AAAでは問題になっていないという。

実は、ウガンダで最も最初に作られた遺伝子組み換えバナナはビタミンAを添加した東アフリカ高地AAA系バナナである。ウガンダでは、他の途上国と同じように、子供のビタミンA欠乏症が問題になっていて、主食のバナナからビタミンAが摂取できればその問題が解決されると考えたビル＆メリンダ財団の援助で、ビタミンA添加バナナが作られたのだ。ビタミンAの元になったのは、パプアニューギニアから持ってきたビタミンAが豊富なタイプのバナナである。この話を聞いたとき、欧米をはじめとするドナーが注目するポイントと、寄付を受け取る側のニーズは一致しないものだと思ったが、NAROでは、ビタミンA添加バナナを創出するためにそろえた機械や人材を生かしてブラックシガトカ病に耐性のあるバナナを作り出したようなのだ。組織培養された遺伝子組み換えバナナの保管庫には、ドナー別に棚がずらっと並んでいて、それらは同じ技術者が扱っているのだった。NAROは東アフリカのバナナ研究の中心で、ラボで働いている三〇数人の研究者と技術者の中には、ウガンダ人だけでなくコンゴ人やケニア人もいた。

図4-30　遺伝子組み換えバナナの圃場

ここで開発されたバナナは、訪問時には、実験室外での栽培が法律で許可されておらず、法律の成立を待っている状況だった。実験室外での栽培が可能になったら、農民に配布して一本受け取ったら子株を二本他の人に渡すように指導したり、私企業に渡して組織培養で増やすことを計画しているということだった。配布はすべて無料で、共有資源として扱うことになっているという。もし、許可されたら、これまでの料理用バナナと同じ形質や味をもつ遺伝子組み換えバナナは、ブラックシガトカ病耐性種として広く受け入れられるのではないかと想像した。しかし、この原稿を書いている二〇二〇年一一月の時点でも、配布されたというニュースは耳に入ってこない。

ウガンダのGMバナナには、これまでのGMOとは違う点がある。まず、GMOに反対がある大きな三つの理由――人間への安全性の未確認、生態系の攪乱、アグリビジネス企業による利益の独占——のうち、後のふたつをクリアしている。バナナは株で増える根栽作物で、現在作出対象となっている三倍体のバナナは不稔であるため、種子作物のような在来作物への遺伝子汚染が起こる可能性が非常に低い。そもそも、ウガンダのような小規模栽培のバナナ畑には、数品種から数十品種が混作されることが多く、遺伝子組み換えの東アフリカ高地AAAバナナが生み出されたからといって、在来の品種が一掃されることは考えにくい。また、NAROはこのバナナを農民に無料配布する予定なので、他の作物で問題になっているような、特許による知的所有権の独占の問題は起きない。しかも、主食作物が病虫害で激減しており、政府も国民もバナナ生産の困難に直面している、ということを総合的に判断すると、倫理的に文句をつけにくい。

もし、ウガンダでGMバナナが普及すれば、工業製品として加工しない主食作物が大々的に普及する初めての例になっただろう。それは、GMOを推進する人々にとって大きな前進となったはずだ。GM食品を毎日の主食として長期間大量に食べる事例になったはずだからだ。しかし、ゲノム編集の登場で、状況は大きく変わった。低コストで確実に目的が達成できる上、作出のあとが残らないゲノム編集があっという間に普及すれば、遺伝子組み換え作物に対する忌避感を回避できるため、がんばって遺伝子組み換え作物を普及する意味もなくなる。そうなったとき、今、圃場でスタンバイしているウガンダのブラックシガトカ病対応遺伝子組み換えバナナはどうなるのだろうか。

第5章

ニューギニア——最も多様性の高い場所

1　知られざるバナナ栽培文化

バナナの研究を始めてから行ってみたかったもうひとつの地域はニューギニアである。ニューギニアのバナナは遺伝的多様性が非常に高い。シモンズらは、食用バナナの起源地をマレー半島を中心に考えたが、パプアニューギニアのバナナが独立した起源をもつ可能性も示唆していた（Stover and Simmonds 1987）。独自の野生種が多く、栽培種の多様性も非常に高いからである。近年の考古学的研究によれば、栽培バナナが約七〇〇〇年の歴史を持つ可能性が指摘されている（Denham et al. 2003）。また、ムサ・アクミナータの中でも、キャベンディッシュをはじめ、多くの品種の祖先は、バンクシー（banksii）と呼ばれる亜種で、バンクシーの分布の中心はパプアニューギニアである（Perrier et al. 2011）。さらに、ニューギニアには、アクミナータやバルビシアーナとは異なるカリムサ節に属する祖先をもつ、フェイ・バナナと呼ばれる南太平洋独自のバナナも存在する。バナナ栽培の歴史が古く、品種多様性の極めて高いバナナ栽培文化をもっている地域なのである。

「バナナの足」研究会の活動を始めて間もない頃、品種の多様性について教えていただいた東京農業大学の天野實先生は、東京農業大学が創立一〇〇周年記念事業としておこなったパプアニューギニア調査隊のひとりで、一九九四年に発表された『秘境パプアニューギニアに農耕の起源を探る――熱帯降雨林地域における農耕の起源植物調査』の中で、バナナに関する章で中心的な役割を果たしていた。その報告書によると、パプアニューギニアの特徴として、バショウ属の野生種の種類が非常に多いこと、アクミナータ系二倍体（AA）の割合が六〇％程度と非常に高いこと、ひとつの村の中での品種多様性が非常に高いこと、しかし、村単位でことばが違うほど多言語な社会のため、地域全体の品種の分布を捉えることが非常に難しいことが挙げられていた。しかも、パプアニューギニアは、政治状況が不安定で、しばしば全国的に暴動が起こる国である。あらゆる意味で調査の難易度が非常に高い。

二〇一二年にバナナの研究で科学研究費のチームを組んだとき、パプアニューギニアを研究対象地域のひとつとする小谷真吾さんがチームに加わった。小谷さんは、南部高地州の南西端にある高地辺縁部で、ボサビと呼ばれる集団の調査をしていた。ボサビは、標高四〇〇―七〇〇メートル、降水量が六〇〇〇ミリメートルという降水量の多い地域で暮らしている。バナナを主生業としてきたのち、一九七〇年代頃にサツマイモ栽培を受け入れた。ボサビのバナナ畑は、四、五年に一度、ロングハウスと呼ばれる共同住宅のメンバー全員によって斜面に開かれ、世帯に分割され、スラッシュアンドマルチと呼ばれる農法（下草を伐開後、火入れをせずに植え付け、その後木を切り倒す）で植え付けられる。ある村では、三四品種が見られたという（小谷二〇〇四）。

また、小谷さんの調査地の近隣で、別の言語集団のふたつの村で調査をした口蔵幸雄さんと須田一弘さんも、バナナ栽培について報告している。ここもやはり、スラッシュアンドマルチで畑を拓く。ふたつの村で合わせて八七品種を報告していて、これとは異なる時期に同定した五三種では、AAが一九種類、AAAが七種類、ABが二二種類、ABBが五種類とされており、三倍体のタイプの半数以上が近年に導入された品種と認識されていたという（口蔵・須田二〇一一）。

主食作物地図（Bourke & Harwood 2009）によると、パプアニューギニアでは、高地でサツマイモ、低地ではサゴヤシが重要な作物であるが、バナナが重要な作物である場所がいくつかある。ひとつは小谷さんたちが調査した高地周辺部であり、他に、国の東南端に位置する首都ポートモレスビーを囲む中央州の一部、東岸でパプアニューギニア第二の都市であるレイ（Lae、一般的に日本語ではラエと表記されることが多いが、現地の発音に近く表記する）周辺のモロベ州と北東部のマダンの海岸沿いの一部、モロベ州から高地を挟んだ湾岸州の一部、天野さんたちが調査した東セピック州一部、そして、ニューブリテン島やニューアイルランド島などの島嶼部である（図5―1）。

図5-1　パプアニューギニア調査地

わたしたちは、二〇一七年八月、前年のウガンダ調査に続いて、小谷さんを先頭に、パプアニューギニアでチーム調査を実施することにした。今回は、小谷、四方、佐藤、小松の四人である。小谷さんの調査地であるボサビの居住地は、交通アクセスが非常に悪く、運悪くプロペラ機が飛んでこないことになると数日かけて徒歩で飛行場のある町まで歩かなければならないというので、交通の便のよいところで調査をすることにした。また、散発的に治安が悪化するので、調査には、現地をよく知る人の紹介か同行が必要であった。そこで、小谷さんがつきあいのある国立農業研究所（NARI）にお願いして、モロベ州とセントラル州で調査に入る村と同行してくれる人を探していただくことになった。

八月六日、小谷さん以外の三人は、成田空港から七時間弱かけてポートモレスビーに飛び、先に到着してアレンジしてくれていた小谷さんと落ち合い、プロペラ機に乗り継いで四五分でレイに到着した。空港にはNARIのブビア本部から研究員のパスカルさんと運転手のイエンさんが迎えに来てくれていて、まっすぐ、レイ近郊のブビアにあるNARIに向かった。NARIでは、所長のバンさん、副所長のラマクリシュナさん、農業システムの責任者のコマロンさんに調査の目的を説明し、NARIの「女性農業」オフィスの責任者で五〇代の女性のマリア・リニビさんに紹介してもらった。わたしたちは、モロベ州マーカム郡イントアップ村で、マリアさんの家に四泊のホームステイさせてもらうことになった（図5―2）。

図5-2　マリアさん一家と

2　強いバナナとおいしいバナナ

翌日、NARIから車を借り、ガイドのパスカルさんと運転手のイエンさんを加えた一行で出発した。ブビアから約二時間、高地へ向かうおそろしく手入れの悪い舗装の幹線道路を西に走り、イントアップ村に到着した。村は河岸段丘にあり、サバンナ・森林モザイクの植生だった。年降水量は一二〇〇ミリメートルだが、雨季と乾季がはっきりしていて、乾季には乾燥が厳しく、二〇ミリメートル程度の月もある。村のそばには、郡の名前の元になるマーカム川が流れている。二〇一一年のセンサスでは、一五〇世帯の割と大きな村であった。村の共通言語は、アツェラ語である。

マリアさんと夫のピーターさんの家は、幹線道路から少し入った静かな一角にあった。広い敷地内には、いくつかの家屋と、広い開放式の台所に加えて、国内外からの見学者を受け入れるために三つの寝室がある高床式の小さなゲストハウスがあり、パスカルさんとイエンさんを加えたわたしたち六人の一行はここに泊めていただいた。高床の下には自家用の発電機が備え付けてあり、夕方から夜の数時間、電灯が点った。マリアさんはＮＡＲＩの仕事があり、ピーターさんも地元の名士らしく忙しくしていたので、もっぱら二〇代の娘のアルベルタと、近所に住む近い親族たちが交代でわたしたちの相手をしてくれた。

到着した日の午後には、庭で、バナナの葉に乗せた正式なおもてなしスタイルで食事をごちそうになった。主食は、ココナツミルクと土器で煮たバナナ、ナム・ワウである（図5―3）。アツェラ語では、料理用バナナを総称してナム、もしくはナムガダンと呼ぶ。このことばは、主食・主食作物・食物または食事などを表す非常に広いことばで、日本の「ごはん」ということばと似ていた。ナム・ワウを煮る土器は、マーカム郡の特徴的な茶色の土を使った地元の特産品である。非常に保温性が高く、火から下ろしたあともしばらくぐつぐつ煮立っていた。主食を煮る土器だけでなく、肉用など複数の土器を使い分ける。副食は、ハイビスカスの葉のココナツミルク煮と、マメのココナツミルク煮である。それらの食事を、バナナの葉に乗せ、その葉を囲んで座り、直接葉から取って食べる。バナナの葉に乗せた食事は、ヌンブ・ヌンと呼び、特別なときの食事だという。ナ

図5-3　バナナの葉に食事を載せた正式なおもてなし（ナム・ワウ）

ム・ワウはもっちりしていてほのかに甘みがあり、美味しかった。

マリアさんやアルベルタが庭で料理をするのを見学しながらピーターさんと話していると、ピーターさんが、ここの食べ物はオーガニックだ、化学肥料は使っていないからね、と言った。ピーターさんは、海外事情にも詳しいインテリである。化学肥料を買うお金があったら使うの?と訊くと、ちょっと考えて、いや、ケミカルは使わないな、と言った。先進国の暮らしは、イート・ファースト、グロー・ファースト、ダイ・ファーストだ、と言うので、みなで大笑いした。興に乗ったピーターさんは、バナナの葉に煮たバナナを置いて、ココヤシの葉軸のフォークとバナナの葉を折ったスプーンで食べれば、終わったら、全部バナナの葉にくるんでポイと捨てればよい、食器も土にもどる、と身振り付きで実演してくれた。この日は、先人に倣ってココヤシの葉軸のフォークとバナナの葉のスプーンで食事したが、不器用なわたしたちは翌日からは普通のスプーンとフォークにもどった。

ごちそうをいただいたあと、水浴びをしようということになった。家にも快適なシャワールームがあるのだが、マーカム川で水浴びができると聞いて、それは試さなければと車にぎゅうぎゅうに乗り込んだ。川は川幅が一〇〇メートル以上あるが、訪問した八月はじめは年に一度の乾季の最後だったので浅くなっていて、対岸にも歩いてわたれるほどだ。水は透明で冷たくて気持ちよい。水浴びが終わると、すとんといきなり日が暮れた。一日目からすっかりリラックスして村の暮らしを楽しんだ。

バナナ畑は、家の周りの小さな畑、カカオと混作した畑、キャッサバなどの作物と混作した畑などいろいろなタイプがあった。主食作物としてはバナナ以外にヤムイモ、タロイモ、サツマイモなどを、副食用と販売用としてマメや野菜を、主として販売用にビンロウ、ココナツ、マンゴー、カカオなどを植えていた。コーヒーやココヤシの胚乳であるコプラなどの商品作物栽培は一九六〇年代から、政府が栽培を推奨したカカオは、ここ一〇年間のあいだに栽培されるようになったという。帰りの空港では、さまざまな産地を売りにしたチョコレートが土産用に売っていたが、マーカム産も売っていた。それ以外に、ピーターさんはヤムイモに特化した畑を持っているとのことだった。

いろんなバナナ畑があるなと思っていたら、実は、バナナ畑ごとに植えられている品種が全くちがうことを知った。畑のことはグムと呼ぶのだが、バナナを主作物とする畑には、グム・マラフリと、グム・ジラブがあるという（図5―4）。

マラフリとは、古くからこの地域で栽培されてきたＡＢＢの料理用品種のグループだ。短く角張り果皮が厚い（図5―5）。マラフリに対応する品種グループは、パプアニューギニアの低地一帯で、ピジンイングリッシュでカラプアとして知られていることがあとでわかった。

マラフリは、数十年にわたって同じ畑で連作される。株の植え替えもなく、同じ株から更新するという。三品種の名前が挙がったうち、実際には、マラフリ・イランとマラフリ・チャマピアンというふたつの品種がたくさん植えられていた。グム・マラフリでは「マラフリが強い」という理由で、他の作物はあまり混作されない。肥料や水分の吸収力が高いのではないかと思われた。この地域ではバナナの病虫害が深刻で、特にゾウムシの被害が大きいのだが、グム・マラフリは連作するため、特に被害が大きかった。

それに対して、ジラブとは、比較的新しく導入され、二〇世紀後半になって急激に増えた料理用品種のグループであり、多くがＡＡだが、ＡＡＡ

図5-4　(上から)グム・マラフリ、グム・ジラブ(2枚とも四方篝氏提供)

図5-5　（左から）マラフリ、ジラブ（写真左は四方篝氏、右は佐藤靖明氏提供）

やAABと思われる品種もあって、グム・マラフリより多様性に富んでいた（図5―5）。グム・ジラブは毎年焼畑を拓き、新しく植え替える。グム・ジラブでは、ヤムイモや野菜、カカオなど多くの作物を混作する。ジラブは商品価値が高く、余剰は販売される。一五種類の名前が挙がり、うち七種類を観察することができた。最も古くからあるブンド、果指が太くて長く市場で最も人気がある揚げバナナ用のサイフ、果指がオレンジでカロテン含有量が非常に高いジジャンなど、特徴的な品種がいくつかあった。通常、バナナの雄花序は赤紫か赤色なのだが、ジラブのうちAAのいくつかの品種は雄花序が黄色や緑で、NARIの研究者によると、この地域のAAの特徴だということだった。

四方さんと佐藤さんが、ある世帯のグム・マラフリとグム・ジラブを測ったところ、グム・マラフリは〇・六二ヘクタール、その年のグム・

表5-1　パプアニューギニア・イントアップ村周辺のバナナ品種

方名	観察地	推定ゲノムタイプ	頻度*	利用タイプ**		
marafri chamapian	イントアップ	ABB	1	A, B, C	1	
marafri iran	イントアップ	ABB	1	A, B, C	1	*Marafri*（ABB-料理用）
ganawauf	イントアップ	?	?	?	1	
bundo	イントアップ	AA	2	A,B	2	
grum klang	イントアップ	AA	2	A,B	2	
kupiyano	イントアップ	AAB?	2	A,B	2	
morning	イントアップ	AA	2	A,B	2	
saife	イントアップ	AA or AAA	2	A,B	2	
yapur	イントアップ	AA	2	A, B, C	2	
zijang	イントアップ	AA	2	A,B	2	
banchim	イントアップ	?	3	?	2	*Girab*（マラフリ以外の料理用）
jampu	イントアップ	?	3	?	2	
juga	イントアップ	?	3	?	2	
pk	イントアップ	?	3	?	2	
rupies	イントアップ	?	3	?	2	
gana	イントアップ	?	4	?	2	
kerema	イントアップ	?	4	?	2	
yaoung	イントアップ	?	4	?	2	
yabimor	イントアップ	AAA	2	C	3	
yawa	イントアップ	ABB	2	B, C, D	3	*Ganamab*（生食用）
sausage banana	イントアップ	?	4	?	3	

＊　1: 非常に一般的、2: 一般的、3: めずらしい、4: 非常にめずらしい
＊＊　A: 主食、B: 軽食、C: 生食、D: 飲用

ジラブは〇・一六ヘクタールで、一〇メートル×二五メートルのコドラートで植え付けの調査を行ったところ、グム・マラフリには二品種の四一本、グム・ジラブには七品種の四五本が植えられていた。ヘクタールあたり、一六四〇本、一八〇〇本にあたる。グム・ジラブには、それに加えて、カボチャやカカオなどが混作されていた。実は、この計測は二日目におこなったのだが、計測と並行して小谷さんとわたしが聞き取っていた品種の調査で、グム・マラフリの中に品種があることがわかった。マラフリの中の品種の頻度を測れなくて、悔しい経験になった。

　バナナの品種には、マラフリと

ジラブ以外に、生食用のガナマブというグループがあった。ガナマブは家の周りに植えられる。代表的なガナマブはふたつで、ヤワとヤビムである。ヤワは、パプアニューギニア中に存在するＡＢＢの品種だが、植物体が大きく含水量が多いということで、野火対策として重要視されるとともに、干ばつのときには主食として利用される。ヤビムはグロスミッチェルであった。

主食用バナナであるマラフリとジラブは、コウモリや鳥に食べられるのを防ぐために、収穫の一―二カ月前に、雄花序を切り落とした上で、葉で包まれていた。

実は、この村の主食作物は、数十年前までマラフリとヤムイモで、ヤムイモ用には斜面で焼畑を作っていた。儀礼食にもヤムイモが使われていたという。ジラブももともとあったが、一九四九年の独立前後から品種が増えだして、ヤムイモより重要になっていった。置き換わった理由については、バナナの方が育てやすいことが挙げられた。そして、ヤムイモとジラブの重要性が逆転し、今は、マラフリとジラブが最も重要な作物になっている。マラフリは商品価値が低いこともあってほとんど売らないのに対して、ジラブは余剰を販売する。そして、村の人もジラブの方が美味しいと考えている。不味いが安定して収穫できる品種と不安定だが商品価値が高い品種の組み合わせである。

主食としてのバナナの調理法は、基本的に、茹でバナナ、ナム・パリか、ココナツミルクで煮たバナナ、ナム・ワウである。土鍋で煮るとナム・グルと呼ばれる。皮付き、または皮なしの焼きバナナ、ナム・タイもある。オセアニア一帯でよく知られている石蒸し料理ムームーは、地面に穴を掘って食材を詰め、焼いた石を上に置いて土をかぶせて蒸す料理であるが、この地域では、三〇―四〇年ほどまえに入ってきた新しい料理だという。揚げバナナも二〇年ほど前に導入された新しい料理だそうだ。

副食は、野菜やマーカム川で獲った魚などを煮るのだが、これもココナツミルク（バピン・ワウ）で調味される。熟したココナツ（バピン）の胚乳（コプラ）を削り、水を加えて絞ったココナツミルクは、主食にも副食にも使われる基本的な調味料だが、実は、歴史的にはわりと新しい可能性がある。後述するガベンシス村で話を聞いたとき、数十年前まで、ココナツミルクを調味料として使う習慣はなかったという話を聞いた。二〇世紀初めのドイツ領時代に地域にココナツプランテーションが初めて作られ、最初は、ココナツウォーターを飲んでいたが、そのうちココナツミルクを調理に使うようになったという。高齢者は今でも、ココナツミルクなしで茹でたバナナが好きだとガベンシス村の村長は言った。

料理用バナナであるマラフリとジラブは、どちらも主食とされるのだが、ジラブの方が柔らかくて甘いと評価されている。マラフリの中でも、マラフリ・チャマピアンは十分熟すれば柔らかく甘くなって生食もできるが、マラフリ・イアンはできないなど評価に違いがある。ジラブの中では、グルム・クランとモーニングは固めだという。料理バナナは、基本的に、柔らかさで評価されているようだった。販売されるのはジラブだけである一方、婚資に用いられるのはマラフリ・イアンとジラブであり、これは、マラフリの文化的な重要性を示しているとも言える。

また、マラフリには、その固さを生かした軽食料理がある。ある日の朝、アルベルタが、台所でガナン・ジュップというバナナ料理を作ってくれた（図5—6）。この料理には、マラフリしか使われない。収穫前に熟させた柔らかいマラフリと未熟な固いマラフリをひとつの土鍋で煮てココナツミルクを加え、水分が飛ぶまで練り上げる。形の残ったマラフリと、形の崩れたマラフリが混じった独特な食感とほのかな甘みで、栗きんとんのようだ。わたしたちは、皿いっぱいのガナン・ジュップを平らげてお代わりした。

雄花序も料理される。マラフリの雄花序だけが使われる。他のバナナの雄花序は苦いという。中心部の柔らかい部分だけをそぎ切りにして炒め煮した料理が出てきた。

図5-6　ガナン・ジュップ

パプアニューギニアは、塩を使わなかったことで知られていて、塩分なしでなぜ健康が保てるのかが研究者たちの興味の的だった。のちに、塩（塩化ナトリウム）の代わりに、カリウム塩（塩化カリウム）が体内の浸透圧の調整に役立つこと、塩をもたない地域では、植物を灰にした塩化カリウムを調味料として使うことが多いことがわかった。この地域では、バナナの果皮を乾燥させて焼いた灰がカリウム塩として使われていたが、精製塩が十分流通するようになった現在ではあまり使われない。

酒もまた、ニューギニアでは比較的新しい。この地域では、醸造酒や蒸留酒の造り方が高地から伝わり、一九九〇年代に作り始めたという。この地域には敬虔なクリスチャンが多く、酒を飲まない人も多いが、若者の密かな楽しみとして密造されることがあり、その際には他の果物に加えて水分の多いヤワが材料とされることが多いとのことだった。

バナナは薬にも使われる。バナナを皮ごと焼いて炭をこそげると、少し焦げ目のついた部分が胃薬に、ヤワの雄花序の汁は避妊薬になるという。

葉は、バナナを茹でるときの鍋の蓋にしたり、石焼き料理の材料を包むなど調理用具に使われたり、正式な食事のときの皿や敷物に使われたりと、日常でも非日常でも重要な役割を担っていた。

幹線道路沿いにマーケットがあり、バナナも出荷されるということで、小谷さんと佐藤さんが調査に行った。このマーケットは、一九九〇年代に作られたらしい。最も多く取引されているのはビンロウだという。ビンロウは、石灰などと噛むと軽い高揚感があるヤシ科の植物の実で、アジアから太平洋、東アフリカまで広く嗜好されている。噛んだ汁を吐き出すのだが、汁も口の中も真っ赤になるので、初めて見るとぎょっとする。マーケットとは別に、道端にココナツの実が山積みされていて、この地域で産出するココナツと、高地から運ばれてくるキャベツが物々交換されているという。この地域で季節を問わずに最も簡単に換金できるのはビンロウとココナツであるらしかった。バナナなど主食作物は、農民が細々と自家用の余剰分を売っている状態だった。

イントアップ村を訪問する前日にレイのセントラルマーケットも見たが、バナナの売り場はあちこちに点在して数バンチずつ売っている、という感じで、売買が盛んには見えなかった。同じくバナナを主食とするアフリカと比較しても、パプアニューギニアのバナナマーケットの低調さは際立っていた。

イントアップの農は、二〇世紀の中頃までは、文化的に重要性の高いヤムイモと乾燥に強い品種のバナナを中心に成り立っていたが、その後、食味のよいジラブの導入によって、ヤムイモの主食としての相対的価値が下がり、バナナの価値が上がった。主食用としては用途が同じとも言えるマラフリとジラブが、畑も栽培法も全く異なる扱いをされていることは、彼らの農の中で干ばつに耐えることが最も基本的な戦略と考えられていることを示しているのではないだろうか。一方、現在も儀礼に用いられるヤムイモの栽培が簡単に縮小したことには、「ジラブが育てやすい」以上の理由があるように感じた。

イントアップ村滞在を終えたあと、高地の縁にある町にあるＮＡＲＩのアイユラ支所を一泊で訪問して高地を体験し、わたしたちはブビアのＮＡＲＩにもどった。翌日、体調不良で休んでいた四方さんを除く三人で、ブビアから車で三〇分ほど東南にあるヒューオン郡ガベンシス村を訪れた。この村は、小谷さんが調査地の第一候補に考えていた村である。オログレナンという言語集団の村で、農村開発のモデル村のひとつだった。この村は、周囲に川辺林が発達し、サゴヤシやニッパヤシが多く見られる低地の村だ。この村でも、マラフリとジラブ、ガナマブに対応する品種の区分があった。それぞれ、オリヤーチ、ワンプン、ガエン・フォフォンという。オリヤーチとワンプンの区別は、一年しか実らないか二年以上よく実るかだという。畑での植え分けもよく似ていたし、利用法もほぼ同じだった。

違ったのは、品種の数である。品種の名前を教えて欲しい、というと、わたしたちの案内をしてくれた男性はすらすらと六六もの品種名を書いてくれたのだ。ここらへんでは、新しい品種が持ち込まれたという話はあんまり聞かない、ここら辺のバナナが最も品種が多いからね、とさらりと言われ、三人で、次はこの村で調査しなければ、と言い合った。この村で知ったもうひとつのことは、マラフリに相当するオリヤーチとガナマブに対応するガエン・フォフォンが冠水にも強い、ということである。

六月から九月の雨期には、最悪の場合、一—二週間も畑が冠水する。一九七〇年代には、一カ月以上続いたこともある。そういうときには、マラフリやガナマブ（に対応する品種グループ）は一メートルほど冠水しても、一—二週間は持ちこたえるが、ジラブ（に対応する品種グループ）はだめになる、という。イントアップ村では、乾燥に強いと言われていたふたつの品種グループが、ガベンシス村では冠水に強い品種グループとして重要視されているのだ。この場合、ガナマブと言っているのは、ヤワのようなＡＢＢと思われ、ＡＢＢの少なくとも一部の品種は、乾燥にも水にも強いらしい。

3　乾燥と洪水に強いバナナ

モロベ州の調査を終えたわたしたちは、さらに乾燥の強いセントラル州カイルクヒリ郡のバナナ栽培を見せてもらいにポートモレスビーに移動した。ここでも、NARIのラロキ支所にお世話になり、小谷さんの旧知の研究者、ジャネットさんと高知大学に留学経験がある支所長のピーターさんが調査のアレンジをしてくれた。ポートモレスビー周辺は治安が一段と悪いということで、ポートモレスビーに滞在するあいだはボディガードを兼ねると見える体格のよいドライバーのグルクさんが同行してくれ、二泊の農村調査の際には、もうひとりのドライバーのガヴィさんが自分の村に連れて行ってくれた。NARIの研究者のディクソンさんも一緒である。これまでになくガードされた調査だった。

ガヴィさんの村は、セントラル州カイルクヒリ郡のピヌ村で、ポートモレスビーから六〇キロメートルほど西にあった。この地域は、パプアニューギニアの中では早くから近代化が始まった地域であり、二〇世紀前半にはすでに天然ゴムのプランテーションやコプラのためのココヤシプランテーションが運営されていた。

わたしたちは、ピヌ村で一日、隣村のヒシウ村で一日、モロベ州との比較の調査をした。小谷さんと佐藤さんは村に泊めてもらい、四方さんとわたしは近隣のホテルに宿を取った。宿には、不気味な緑系の色の水をたたえたプールがあって、それが部屋に引かれていたので、水に恵まれない地域らしいと思ったのだが（シャワー

図5-7　サバンナのバナナ畑

を浴びるのに勇気を振り絞った）、村に行ってみると、こんな乾いた土地にバナナが？　と疑うような乾燥したサバンナだった（図5―7）。この地域には、三つの土地区分があり、比較的高台で砂質であり、チガヤが優先しているワウと、低地で粘土質、ピジンでピットピットと呼ばれるトキワススキが優先するオーパ、川沿いで土壌がよいイブである。現地のことばで、チガヤはウルウルウー、トキワススキはアラアラアーと呼ぶと聞き、わたしたちは子供のように、アラアラアー、ウルウルウー、と何度も繰り返した。

ここでもやはり、カラプア系のバナナが重要だった。ヒシウ村では、ウルピと呼び、一〇種類ある。バナナは三つの土地区分のすべてに植え付けられるが、高台のワウには、キャッサバ、カラプア系のバナナ、ヤムイモ、サツマイモという、乾燥に強い作物が植えられる。低地は、訪問した九月にはカラカラに乾いていたが、川が近いので、地下水位は高いらしく、バナナやタロイモが育っていた。カラプア系のバナ

図5-8　美しいドレッシング

ナは冠水にも強く、六カ月冠水しても大丈夫ということで、低地や川沿いの土地にも多く植えられていた。一方、ナオと呼ばれるカラプア以外のグループには七品種あり、生食用品種グループであるマウ・バナナとともに、低地にのみ植えられていた。

ワラビーによるバナナやタロイモの食害が大きいのが悩みだという。コウモリや鳥によるバナナの食害も大きく、対策として、バナナの葉で未熟なバナナを包むドレッシングをしていた。ドレッシングはまた、包装の美しさを競う文化的な技術でもあり、婚資用のバナナは特に丁寧にドレッシングするという（図5―8）。

川沿いの畑には、カラプアの他にたくさんのスイカが植えられていた。スイカは非常に重要な換金作物だった。小谷さんによると、一九四三年の植民地政府の記録では、この地域で、雨期の浸水と乾季の水不足に耐えられる作物はバナナだけであり、タロ、ヤムの生育状況は悪く、住民はバナナ栽培に依存していることも記述されているという。

どちらの村も、高床式の家が草原の中に建っており、海風が近く、乾燥していてとても快適だった。虫も全くいない。ヒシウ村では、休憩や食事に使われる屋根のない台の上で、ヤシの木の木陰で昼寝をした。草が風になびく音を聞きながら木陰で寝るのは至福の時間だった。

ポートモレスビーに帰り、ピーターさんとジャネットさん、運転手のガヴィさんと最後の夜の夕食を食べた。バナナの流通が非常に低調に見える、とわたしたちが言うと、高地のサツマイモとジャガイモには仲買による買い付けがあるが、バナナには仲買はなく、政府も流通を管理していないという。ポートモレスビーやレイなど都市の主食は、九割方が輸入のコメだそうだ。どうやら、低地のバナナの産地は、地域の食を賄ってはいるものの、都市の主食としてはあまり貢献していないらしい。そこが、都市も田舎もすべてバナナを食の基本としているウガンダとは違うところだ。

モロベ州とセントラル州を見て歩いてわかったのは、パプアニューギニア低地のバナナは、干ばつと洪水の両方に対応して発達したのだということだ。その対応の核が、ピジンでカラプアと呼ばれる水にも乾燥にも強いＡＢＢのゲノムタイプをもつ品種グループである。高地周辺部には、カラプア系の品種グループは見られないということで、低地ならではの条件によって、カラプア品種グループに特殊な価値が付与されたのだろう。ただし、バナナも品種によって違うように、他の作物も、土地利用の工夫や品種の選び方で主作物になった可能性はある。安易な環境決定論にならないように、慎重に歴史を見ていかなければならない。

一方で、カラプア系以外の品種も現在は広く受け入れられている。今回の調査では、小谷さんが、バナナの代表的な品種をいくつか選んで栄養分析をおこなった。結果は、品種によってエネルギー量には大きな違いがなかったが、タンパク質は、玄米（一〇〇グラムあたり約七グラム、ただし炊くと水分が増えて三分の一程度になる）に比べると少ないものの、品種によって〇・八六グラムから一・八三グラムまで二倍程度の差があり、どちらかというと、カラプア系よりカラプア以外の料理用バナナ品種グループの方がタンパク質が多い傾向があった。また、おそらくはウガンダの遺伝子組み換えバナナに提供された品種に近いと考えられるジジャンのビタミンAが多いことはオレンジ色の果肉食からも想定できたのだが、果肉が黄色いサイフも同じくらいのビタミンAの量があって驚いた。小谷さんは、カラプア以外の料理バナナ品種が、ビタミンやタンパク質などエネルギー源以外の栄養素源としても選択されている可能性があると指摘した。

イントアップ村では、ジラブ（カラプア系以外の料理バナナ）の導入は数十年前だというが、品種の多様性から見て、少なくともガベンシス村ではもっと歴史が古そうだ。そもそも、パプアニューギニアのバナナは、全体として二倍体が多いと言われており、二倍体のジラブがなぜ低地では「新しい」のか、それとも、「新しい」のは低地でもマーカム郡だけなのか、ということも検討しなくてはならない。パプアニューギニアのバナナの全容を理解するのは当分先になりそうである。

第6章

もうひとつのバナナの世界

さて、ここまで、一九九一年から二〇一七年に至るバナナを巡る旅について報告してきた。わたしが探してきたバナナの世界は、地域に根ざしたバナナの世界であった。そこでは、バナナと人が密接な関係を結んでいて、バナナは、単なる作物ではなく、単なる食べ物でもなく、単なる商品でもなかった。人びとにとって、バナナは、生活の一部であり、価値の一部であるような世界だった。

ここで、「そうではない」もう一つの世界についておさらいしておこう。わたしたちが毎日食べているバナナの世界である。

現在、日本を含めて、バナナ輸入国の消費者が手に入れるバナナのおそらく九〇％以上が、「キャベンディッシュ」と呼ばれる品種群である。一九世紀末に国際商品となったバナナのほとんどは「グロスミッチェル」という品種群だった。一九六〇年代に、パナマ病とよばれるバナナの病気が世界中のバナナ生産地で流行し、代替として見いだされたのがキャベンディッシュである。ではなぜ、「もう一つの世界」のバナナはこのように均質なのだろうか。

1 グローバルな商品としてのバナナ

1……バナナ共和国の歴史

バナナの流通は、一九世紀までは基本的に自家消費かローカルな市場への出荷に限られていた。流通を大きく変えたのは、一九世紀末に起こった生食用バナナの域外への出荷である。その舞台はアメリカ大陸だった。アメリカでは、一九世紀末の十数年のあいだに、バナナが稀少なフルーツから日常的なフルーツに変化したと言われている（FAO 2003）。

その背景には、蒸気船と鉄道というインフラと、冷蔵設備の発達があった。バナナのような傷みやすく熟すると長く保たない生鮮商品を安定した状態で速やかに運ぶためには必須の技術である。当初は多くの会社が参入したバナナ輸出は、一八九九年にユナイテッド・フルーツ社が設立されてから寡占状態になっていく。

ユナイテッド・フルーツ社は、ホンジュラス、コスタリカ、ニカラグア、グアテマラ、パナマ、コロンビア、キューバ、ジャマイカに大量の土地を取得してプランテーションを経営し、栽培から輸送まで一元化して扱うことで他社を圧倒し、ラテンアメリカにおけるバナナ輸出産業をほとんど独占するまでになった。この会社はのちに合衆国の反トラスト法によって分割されるが、分割されたのち、バナナの三大ブランド、すなわちチキータ、ドール、デルモンテが確立した。これらのブランドの所有者は、さまざまな買収や社名変更を経て変わり続けている。

ユナイテッド・フルーツ社を中心とするこれらの企業は、二〇世紀初めからバナナの輸出を寡占する一方で、ラテンアメリカで自らプランテーション経営と輸出のためのインフラ整備を行った。プランテーション周辺に労働者を呼び集めるための学校や病院の建設や経営、プランテーションから港へ直通する鉄道の整備などである（北西二〇〇七a）。国によっては、バナナプランテーションと関連産業が国の産業の根幹を占めるようになり、これらの国は揶揄をこめて「バナナ・リパブリック（バナナ共和国）」と呼ばれた。グアテマラ、ホンジュラス、パナマなどが代表的で、二一世紀になってもバナナ生産のなかで多国籍企業の占める割合が七〇％を超えている（FAO 2003）。グアテマラでは、一九五四年にユナイテッド・フルーツ社に不利な土地改革を行おうとした政権をＣＩＡとユナイテッド・フルーツ社が結託して転覆させたと信じられている事件もあり（Wiley 2008）、ユナイテッド・フルーツ社とそこから派生した会社は、中米の政治に多大な影響力を持つことになった。このようなアメリカのバナナ企業とラテンアメリカ諸国との関係は、多くのジャーナリストの興味を惹き、バナナ戦争とも名付けられて、関連する著作が多く出版されている（コッペル二〇一二、チャップマン二〇一八）。

このような大企業によるプランテーション栽培は、一九八〇年代からは、労働問題や環境問題としても注目を集めるようになった。一九八〇年代後半からは農薬による土壌と水の汚染が問題となり、一九九二年にはアムステルダムで開催された「第二回水に関する国際法廷」で、コスタリカにおけるドールの農薬使用が非難されたが、ドールは調査を拒否した。また、一九七〇年代に盛んに使われた殺虫剤ＤＢＣＰに発がん性があると知りつつ使い続けたとして、一九九〇年代に三大会社と農薬会社を相手に元労働者が訴訟を起こした。国際労働機関にも労働条件や児童労働などをめぐってさまざまな告発がなされたが、企業側は力で押さえつけようとしてさらに非難を浴びた（北西二〇〇七）。

2……フィリピンバナナと日本人

一方、日本で消費されるバナナの多くはフィリピンで栽培されているが、最近までそれを担っていたのは上記の三社と日本の住友商事であった。これらの会社は、一九六三年の日本のバナナの輸入自由化とそれに対応したフィリピン政府の輸出用バナナ生産政策をきっかけに一九六〇年代にフィリピンに進出した。プランテーションのほとんどは、ミンダナオの北ダバオに拓かれた。それは、フィリピンが一九四六年までアメリカの植民地で、一九七四年まではアメリカ人に法的にフィリピン人と同等の土地利用を認められていたこと、ミンダナオにはムスリムと先住民である少数民族が多く、アメリカ人にとって「未開の地」でプランテーション向きと思われたこと、土地取得が容易だったこと、バナナと栽培条件がほぼ同じであるバショウ科のアバカ麻のプランテーションが戦前に日本人によってすでに成功していたこと、などの要因による（鶴見 一九八二）。バナナ生産は、多国籍企業や関連企業の直営農園、フィリピンの地主や資本家の農園（一九七〇年代にはほとんどが失敗して外資の傘下に入った）、農園と契約した契約農家という三つの単位で行われ、それらのすべてに土地をもたないフィリピン人労働者が低賃金で雇われていた。自作農だった農民が、政府によるプランテーションへの土地の貸与のために土地を奪われること、低賃金労働、農薬をふんだんに使うことによる健康被害など、フィリピンの日本向けバナナ生産の問題点を告発した鶴見良行の『バナナと日本人』（一九八二）は、はじめて、バナナの向こうに存在する世界を見せることで、日本社会に大きな衝撃をもたらし、フェアトレード運動やバナナの不買運動に繋がった。

3……輸出用バナナ産業の特徴

輸出用バナナ栽培の特徴は、まず、品種が特化していることである。一九六〇年代まではグロスミッチェル（AAA）という品種群だけがほとんどのプランテーションで栽培されていた。果掌が大きくて、左右対称で見た目がよく、皮が厚くて輸送の際に痛みにくく、なにより、その味が最初に消費者に受け入れられたからである。いわば、バナナの味のスタンダードになったのである。しかし、一九六〇年代、大規模プランテーションのグロスミッチェルは、フザリウム菌によるパナマ病の大流行でほぼ壊滅した。これを受けて次に採用されたのが現在栽培されているキャベンディッシュである。

キャベンディッシュは、皮が薄くて輸送が難しいが、肥料に感性が高く、プランテーションでは生産性が高い。しかし、このキャベンディッシュも現在、新パナマ病とブラックシガトカ病による被害が拡大しており、バナナ業界からはグロスミッチェルと同じ道を辿るのではないかと懸念されている。栽培バナナは同質なクローンであるため、病虫害の被害が一気に広まりやすい。

もう一つの特徴は化学肥料と農薬の多用による土地生産性の高さである。ローカルなバナナ栽培文化では、混作が一般的で、多種・多品種混作には病気と虫害の予防効果があるといわれるが、単品種を高密度で栽培する輸出用の栽培では化学肥料と農薬は欠かせない。その結果、たとえばフィリピンで、小農による平均的な生産性は一ヘクタールあたり九・四トン（FAO 2003）、東アフリカ高地で六トンから一七トン（表4―2）であるのに比べて、プランテーションでは四〇トンの生産を上げるのである（FAO 2003）。さらに、輸出用に栽培されたバナナは、利用部位と利用法が特化している。葉、雄花序、偽茎などは利用されず、果実だけが生食され、他の部位は廃棄物になる。

品種、利用部位と利用法の特化、化学肥料と農薬といった資本投入による高収量が輸出用栽培の特徴と言えるだろう。

4……輸出用バナナの流通

国連食糧農業機関（ＦＡＯ）の統計、FAOSTATによると、二〇一六年時点で、世界のバナナの生産は一・六億トンを超えている。ＦＡＯは、一九八六年と二〇〇三年に世界のバナナ経済についてレポートを発表している（FAO 1986, 2003）。そろそろ新しいレポートがでそうな時期なのだが、残念ながら、この原稿を書いている二〇二一年六月現在、最新版は二〇〇三年のレポートである。

まず、このレポートで最初に述べられていることは、バナナの生産の約八五％は（この数字も非常に概算だが）、家の周囲や小さな畑で作られていて公式な統計に載らないということである。自給用、もしくは余剰販売用のバナナである。その上で、公的統計以外の資料を用いて、生産されているバナナの内訳を、キャベンディッシュが四七％、その他の生食用バナナが一二％、ＡＡＢのプランテン・サブグループが一七％、その他の料理用バナナが二四％と推計している。さらに、キャベンディッシュ生産の二六％が輸出され、世界のバナナ生産全体の約一一％が輸出用のキャベンディッシュであると計算している。そして、輸出用のキャベンディッシュの生産と流通には、その始まりから現在に至るまで、少数の多国籍企業が大きな影響力を持っている。

国を越えて移動するバナナの流れには現在、三つのシステムがある。ラテンアメリカから北米とバナナを生産しないラテンアメリカ各国向けのアメリカ・システム。ラテンアメリカ、西アフリカ、カリブ海諸国からＥＵを中心としたヨーロッパに向けたヨーロッパ・システム。フィリピンとエクアドルからアジアや中東に向けたアジア・システムである。ドール、チキータ、デルモンテはすべてのシステムに大きなシェアをもち、二〇〇〇年時点で、世界中で輸出されるバナナの五六％のシェアを占めている（FAO 2003）。それに加えて、アイルランドの企業、ファイフェスがヨーロッパ・システムに特化した流通網をもち、日本の住友商事がアジア・システムの一翼を担う、という勢力図が一九七〇年代から一九八〇年代まで続いた。

一九九〇年代には、ヨーロッパ・システムに大きな変動が起きた。EUが、経済統合に向けて、それまで国ごとにばらばらだったバナナ輸入の関税と輸入枠を設定したのだが、それは、歴史的につながりの深いカリブ海諸国からの輸入を優先するものだった。カリブ海諸国に拠点をもたないドール、チキータ、デルモンテは排除される公算が高くなり、それに対してチキータがアメリカ政府や影響をもつラテンアメリカ諸国を動かして国際機関に提訴するなど、大々的に抗議活動を展開した。十数年にわたる抗議活動で、EUの関税と輸入枠に関して一定の成果を上げたが、経営的には追い詰められ、チキータは二〇〇一年に事実上破産した。

その後、債務放棄を受けて再起するが、このような動きと平行して、チキータは、これまで秘密主義と言われてきたバナナ業界ではじめて、企業責任（Corporate Responsibility）を前面に押し出し、会社情報を透明化すること、環境に配慮したバナナ生産のためにベター・バナナ・プロジェクトを立ち上げること、労働問題とトレーサビリティに関して、それぞれ国際基準をもつ第三者機関の認証を受けることなどに取り組んだ。チキータのこの取り組みについては、アリバイにすぎないという批判も多いが、労働や環境に関する情報を公開しないデルモンテやドールに比べると、一定の進歩という評価もある（北西二〇〇七b）。

また、一九九〇年代以降、多国籍企業直営のプランテーションではなく、契約農場との取引が進んだ。輸出は多国籍企業が担い、生産は契約農場に任せるという形態が増えたのだ。一見、農民の自由度が増えたようにも見えるが、実態としては、流通を独占することによって、大きな影響力を維持しているという見方が一般的である。

二〇一〇年代には、ファイフェスと住友商事をめぐって、バナナ輸出業界の再編が進んだ。住友商事は、ヨーロッパ市場に参入することを目指して、二〇一七年にファイフェスを子会社化する一方、二〇一九年には、フィリピンの生産事業を担うスミフル・フィリピンを合弁相手のモーリシャス企業に売却したのだ。ちょうど、フィリピン国内で、スミフルの業務委託先の労働環境に関する裁判と運動が注目され始めていたときで、フィリピンのバナナと日本人のあいだには、さらに厚いベールがひかれることになった。

2 バナナのフェアトレード

多国籍企業によるバナナの生産と流通の寡占と、それにともなうさまざまな弊害に対して、オルタナティブな流通も試行錯誤されてきた。フェアトレードである。

フェアトレードとは何か、何を目指しているのか、という問題に対する答えは、実は単純ではない。フェアトレード運動の多くは「生産者と労働者の権利の擁護とエンパワメント」と「公正な国際貿易とルールの実現」を目指している。しかし、このふたつは必ずしも同時に成立するものではない。このどちらに力をいれるかでフェアトレードも方法論が異なる。さらに「環境に対する公正さ」を最大の目標とする運動もある。フェアトレードは、目的も方法論も非常に幅広い運動なのである。最初は、どちらかというと、「生産者と労働者の権利の擁護とエンパワメント」を理念として、生産地との直接取引をするもの（連帯型ともよばれる）が多かったが、一九八〇年代になると、品質を向上し、ビジネス的に成り立つ消費者目線のフェアトレード（認証型ともよばれる）が生まれ、倫理的な製品の保証としてのフェアトレード・ラベル認証制度が生まれた。一九九七年には、それまでの国際認証を統一する「国際フェアトレード・ラベル機構（ＦＬＯ）」が創設され、各国の生活協同組合に支持されて取扱高を増やしていった。認証制度は、消費者にとって選択基準がわかりやすく、フェアトレードに対する敷居を低くする一方、生産者と消費者の関わりを抽象的にしたともいわれる。

バナナのフェアトレードがヨーロッパやアメリカで広く行われるようになったのは、このような運動が展開したのちの一九九〇年代後半である。消費者の意識が高いヨーロッパではかなり普及し、国によっては連帯型を中心に一〇％以上のシェアをもっている。一方、アメリカにおけるバナナのフェアトレードは相対的に低調で、チキータと提携して「ベター・バナナ・プロジェクト」に取り組んでいる環境ＮＧＯ、レインフォレスト・アライアンスによる認証制度が中心である。

日本では、フィリピン・ネグロス島の農民との連携を目指して一九八九年に設立したオルター・トレード・ジャパン（ＡＴＪ）が、各地の生活協同組合と連携してフィリピンバナナのフェアトレードに取り組んできた。ＡＴＪは自分たちの活動を「民衆交易」と呼び、日本のフェアトレードの最大手ながら、独自路線を歩いているが、台風による被害や、規模の拡大で利益重視の参加者が増えること、既得権を持つ人たちとの対立など、多くの課題があるという。

3 国際バナナ研究ネットワーク

バナナの世界的な結びつきとしては、会社以外にもユニークなネットワークがある。バナナ研究者のネットワークである。

一九八五年、フランスのモンペリエに、INIBAP（バナナ・プランテン改良国際ネットワーク）という機関が設立された。設立者は、エドモンド・デ・ランゲというベルギーのルーベンカソリック大学のバナナ研究者である。ベルギーは、一九六〇年までコンゴ・キンシャサの宗主国で、デ・ランゲは、植民地下のコンゴで料理用バナナの研究を始めた。INIBAPの目的は、ブラックシガトカ病を初めとするバナナの病気の蔓延に対して、改良品種の作出と遺伝資源の保存をすることだった。そのために、ITC（国際輸送センター）コレクションと呼ばれるバナナの圃場を世界各地に設置した。大陸を越えて、バナナの品種を系統的に育てることで、病気による絶滅から守ろうとしたのである。また、組織培養された品種を世界中からの依頼に応じて無料で配布する活動もおこなってきた。

バナナの品種改良で歴史上最も有名なのは、チキータの前身であるユナイテッド・フルーツ社がホンジュラスのラ・リマに設立したバナナ研究所の育種家だったフィル・ロウである。ユナイテッド・フルーツは、ユナイテッド・ブランズと改称後一九九三年にこの研究所を閉鎖し、ホンジュラス政府が引き継いでFHIA（ホンジュラス農業研究財団）とした。ＩＮＩＢＡＰは設立後すぐにこの団体に支援をはじめ、世界中にＦＨＩＡという名前がついた改良品種を普及する手助けをはじめた。そして、コスタリカ、フィリピン、カメルーン、ウガンダなど、バナナ栽培が盛んな国に支所を立ち上げていった。

一方、一九九〇年代以降、ルーベンカソリック大学のスウェネンを中心に、遺伝子組み換え料理バナナの研究も始まった。従来の育種方法では病気の進化と蔓延の速度に追いつかないと考えた研究者たちが推進した研究である。二〇〇一年には、ＩＮＩＢＡＰをコーディネーターとして、世界中のバナナ遺伝子研究の研究者を結集したＧＭＧＣ（グローバル・バショウ属遺伝コンソーシアム）が立ち上がり、二〇一二年に、ムサ・アクミナータの全配列を確定した。このコンソーシアムには、二〇一五年には、二四カ国、四〇機関七〇人の科学者が集まっていた。

わたしは、バナナ研究を始めたときに集めた文献でＩＮＩＢＡＰの存在を知り、二〇〇〇年頃、フランス・モンペリエのＩＮＩＢＡＰの図書室を訪問したことがある。ＩＮＩＢＡＰは、図書コードのつかない多くのバナナ関連報告書を出していて、ネット上で情報を入手することが難しかった時代に、ＩＮＩＢＡＰの図書室は情報の宝庫であった。

ＩＮＩＢＡＰをひとつのハブとする研究者のネットワークは、いくつかの点で興味を引く。まず、このネットワークが、バナナ農民に対して献身的な研究者の働きで始まり、ボランタリーなネットワークで動いているということである。各組織の有給スタッフの中には、もちろん、条件のよい勤務先と考えている人もいるが、大学や国立研究所のスタッフなど、このネットワークに関わらなくても給与を得られる立場の人も多い。農学者を初めとする研究者たちが、自発的に関わっている面がある。

また、ＩＮＩＢＡＰは、組織的な激しい変遷を経験していて、それは、現在の国際的な農業研究機関の状況を反映しているように見える。最初は、資金的にも独立していたが、一九九一年には、ＣＧＩＡＲ（国際農業研究協議グループ）の傘下に入り、資金の配分を受けるようになった（ＣＧＩＡＲの本部もモンペリエにある）。一九九四年にはＩＰＧＲＩ（国際植物遺伝資源研究所）と合併し、バナナ研究はその一部門となる。二〇〇六年には、それらはBioversity（国際生物多様性センター）と改称した。そのBioversityは、二〇二〇年にＣＩＡＴ（国際熱帯農業センター）と連携した。

これらの研究所のドナーは各国政府や財団であるが、小さな研究所が自前でドナーをつなぎ止めることは年々難しくなっているようで、現在、研究資金の配分には、ＣＧＩＡＲが大きな力を持っている。資金繰りを安定させるためには、組織を大きく、効率よく運営し、より実践的な方向に向かい、より早く成果を出す必要がある。ＩＮＩＢＡＰに始まる組織も、このような組織改編の中で、もともと力点をおいていた作物の遺伝資源の保存から、生物多様性の実現と小規模農家の福祉を目指す方向へ、最近は、小規模農家の福祉と農業の持続可能性を高めることへ、と、農業研究のニーズに合わせて少しずつ力点もシフトしてきた。

一方、これらの組織は、組織培養株の無償譲渡や、ゲノム情報の無料公開など、知識と資源を公開・共有することには非常にこだわっている。二〇二一年時点で、バナナに関する最も正確かつ最新の情報が得られるのは、Bioversityが管理するProMusaというウェブサイトである。

そして、この研究者ネットワークは、品種の保全と改良品種の作出という実用的な研究を目的としているだけではなく、非実用的かつマニアックな研究もしている。ＧＭＧＣで集まった研究者たちは、デ・ランゲたちを中心として、二〇〇九年に“Ethnobotany Research & Applications”誌に、「バナナのドメスティケーション史」という、非常に学術的な特集を組んだ。バナナが栽培化されてからアフリカへ向かったルートの推定や、地域別の歴史など、わたしたちのようにバナナの歴史を追う研究者には垂涎の内容であった。この特集からは、人の役に立ったりニーズの高い研究をするというだけではなく、バナナ研究そのものを楽しんでいることが伝わってくる。

このようなバナナ研究ネットワークを体験してみたいと考え、二〇一二年に当時勤めていた静岡大学から一年間の研究専念期間をいただいたときに、三カ月、モンペリエにあるBioversityの熱帯果樹・バナナ部門に客員研究者として机を置かせていただいた。

行ってみてわかったのは、そこは研究自体をする場所ではないということだった。十数名いるスタッフや常時数名いるインターンは、コーディネーターや情報の管理を担当していて、自分自身が研究者であるスタッフは少数だった。管理スタッフには、INIBAP以来長期間働いている人もいたが、研究スタッフは、プロジェクトベースで雇用されるようで、研究スタッフはみな、海外の組織で働いていた経歴を持っていた。現在、どの国でも研究の共通言語は英語なので、英語と、フランス語かスペイン語ができればどこでも仕事はできる、とスタッフの一人は言った。

わたしは、ちょうどその頃完成間近だった、遺伝子解析がどのように進められているか見たかったのだが、研究は世界中で細分化されていて、全体を知ることは難しいということがまもなくわかった。Bioversityは、世界中の多くの機関と連携しているが、そのひとつが、モンペリエにも大きな支所があるフランスのCIRAD（農業開発国際協力研究所）であった。そこで、遺伝子解析よりは目に見える染色体分析の専門家であるフレデリック・バークリーさんに紹介してもらい、実験室で染色体分析を見学しながら、バナナの品種改良について教えてもらった。バークリーさんは、遺伝子組み換えではなく、従来の方法での品種改良をするグループに属していて、実験室やビニールハウスで、改良品種の細胞や苗を育てていた。効率の悪い従来型の方法で品種改良するのはなぜか、と訊くと、アメリカのバナナ企業やベルギーの研究所が先を走っている遺伝子組み換えに今から参入しても勝ち目がない。EUは、遺伝子組み換え作物の輸入や栽培をほぼ禁じているので、従来の方法で改良できればEU内で売ることにアドバンテージもある、と教えてくれた。個人的には、遺伝子操作の食べ物だって平気だしエキサイティングだと思うけど、とバークリーさんは笑った。

Bioversityでの体験は、アカデミックな世界だけではない世界の農業研究の現場を知る上で、おもしろい体験だった。

第7章

沖縄——愛される島バナナ

前章では、日本のことを「バナナを輸入する国」として扱った。日本では、地域に根ざしたバナナはないのだろうか。この答えは、「あるといえばある」というものである。日本にも、バナナが細々ながら露地で生産され、地域に根ざして消費されている地域がある。鹿児島県南部から沖縄県にかけて点在する南西諸島と、太平洋上に連なる伊豆諸島から小笠原諸島である。

これらの地域では、数種類の地元に溶け込んだバナナがある。ヤサイバナナとも呼ばれる料理用の品種群もあるが、バナナの料理法はあまり知られていない。日本国内で、バナナはやはり、生食される果物である。その中でも、「わたしたちのバナナ」と見なされ、特別な扱いを受けているバナナがある。沖縄で「島バナナ」または「小笠原種」と呼ばれるバナナである。

なんどか沖縄に通ううち、このバナナがかなり不思議な存在だということにだんだん気がついた。沖縄の人たちと話をしていると、島バナナの話がときどきこぼれでる。近所の人や親戚の家からおすそわけしてもらったという話で、小振りで甘みも酸味も強く、スーパーで買うより数段おいしいバナナとして語られる。実際、道端や庭のあちこちでバナナを見ることがある。しかし、このバナナ、なぜか商品化が進んでいないのだ。店で売っていることが少なく、売っていると非常に高価なのである。高価なら商品化が進んでもよいように思うのだが、まとまったバナナ畑を見ることは少ない。

本章では、日本の中で数少ない「地域に根づいたバナナ」である島バナナがなぜ商品化されないかについて見てみよう。

1 島バナナはなぜ高価なのか

最初に沖縄を訪れたのは、一九八九年、大学院に入った最初の年の夏だった。入学した大学院で、修士のあいだはとりあえず日本の中で修行することになり、北海道生まれのわたしは、ともかく見たこともない場所に行ってみたいと沖縄を選んだ。船から上陸した初日にはまったのは、市場だった。第一牧志公設市場は、今は観光客相手の市場と見なされているが、当時は、地元の中高年女性の御用達で、異世界だった。特に、精肉売り場は、ショーケースの上にどっかりと置かれたかたまり肉から注文に応じて切り出す売り方や、「斤」を単位とした価格、勝手気ままに見える注文方法、同じ「豚肉」を商品とする店が二〇軒以上並んでいる光景など、度肝を抜かれ、結局、修士のあいだは、この市場の「丸昌ミート」に弟子入りして、市場で豚肉を売ることの技法について研究した。

その後、アフリカに通うようになって沖縄からは遠ざかっていたのだが、二〇〇一年、東京大学の松井健さんに誘われて、日本学術振興会の未来開拓学術研究推進事業の研究チームの追加メンバーとして沖縄で調査することになったとき、わたしはまたも市場に吸い寄せられた。その頃はすでに観光客の方が多くなり、売り物もそれに対応して変化していた。それを見ているうちに、生産する農村や漁村はどのように変化したのか気になり、変化の大きな商品を手がかりに農漁村の変化を調べて本にしよう、と思いつき、沖縄から県産本を出版

図7-1　市場で売られる島バナナ

しているボーダーインクの旧知の編集者、新城和博さんに持ち込んだ。対象はまず、沖縄の幻のブタ「アグー」、養殖漁業を定着させた「モズク」と「海ぶどう」である。その頃は、すでにインドネシアでバナナ研究を始めていたので、自ずとバナナにも目が向かったのだが、沖縄のバナナはどうも雲をつかむような存在だった。

沖縄を旅していれば、あちこちの庭先や空き地にバナナが実っている。沖縄で栽培されている食用バナナの代表格は「サンジャク（三尺）」と呼ばれる矮性のキャベンディッシュと並んで、「シマバナナ（島バナナ）」である。キャベンディッシュより小振りで、甘みも酸味も強く、ねっとりした食感である。沖縄の人と話をしていれば、家の庭で穫れた（または近所の人から分けてもらった）島バナナがどんなに美味しかったか、という話を聞くことがめず

図7-2　2007年9月11日のバナナの値段

らしくない。ところが、このバナナを、スーパーや市場で見ることはめったにない。あったと思うと恐ろしく高い。一房五〇〇円だと格安で、高いときは二〇〇〇円ほどもするのだ（図7―1、7―2）。そこらへんに生えているものなのだから、高く売れるなら、もっと売っていてもよいのではないか、と思いながら二〇〇三年に島バナナの調査にとりかかった。

その頃、新城さんが、おもしろいレポートがあると教えてくれた。琉球大学法文学部の野入直美さんが、一九九七年度の「産業社会学I」の授業の話題に、島バナナはなぜ高いのか？　という問いを提起したところ、「希少価値だから高価だ」という仮説と、「観光客相手だから高価だ」という仮説がぶつかり、このクラスでは半年かけてその仮説を検証すべく、消費者意識、生産、流通、行政、バイオテクノロジーの五グループに分かれて調査したのだ。

彼らが導いた結論は、無計画な生産と流通コストの高さが島バナナの値段を高くしているということだった。以下、流通に関する彼らの調査結果を要約してみよう。沖縄県内の生産量に対して、県内唯一の卸売市場を経由する出荷量は、約二五%と見積もられる（統計に載っていない生産が多いので、もっと少ないかもしれない）。卸売り市場の記録では、取扱量も単価も安定している輸入バナナに対して、島バナナは、月による取扱量の差が激しく、単価も月によってキロあたり一九〇円から九〇〇円まで激しく変化する。品質と取扱量の不安定性から流通コストが高くなり、小売価格の六五%が卸売市場以降の流通の過程で上乗せされた価格であるという。もっとも、輸入バナナの小売価格の五五%も卸売市場以降の流通の値段である（税関で輸入業者が引き取ったときの価格は、小売価格のなんと二三%に過ぎない）。しかし、島バナナの単価が高いことを考えると、流通で増幅される価格は非常に大きいといえよう。輸入バナナより島バナナの流通が高くつくのは、途中で廃棄する割合が高いこと、流通量が一定しないせいであるという。

月による取扱量の差が激しいのは、沖縄の果物や野菜みんなの特徴である。たしかに、輸入バナナに比べれば不安定だが、季節の果物として流通する余地はあるはずだ。島バナナの生産は、他の果物に比べても不安定なのではないか。それはなぜだろうか。

2 島バナナ商品化への挑戦

1……沖縄のバナナ生産の大敵

まず、バナナにとっての沖縄の気候条件を確認すると、バナナの結実期の平均気温は二九度から三〇度が望ましいのに対して、那覇では、一二月から三月、石垣でも一月から二月の平均気温は二〇度以下である。そのため、熱帯では周年結実するバナナも、沖縄では冬にはほとんど結実しないし、結実しても低温障害で果実の質が落ちることがある。温室なら育つが、島バナナは背丈が高すぎて、通常の温室ではつっかえてしまい、特注の温室が必要で、生産が安定しないために温室の費用が引き合わない。

沖縄でバナナを商業的に生産する場合、次のようなスケジュールが一般的である。三月から五月に子株を一アールあたり一〇本から二〇本程度植え付ける。堆肥にしろ、化学肥料にしろ、ほとんどの生産者が多くの施肥をする。翌年の三月から六月頃に花序が出て、それから二―三カ月程度で収穫ができる。植え付ける子株の大きさの選び方や親株の周りに出てきた子株の処理、台風の時の葉の処理などは、生産者によってまちまちである。県が整備した栽培マニュアルもあるにはあるが、マニュアル化されているとは言いがたい。

沖縄のバナナ生産には、大敵がいくつかある。ひとつは病虫害である。まず、バナナツヤオサゾウムシ（別名バナナクキゾウムシ）と、バショウオサゾウムシ（別名バショウゾウムシ）、バナナセセリの食害による枯死の被害が大きい。土壌が媒介するパナマ病（委凋病）、アブラムシが媒介する萎縮病（バンチートップ病）の害も大きい。虫にも病気にも農薬はあるが、効き目が強くないこと、農薬取締法によって散布条件が厳しく決められていること、農薬が消費者に嫌われることなどから、防御の決め手にはならない。そのため、被害にあった株の子株を次の植え付けに使わないとか、畑を移動させる、といった対応しかないのが現状である。

また、数年に一度、壊滅的な被害を与えるのが台風である。一九九七年に、琉球大学の産業社会学Ｉクラスが島バナナ調査をおこなったとき、唯一、島バナナ生産が伸びていたのが石川市（現在は、うるま市に合併）であったが、二〇〇四年にわたしが調査したとき、この地域のバナナ生産はすっかり低調になっていた。

この地域では、沖縄のほとんどの地域がそうであるように、サトウキビの生産が農業の中心だった。国産砂糖の生産が奨励された一九六〇年代以降、日本復帰後の振興策による一時的なブームを経て、一九七〇年代後半からサトウキビの生産者価格はじりじりと低下した。一方、農家の多くは高齢化し、サトウキビの収穫作業は体力的に難しくなったため、サトウキビに変わる農業への転換は、沖縄のどの地域でも大きな課題だった。一九九四年、当時のＪＡゆいな石川支所（現在は、ＪＡおきなわ石川支店）が目をつけたひとつがバナナ栽培だった。単価が高い島バナナを仏壇の供えものとして島バナナのニーズが高い旧盆に合わせて生産することを計画したのである。ＪＡゆいな石川支所では、シーズンごとに栽培講習会や出荷説明会を開いて、子株の処理、果実の袋がけ、雄花序の切り落とし、倒伏を防ぐ支柱などの技術などをきめ細かに指導することでバナナ栽培を支援した。最初のシーズンは四、五軒が参加しただけだったが、一九九四年に植え付けた株からは、一九九五年に大量の収穫と収入を得た。これを見た他の農家もこの年に大量の島バナナのバイオ苗を購入し、この年は、三九名が六〇三〇本の株を買ったと記録されている。翌年はかなりの収穫があった。ところが、一九九七年の旧盆前、築地に出荷しようと準備していたときに、台風でほぼ全滅する。これで、島バナナは博打だということになってしまった。当たれば大きいが、はずれるとすっからかんである。もともと、数年に一度の台風でだめになることは計算済だったようだが、年金など他の収入があり、博打でもかまわない高齢者はよいが、学齢期の子供をもつ農家は島バナナに頼るわけにはいかないと見切りをつけた。

図7-3　知念金徳さん

2……………愛の島バナナ伝道

島バナナを調査していたある日、インターネットで「島バナナ」の検索をしていたら、名護市真喜屋で、引退した牧師が、島バナナの台風にも病虫害にも負けない栽培法を考案し、「愛の島バナナ伝道」に取り組んでいるという琉球新報の記事が見つかった。さっそく教会を訪ねてみると、件の牧師、知念金徳さんが迎えてくれた(図7―3)。琉球新報の記事とそれに続くテレビ放映以来、見学者が殺到し、一年半で約六〇〇人にもなったという。

真喜屋は七〇〇名二〇〇戸ばかりの集落だが、宗派から援助を受けない単立教会の「キリスト家の教会」と専属の牧師を擁していて、知念さんは一九六三年から一九八八年までこの教会の牧師を務めてきた。引退以降もなかなか後任の牧師が落ち着かず、現在まで、現役復帰と引退を繰り返している。引退後、前から興味を持っていた島バナナ栽培を始め、そのユニークな方法論が話題を呼んでいるのだった。

真喜屋は、ターブッカー（米どころ）として名前をはせた地域である。一九六〇年代には三毛作だった。その後、パイナップル、さとうきびなどを栽培するようになり、現在は、養豚、養鶏、マンゴーを中心とした果樹栽培などさまざまな農業が混在する。

知念さんが島バナナに目をつけたのは、やはり、体力的に過重な労働なしで老人が栽培できることだった。バナナの葉の下の作業なので、日射しの強いときでも安全でもある。脚立の上に乗る収穫作業は危険だが、流通業者に頼むことができる。儲けのためではなく、知念さんの表現を借りれば、「生きるための農業」である。知念さんの畑の一角には、近所で農業をする人たちが毎日一〇時に集まっておしゃべりを楽しむバナナ小屋があり、そこで五〇代のセーネン（青年）たちにバナナ栽培の新技術を伝授していた。

知念さんがバナナを選んだもうひとつの理由は、発明家としての手腕の発揮しがいがあったからである。知念さんはそれまでに、バナナ栽培の方法をたくさん編み出していた。

最も話題になったのは、廃ビニールハウスを転用した台風対策だ。既存の三メートル少しの高さのハウスのビニールをはがし、枠組みだけをつかう。これまで、島バナナのハウスや平張り施設での栽培は、この既存のハウスの高さには島バナナの葉が収まらない、ということで断念されてきた。知念さんはこれを逆手にとったのである。育ったバナナは鉄枠から葉や花序をつきだす。台風がくると、つきだした葉が千切れて鉄枠に巻き付き、倒れないのだという（図7―4）。大きなバナナなら鉄枠に縛り付けることもあるが、普通の島バナナなら風速三五メートルまで縛る必要もないという。廃ビニールハウスなので、転用したり譲ってもらえば安く済む。ただし、廃ハウスといえども立てるのには手間も費用もかかり、知念さんの畑でもすべてのバナナがハウスで栽培されているわけではなかった。

防虫害の工夫もユニークだ。虫は臭いものが苦手なはず、と灯油をしみこませたぼろ切れを畑のあちこちに

図7-4　廃ビニールハウスの利用

引っかけてみたり、焼ける匂いや塩も苦手なのでは、と半分に希釈した木酢液や海水を噴霧したりしてみた。ゾウムシが入って葉が黄色くなったら、感電死させるために、一〇〇ボルト、八〇〇ワットのバッテリーで偽茎に電流を流すことも試していた。これらの忌避策はそれなりに効いていると知念さんは判断しているが、台風対策ほどは完全ではない。バナナのもうひとつの敵、泥棒よけの方法もあるかと尋ねると、夜通しラジオをかけるといいよ、と笑った。

3……質の高い島バナナを出荷する

二〇〇五年の調査当時、沖縄唯一の卸市場を主催する沖縄共同青果が、特別扱いするバナナ農家があった。そのバナナだけは、ほかより高値がつくという。石垣島の白保に住んでいる内原勇さんのバナナだった。内原さんは、教師を定年退職してから農業を始め、その傍ら、保護観察所の保護司もしていた。最初はサトウキビを栽培していたが、体力的に大変なわりに、一年半かかって二、三万円の収益しかあがらないことに不満を持っていたとき、副業としてサトウキビ畑の脇に二列だけ作ってみた島バナナを那覇の卸市場に送ったところ、キロあたり一〇〇〇円の単価がつき、すっかり病みつきになった。

内原さんも、ゾウムシ、病気、台風には苦戦していた。

ゾウムシ対策は、春先から六月くらいが勝負である。枯れた葉をとって虫がつかないようにすることが基本である。昔、ゾウムシがいなかったのは、ニワトリが屋敷内にいて、食べてしまったからではないか、と内原さんは考えていた。ニワトリのおかげで病虫害に強かったのではないか。現在のバナナ畑でもニワトリを放し飼いにすることを考えたのだが、周囲には野犬が多く、すぐに食べられてしまうだろうとあきらめた。

台風対策には、風を受けないように葉を切り落とす。しかし、葉柄の根本からすべての葉を切り落とすと、その後成長しない。何度か台風を経験して、いろいろな葉の落とし方を試した結果、葉は根元から二〇センチメートルくらい残すのがよいのではないかと考えている。十字に交差した支えを試したこともあるが、偽茎が交差のところで折れてしまった。いくら対策を考えても、想像以上の台風がくればすべて倒れてしまう。台風が来るのは仕方ないのだから、三年にいっぺん、ある程度の収穫があればよい、と割り切っている。台風に当たらなかった年は、思いもしない大収穫になることがあってそれが楽しみだ、と内原さんは言った。

わたしが伝手をたどって訪ねたバナナ生産者はみな、高齢者の方たちだった。台風にしばしば見舞われる沖縄では、バナナを収入の柱にすることは博打に近い。それでも、さとうきびの収穫作業のようなきつさがなく、単価が高いために狭い土地でも可能なバナナ生産に魅力を感じるのは、年金を受給しながら親から受け継いだ土地の活用を考える高齢の農業従事者だということだろう。また、彼らには、思い通りに生産できないバナナ栽培を楽しむ余裕もあるように見えた。

4……島バナナの生産者価格

島バナナの出荷ルートは複数ある。JAを通した出荷、民間業者を通した出荷、那覇の卸売市場（沖縄共同青果）への直接出荷、県外への卸売市場や個人への発送などである。このうち、JAを通した出荷は、買い取り価格が比較的高いが、支払いが一カ月から数カ月先になる、というデメリットがある。卸売市場への直送は、毎日のように出荷できる規模でないと難しい。最も簡単で支払いも早いのは民間業者で、電話一本で取りに来てくれるし、頼めば収穫も手伝ってくれるが、小売りが高値のときにも買い取り価格は高くならない。県外への直接の出荷は、単価は高いが、郵送代が高い上に、納期の交渉やトラブル対処も自分でしなければならない。出荷先の選び方は、バナナ生産者にとって非常に難しい選択だ。民間業者の場合、なじみになるとつきあいを止められないなど、自由に売り先を選べない事情も垣間見えた。

島バナナの価格は、季節によってかなり変わる。知念さんによれば、二〇〇五年には、JAを通したルートだと、四月の初旬の出荷始めが最も高くキロあたり二五〇〇円程度で、一〇月の運動会と正月前は二〇〇〇円程度、ハイシーズンの八月には七〇〇―一〇〇〇円程度とのことだった。この価格は、沖縄総合事務局が二〇一九年に卸売市場で調べた直近五年間の島バナナの価格の中で、価格が高かった年ともほぼ一致する。ただし、旧盆前の一〇日間くらいは、祖先に供えるために丸ごとの果房が求められるので、全房単位で一万円ほどで取引されるという。沖縄の場合、島バナナは行事と関連付けられているので、行事前に出荷できるかどうかが値段を大きく左右する。しかし、バナナの場合、いくら出荷時期を調整しても、完全には調整しきれない。また、台風が来なかった年には豊作で価格が下がるなど、年によっても価格は乱高下する。

また、これが離島になると、島から出荷するのに運賃がかかる、という事情が加わる。島バナナは、人工的な追熟をしない上に、熟するとだんだん果指が落ちていくので、熟度の管理が難しい。船で運ぶと熟度の管理が難しいので、石垣島の内原さんは、航空便で出荷していた。

内原さんの場合、那覇の卸売市場に直送すると、セリで、キログラムあたりふつうは一〇〇〇円前後、最高値で三〇〇〇円がついていたという。全房の重さは、おおよそ一〇キログラム程度で、全房ひとつで約一万円になる計算だ。航空運賃やセリの手数料、消費税などを負担しても十分儲けがでる。石垣には、他に三尺バナナなどもあるのだが、単価が安いため、航空便の場合、那覇までの送料が売値の半分以上を占めてしまい、到底値段が引き合わないという。一方、島バナナを石垣市内の市場に直接売るとすると、単価も半分ほどになる上、市場の慣例で、果軸を除いた重量で量る。市場の場合、牧志の公設市場でもみられたように、シーブン（おまけ）もつけなければならない。もっとも、市場の売り手（この場合はバナナの買い手になるわけだが）からすれば、島内で島バナナを売るためには、飛び出た高値をつけるわけにはいかないので、この値段設定は仕方がないし、シーブンは古くからの商慣習で、それを前提に値を決めているのだ、ということになるだろう。台風のリスクを負った生産者の生活が成り立つような値段設定では、島内の住民向けに売ることが難しい、というジレンマがここにある。その矛盾が特に大きいのが離島における生産だと言えるだろう。

5……バイオバナナは島バナナか

現在、沖縄で島バナナを商業的に生産する農家の何割かは、バイオと呼ばれる苗を使っている。バイオというのは、組織培養苗、別名メリクロン苗のことである。バイオ苗は、元になる根茎の側芽を分割した組織を試験管やビーカーの中の培地で増やすもので、元の株のクローンであり、通常の子株と遺伝的には同じである（図7―5）。

組織培養にはいくつかの利点がある。同じ成長度の株をつくれるので、結実期を揃えることができるということと、無菌培養なので、親株から病気も虫も伝染しないという二点が特に大きな利点である。そのため、病

図7-5　バイオ島バナナ苗

気と台風対策として、バイオ苗の需要が高まった。バイオ苗は、県内、県外の複数の会社が生産している。
　不思議なことに、バイオ苗は普通の島バナナと同じだという人と、違うという人がいた。バイオ苗ではなく子株で栽培している人たちは、違うということが多い。彼らが挙げるのは形質の違いである。株の形がほっそりしている、葉が細くて色が薄い、色つやが赤みがかっている、など。また、果実の形がちがう、バイオの株は病気や台風に弱い、などという人もいた。知念さんも、島バナナの子株は富士山型だが、バイオバナナはまっすぐな電柱型で、バイオ苗から穫れた果実には酸味がない、と言っていた。
　もし、島バナナが現在以上に産業生産されるようになれば、病虫害を減らすためにも、出荷時期を調整するためにも、バイオ苗はもっと重要になるだろう。そうすれば、島バナナの形質

図7-6　三尺バナナの平張り施設

や味は標準化されていくかもしれない。そのとき、在来ならではの品質のばらつきは、どのように評価されるだろうか。

3　沖縄のバナナたち

1……三尺バナナの憂鬱

沖縄県内では、島バナナだけでなく、多くのバナナが栽培されている。矮小性のキャベンディッシュである三尺バナナは、草丈が低いので台風の害に強いことや、沖縄で蔓延しているパナマ病（パナマ病には、キャベンディッシュにも罹患しやすい新しいタイプもある）に強いことから、島バナナと並んで栽培されている品種である。

三尺バナナの商品化に取り組んだ地域もある。中城村は、一九九七年頃から三尺バナナの栽培に取り組み、二〇〇二年からは隣接する北中城村や西原町と組んで中部地区バナナ産地協議会を作った。県の補助金を受け、鉄パイプで組み立てた直方体の枠に網目のシートをかけた平張り施設で育てることで台風の害を防ぐことを試み、試行錯誤の末、大きな台風でも八割方のバナナを守れるようになった（図7―6）。通気性と断熱性を兼ね備えたタイペックという素材で作られた袋をかけることで、傷つけずに早く熟させることにも成功した。しかし、評価の高い三尺バナナの生産には、平張り施設の維持や袋がけなど手間がかかる。全房で出荷する島バナナとは違って、輸出バナナに合わせて果房に切り分ける手間もかかる。

問題は、手間に見合う価格がつかないことである。県外に出せば、国産のバナナとして高く売れるが運賃がかかる。県内では、輸入物と味で差異化することは難しく、県外で売る四分の一から五分の一の値段しかつかない。「もうひとつの島バナナ」として給食への参入も試みたが、輸入バナナのみならず、スイカやパイナップルなどの県産果物と比べても単価が高いため、なかなか普及しない。さらに、給食の場合、平等に分配するために同じ大きさの果指が求められ、人数分の「同じ」果指を集めるのは難しい。三尺バナナの商品化は途上である。

2……沖縄のバナナ史

沖縄には、これまでに説明してきた食用バナナ以外に、芭蕉布の原料となるリュウキュウイトバショウがある。これは、近年の研究でムサ・バルビシアーナであることが判明している。沖縄諸島はムサ・バルビシアーナの自生地域ではないので、沖縄には人為的に持ち込まれたものである。

沖縄のバナナ史を描くのが難しい理由のひとつに、古い資料に記された「芭蕉」、「バサナイ」などのバナナがどちらを指すのか特定することが難しいことがある。

一六世紀半ばに文献に「芭蕉」が現れるが、この頃から芭蕉布が織られるようになったことから考えて、イトバショウかもしれない。明らかに食用バナナを指す呼称としては、「実芭蕉」、「蕉実」、「甘露」、「ヒイシャグ」などがある。一七七一年の文献に芭蕉の実として「ヒイシャグ」の記載があり、この呼称はマレー語系の「ピサン」が転化したものと想像できることから、少なくとも、東南アジアからもたらされた食用バナナがあったのだと『バナナ学入門』の中で中村武久が推定している（中村 一九九二）。一八八八年には小笠原からバナナの一品種が導入された記録があり、島バナナが小笠原種と呼ばれていることを考えると、これが島バナナの起源であった可能性が高い。その後、一九一〇年代には台湾から北蕉種、仙人種などの導入も記録されている。

沖縄には、さらにたくさんの品種のバナナがある。島バナナもイトバショウも、もとはといえば移入されたものである。近年移入されたバナナも含めて沖縄のバナナ史を見てみると、沖縄の人の出入りが見えるかもしれない。例えば、沖縄には、ハワイから持ち込まれたと思われるバナナやブラジルから持ち込まれたと思われるバナナがある。これは移民の歴史と関係しているのかもしれない。また、沖縄には、沖縄市にある老舗の東南植物楽園をはじめ、大小さまざまな植物園がある。これらの施設が集めたバナナの株が株分けされることもある。二〇〇六年から二〇一〇年まで豊見城市で営業していた「ナハバナナ園」は、バナナマニアの飯塚久夫さんが東南アジアを中心に世界中から集めてきた八〇種類ほどのバナナを展示している個人営業の施設だったが、度重なる台風でとうとう営業を断念した。その後、展示されていたバナナは、県内外に分けられたらしい。これらの中から、人気の品種が出てきて沖縄のスタンダードになる可能性もある。

ところで、島バナナは、海外のどのバナナと系統が近いのだろうか。最初は、果実が小さくて皮が薄いので二倍体だと思っていた。葉柄が閉じ気味、果指の根元が長い、果皮に艶がないなどの形質からバルビシアーナが入っているだろうと考え、ＡＢと推定していた。

二〇一五年度に調査を開始したバナナの科研チームでは、調査を進めるうちに、それぞれの地域のバナナがどのような系統関係にあるのか、ひとつの地域のバナナにどれくらい遺伝的な多様性があるのか、という興味が高まっていた。東京農業大学の足達太郎さんに相談したところ、東京農業大学の生物資源ゲノム解析センターが、共同利用・共同研究拠点として学外を含む研究課題を募集していると教えていただき、研究員の田中啓介さんを紹介していただいた。田中さんにお会いしてみると、研究員として数十のゲノム解析プロジェクトを担当している以外に、自分の研究として、ニガナの遺伝的多様性の研究や、野外で花粉サンプルを収集して植生調査をするなど、ユニークな研究をしていて、わたしたちのバナナ話も面白がってくれた。二〇一八年から協力者としてバナナの遺伝解析の実験を始め、二〇一九年度からの二期目のチームでは正式に分担者になって、国内で収集できるバナナの系統解析に取りかかった。あわせて染色体分析もする中で、島バナナが三倍体であることがわかった。そうであれば、形質と生食用であることから考えて、ＡＡＢだろうと考え、現在も解析を進めている。また、この実験で、沖縄の島バナナと小谷さんが小笠原諸島の父島と八丈島で集めてきた「キング」と呼ばれるバナナが系統上かなり近い可能性が出てきた。日本国内のバナナの移動史について、今後、新しいことがわかるかもしれない。

3……シマムンとしての島バナナ

島バナナは、現状のところ、大量生産、大量流通のシステムが確立していない。この状態を、市場に需要があるのにもったいない、と見る考えと、そのままでいい、という考えがある。

そもそも島バナナは、イモのように主食用として大量に必要なものではなく、コメやサトウキビのように税金や現金収入のために必須だったわけでもない。屋敷内や畑の脇に植えておいて、実が生れば食べる、近所に配る、親類に配る、お供えにする、小遣いが必要なら市場で換金する、台風で倒れれば残念だ、という存在であった。戦前の沖縄では、芭蕉布の材料であるリュウキュウイトバショウの方が重要度が高かった。

今も、沖縄のバナナの生産に関する統計はほとんどない。販売ルートが多様で、行政が把握している流通量と単価の変化は卸売市場くらいだし、生産量の統計もあまりあてにならない。

沖縄で調査をしていると、シマムンまたはシマーグヮーということばをしばしば聞く。「シマ」というのは、さまざまな含意のあることばだが、現在では「ヤマト（沖縄以外の日本）」に対する沖縄を指し、「シマムン」は「沖縄県産」という意味になる。沖縄の人びとは、複雑な歴史の中でヤマトに対してさまざまな思いを抱いてきたが、生鮮食品のシマムンとヤマトムン（県外産品）に対する評価も複雑である。沖縄の日本復帰後、一九八〇年頃の市場では、ヤマトムンだから上等（いい品物）だ、という言い方があったという。しかし、市場の観光化が進むにつれて、県外からの客に向けて「シマムン」のよさをアピールする、という売り方に変わってきた。では、沖縄の人にとっては、「シマムン」はどのような意味を持っているかといえば、日本全国の例にもれず、沖縄でも食べ物の標準化が進んでいて、日常的にシマムンを意識することはほとんどなさそうだ。

しかし、島バナナは別格である。島バナナはスーパーで買うバナナよりおいしい、それは庭に生えていたり近所の人からもらうものである、と多くの人が言う。しかし、商品化が進めば、標準化が進み、最も質のよいものは県外に売られるようになるだろう。島バナナが、沖縄の人たちの「シマムン」でありながら、安定した商品にもなるためには、実は、沖縄でしか食べられないバナナという道もあるのではないか、と外野のわたしは思うことがある。

第8章

バナナと人の関係

1 品種多様性から見えること

品種多様性は、バナナの研究を始めてから、ずっと気になっていたことである。世界各地で栽培されているバナナが多様である、ということ、バナナを栽培しているどこの地域にも多様な品種がある、ということは、研究を始めてまもなくわかった。しかし、このふたつは、同じようで視点がちがう。

「バナナには一〇〇以上の種類がある」という場合は、地球を俯瞰する視点から地理的な品種の分布について考えており、「ある地域の農民は一〇種類以上の品種を知っている」という場合は、ある農民や地域にとっての品種の多様性を考えるということである。

バナナ研究を始めた頃は、地理的な品種の分布に、より興味を惹かれていた。バナナには、第1章で説明したように、遺伝的・形質的な近縁性の高い「品種群」や「サブグループ」が存在する。例えば、プランテン・サブグループは、東南アジア、南アジア、アフリカ各地、中南米まで広く分布する（太平洋地域でのみほとんどみられない）が、その中で、南アジアと中部・西部アフリカ、中南米で非常に重要な料理バナナであり、それ以外の東南アジアや東アフリカなどでは重要度も低く、品種も少ない。一方、ウガンダなど東アフリカ高地で最も重要な「わたしたちのバナナ」である東アフリカ高地AAAは、この地域の中で少なくとも数十の品種群に分化した一方、他の地域にはほとんど存在しないと考えられている。人びとの移動性が高いアフリカ大陸で、このような偏在は奇異に思える。このようなバナナの品種群やサブグループの分布はなぜ成立したのかということが不思議だったのだ。これに関しては、歴史的な人の移動の経緯や品種群の植物学的・生態的な特徴が関係しているだろうということは推測できるが、まだ明快な答えは得ていない。歴史的な移動ではっきりしているのは、バナナにとってのアジアとアフリカの境目は東アフリカの沿岸部の内側だということである。東南アジアから東アフリカ沿岸部にかけてと、東アフリカ高地（ウガンダやタンザニア西部のハヤ）から西はゲノムタイプの分布が明らかに異なっていた（小松ほか 二〇〇六）。言い換えれば、アフリカ内陸部はバナナが栽培化された東南アジアからかなり独立したバナナの文化を作り出したのである。

一方、フィールドワークを進めるにつれ、気になったのは、ひとつの地域の中の品種多様性である。わたしと研究仲間が調査してきたのは、バナナの栽培と利用が地域に根ざした地域である。農民は、バナナを栽培し、その一部は自分たちの食卓に載り、残りは地域の中で消費される。そのような地域では、バナナの品種は、例えば村を単位として少なくとも一〇種類以上は存在する。「バナナの足」研究会では、一九九九年から二〇〇三年にかけて、生食用バナナに加えて料理用バナナも栽培する一三地域において、バナナの品種を調査したが、最も少ない地域で一三品種が見つかった。その後の調査では、ガーナで品種の少なさに驚いたが、それでも、改良品種の導入が特に進んでいるわけではないアシャンティ州のニュー・コフォリドゥアで一一品種が見られた。

ただし、ある地域で品種が多様かどうかということは、実は、見つけた品種数だけでは評価できない。調査日数が長くなれば、珍しい品種が見つかっていくし、調査の地理的範囲にもよる。それに加えて、品種はたくさんあるが、その中でも一、二種類だけが飛び抜けて頻度が高い地域もある。4章1節で書いたが、北西さんによれば、カメルーンのドンゴ村のバカの人びとが収穫するバナナの六〇%がひとつの品種だったという。少ない品種に依存しているか、たくさんの品種をまんべんなく栽培したり食べたりしているかは、畑に植えられている株の数を数えるか、収穫してきたバナナの出現頻度を調べ、多様度指数を計算するのが望ましい。多様度のあり方によって、その機能的な意味も異なるだろう。そのような調査と多様度の比較は今後の課題である。

ひとつの地域で品種が多様であるということは、歴史的に見れば、外から違う品種を取り入れたか、自分たちが作っている個体を細かく見分けて名前をつけていった、ということである。そしてその違いは常に生み出され、失われた違いも含めて更新されてきた。農民は、そのときの自分にとって、または数年後の自分たちにとって必要と感じられる、もしくは心地よい程度の違いを保つように行動してきたと考えられる。それは、農民の体に根ざす技法（アート）ともいえるだろう。各地の農民がそれぞれ、どのように品種を選び続けてきたか、ということが、わたしの興味のひとつの中心となった。

実用性で考えれば、品種の多様性の説明はある程度可能である。例えば、収穫時期が異なる品種を植えることで、収穫時期をあえてずらして年中収穫できるようにしたり、干ばつや洪水、高温・低温、風、病虫害などに強い品種を混ぜておくことで、いざというときの備えになる。味や風味、食感がそれぞれ違うので、違いを楽しむということもある。または、美味しいとはいえないが、葉が広くて使いやすいとか、雄花序に苦みがないとか、特定の利用に便利な品種も育てている、という説明もあり得る。

しかし、別の考え方もできる。アマゾンでキャッサバの品種多様性に注目したボスターは、農民は、実用のための選択の前に、認知のための選択をしているのだと論じた（Boster 1985）。アフリカセンターで作物―人間関係の研究の先輩である重田眞義さんもまた、人為的な品種の選択を、非意図的な弁別・命名である「認知選択（cognitive selection）」と実用的な目的で変異を収斂させる「実用選択（utilitarian selection）」に分けて考えた。そして、認知選択を、ヒトの非目的的行動の無意識的「結果」であると述べ、人間と植物の関係性を人間の意図性に還元することの問題点を指摘している（重田 一九九五）。わたしも、明らかに用途や生態的な特徴が異なる以上の分類と命名は、目的には還元できないと考える。

ここで視点を変えて、「なぜ」ではなく、品種は「どのように」多様なのか考えてみたい。

例えば、品種と利用法の組み合わせはひとつの切り口である。あるゲノムタイプのバナナが生食用か、料理用か、ということは地域によって異なる。傾向として、AA、AAAは生食用であることが多く、ABBは料理用であることが多いが、東アフリカ高地のように、AAAのほとんどが料理用である地域もある。また、アフリカ内陸部のように料理用バナナと生食用バナナがはっきり分けられている地域もあれば、東アフリカの沿岸部のようにどちらにも使える兼用の品種が多い地域もある。食文化の一部である品種と利用法の組み合わせは、非常に地域の文化的な個性が見えやすい部分である。

また、各地におけるバナナの分類は、すべてのバナナがフラットに並んでいるわけではなく、階層化していることがある。一番わかりやすいのは、カメルーンやガーナのような、料理用バナナと生食用バナナという分類である。英語やフランス語のバナナとプランテン（またはプランティン）、スペイン語のプラタノという分類もこれに準じたものである。また、わたしたちのバナナと外来のバナナというカテゴリーをもつ人びともいる。ウガンダのガンダやパプアニューギニアのモロベ州がそうであった。ガンダでは、わたしたちのバナナのさらに下の階層で、主食用、酒用といった利用法によって分類されていた。モロベ州では、バナナの生態的な特徴と導入の古さがリンクしたカテゴリーであった。階層化があるということは、ある程度まとまってひとつのグループが導入されたことを意味するのかもしれない。そのときに、既存のものに対して機能的に、生態的に、または文化的に、最も重要とみなされた要素で弁別されるのではないだろうか。

また、わたしたちは、品種名は、それぞれの「違い」を弁別し、それを周囲と共有するためのものだと考えるのだが、そうとも言い切れないことがある。パプアニューギニアでは、言語があまりに多様なので、隣村ですら、品種名が通用しないことがあるという。東京農業大学のチームも、村が違えば品種名が違うことに悩まされたと報告書に記している。

そして、各地の調査を通して実感したことであるが、品種多様性には、多分に「遊び」の要素がある。

ウガンダのガンダの人びとの品種多様性について、佐藤靖明さんがおもしろい報告をしている。ガンダでは、「わたしたちのバナナ」とそれ以外が分類され、「わたしたちのバナナ」は料理用と酒用に分類される。ここまでは全員が共有している。その上で、農民ひとりひとりがいろいろな品種を栽培している。その数は、平均値で二〇近くになるという。佐藤さんは、農民に、「なぜ畑にたくさんの品種のバナナを栽培しているのか」と聞いて歩いた。その結果、理由はひとそれぞれであり、危険分散で説明する人や宗教的な説明をする人、手に入ったから、とか、好奇心で、と答える人、社会的なステータスに繋がると考える人など、実にさまざまな答えが得られたという。佐藤さんは、村の中ですら、多品種を栽培することの価値は共有されていないし、明確な構想と基準にしたがって多品種が計画的に維持されているわけでもない、と述べている。さらに、品種の特徴と名前については、個人や世帯内でしか共有されていないものも多いと述べている。つまり、彼らにとっては、標準化された知識を共有することよりも、さまざまな品種の特徴を経験的に知ること自体に面白みを見いだしているようなのだ。佐藤さんはそれについて、バナナは主食栽培という生業であるにも関わらず、生産量の最大化に向かうのではない一種の「遊び」の要素がみられる、と表現している(佐藤二〇一一)。そしてそれは、とても個人的な遊びなのだ。

眼前に存在する「違い」を愛で、違いを見い出せる自分の眼力に喜びを見いだす遊び心は、世界のバナナ農民の多くに見られた。

インドネシア・スラウェシ島のマンダールの人びとの地域でも、バナナが多分に遊び的な価値を持っていた。代表的な品種が商業的な価値をもつ一方、ユニークな見た目のバナナを選んで家の周りに植えることで、その違いを楽しんだり、会話のネタになって株を分け合う、ということがあった。ガーナでは、商品作物でもあるにも関わらず、一本しか実らない生産性としては最低の品種が、不要なものとして排除されるのではなく、ときに文句を言いながら許容されていた。そして、ウガンダを含めて多くの地域で、たくさんある品種のうち、どれがどこでよく育つのか、どの状況にどの品種が強いのか、絶えず実験が繰り返されていた。そのような関わり方が、地域の品種多様性を維持する原動力になっている。しかし、それは、日本の園芸マニアがするような「たくさんの品種を集める」とか「珍しい品種をつくる」というマニアックな遊びには見えない。一生懸命遊ぶのではなく、力を抜いて受け入れる遊びであり、評価の基準の不明確な遊びである。

バナナ栽培は、生きるための食物を得るための真面目な仕事であり、現金を得るための商品栽培でもある。しかし、作物との関係を楽しむという農の原点がそこにはあるように思われる。

一方で、品種が広い地域で共有され、その数が絞られていくようすも各地で見られた。その要因は広域な商品化である。広域に商品化が進むと、マーケットで売り分けられる単位で共通した名前が必要とされる。インドネシア・スラウェシ島で見たように、畑ではさまざまに呼ばれていたバナナが、消費地で使われる名前にまとめられて商品になったり、消費地で名前がつくバナナだけが出荷されるということが起きる。佐藤さんも、ガンダの人びとが出荷するバナナが村での品種名を失って「マトケ（料理用）」「ンビデ（酒用）」という同じ名前で販売されることで（マトケに関しては、果指に切り分けられて運ばれることで）、より高く売れる大きな果房、大きな果指をもつ品種だけが選ばれるようになってきたことを報告している。

ただし、スラウェシ島で見たように、バナナの利用の文化を農民と共有する買い手がいる近隣のマーケットの存在は、むしろ、地域の品種多様性の維持に貢献することがある。この場合、「買い手」とは、消費者ということばで説明することもできるが、むしろ、生産者と文化を共有し、食文化を支える知識をもち、行動によって地域の農を支える存在としての「買い手」であり、「食べる人」である。このような買い手の存在が、地域のバナナの品種多様性を支えているのである。

地域の品種多様性は、現在、世界商品としてのバナナへの貢献が期待されている。ひとつは、ポスト・フォーディズム時代の差別化指向を持った消費者（こちらはことばどおり消費者である）に向けた新たな商品の材料としての期待である。レアな商品は、高級マーケットでは高値で売れるので、流通のコストが高くなったり、廃棄率が高くても元が取れる。実際、日本でも、二一世紀になってから、キャベンディッシュ以外の品種群が細々とではあるがスーパーの棚に並ぶようになっている。

もうひとつは、こちらの方が重要なのだが、遺伝資源としての期待である。ゲノム編集が始まった今、遺伝子レベルでの作物の品種改良が飛躍的、多発的に増えるだろう。そのとき、ローカルな品種がもつ特定の形質を与える遺伝子の情報と、ゲノム編集される素材そのものとしてのローカルな品種は、ますます重要になるだろう。

バナナを初めとする作物の品種多様性は、農民ひとりひとりにとって、地域の農業にとって、食文化や生活文化を共有する地域の住民にとって、バナナをさまざまな規模で扱う企業にとって、さまざまな意味を持っているのである。

2　主食としてのバナナ

バナナの基本的な料理法は、茹でる、または蒸すことである。主食として大量に料理するときには、一番簡便かつ大量に料理できる方法である。これは、バナナに限らず、茹でたり蒸したりしただけでは毒が抜けないビター・キャッサバを除けば、イモ類を中心とする根栽作物の料理法の共通点だろう。

バナナ料理の地域の特性が表れるのは、そのあとである。特に、共通した特徴が見られるのはアフリカである。サブサハラアフリカの多くの地域では、主食である穀物や根栽類は、最終的にモチやダンゴと呼べるような形状で供される。バナナを主食とする中部アフリカ、西アフリカ、東アフリカ高地でも、バナナは茹でたままではなく、西アフリカでは臼と杵で搗いて、中部アフリカでは臼と杵で搗くか、またはたたき棒とたたき台で叩いて、東アフリカでは時間をかけて柔らかく煮たものを手で潰して、モチやダンゴの形状にする。ただし、柔らかさに関しては、地域ごとに好みが全く違う。

アフリカ各地で農が始まったのは、バナナの到来以前であり、バナナの料理法は、それまでの主食の形状に似せて定着したものだと考えられる。バナナをモチやダンゴの形状にするには、非常に手間がかかる。茹でたり蒸したりして食べられるようにするには二〇—三〇分程度火を通せば十分だが、その後、追加で長時間煮たり、三〇分以上かけて搗いたりして主食ができあがる。その地域の人たちにとっての「主食としてあるべき」食感に向けて、労力にも燃料にも余分なコストをかけているのである。

今回紹介した調査地、またはそこに暮らす人びとの祖先はすべて、歴史的に主作物の変化を経験している。コンゴ盆地では、紀元前後のいつかの時点で、ヤムイモ中心からバナナ中心へと変化し、一六世紀以降さらにキャッサバに変化した地域も多い。カメルーンのバンガンドゥの人びとや、モンディンディム村の人びとのように、サバンナから森林への移動に伴って、比較的最近、バナナを栽培するようになった人たちもいる。ガーナ南部では、バナナの導入時期は一六世紀以降かもっと古いのかという議論はあるが、作物がヤムイモ中心からバナナ中心へと変化したのは間違いない。東南アジアでは、地域によって時期が異なるが、バナナを含む根栽作物からコメに変化した。その中で、インドネシアのスラウェシ島に住むマンダールの人びとが住む地域は、二〇世紀後半までバナナが主食作物として残っていた希少な地域である。ニューギニアのモロベ州では、バナナとヤムイモの栽培から、二〇世紀半ばにバナナに特化していった。このような変化はどのように起こるのだろうか。

ただし、上記の「変化」は、人びとの集団にとっての変化なのか、ある土地を定点観測したときの変化か、という違いがあるのに注意する必要がある。バナナを含む根栽作物が主作物とされてきた社会は、コピトフがアフリカン・フロンティアと表現したようなアフリカの移動性の高い社会、東南アジアの海域社会など、移動性が高い人びとが多いからである。正確にいえば、土地の視点から見たときの変化と、人びとの視点から見たときの変化は区別されねばならないだろう。そこをいったん棚に上げたうえで、バナナをめぐる主作物と主食の変化について考えてみよう。

主作物の変化という大きな変化が短期間で起きやすいのは、病虫害や天災などの自然条件の激変、戦争や政治体制の変化による行動圏の変化など、否応なく変化を受け入れざるを得ないできごとがあったときや、政治が主導して変化を誘導したとき、またはその組み合わせだろう。ヨーロッパにおけるジャガイモの受け入れに毎年のように起こる飢饉が背景にあったことはよく知られている。さらに、人間の集団が移動するときにも変化が起きやすい。環境の変化に対応して、または、移動先の周辺の人たちの農に影響されて変化が起きる。

しかし、そのような否応ない選択だけが、主作物を入れ替えるのではない。中部アフリカのバナナとキャッサバで見てきたように、主作物と主食の変化を考えるときには、重要なポイントがいくつか考えられる。最初に、作物自体の生理と生態、つまり生き物としてもつ特徴と、周囲の環境との関係である。例えば、サハラ砂漠で、水分要求量の大きいバナナを栽培することは難しい（地下水路を張り巡らせたオアシスなら可能かもしれない）。ただし、同じバナナであっても、ゲノムタイプや品種群によってもその生理と生態は異なるので、特定の品種群を選んで栽培することはあり得る。さらに、ある作物がその土地に適応しているかどうかは単純には判断できない。生き延びはするが、栄養体への蓄積が小さいこともあるし、通常は十分な収穫を確保できるが、数年に一度の条件の悪化を切り抜けられないこともある。

人間の側から見れば、もともとその人びとがもっていた農のシステム（土地利用・生業の組み合わせ・移動性・労働力・投入材・流通・作物の商品化の程度）にうまく取り入れられるかが問題である。

主作物に関する変化は、いきなりシステムごと変わるとリスクが大きすぎるから、新たな要素をつけくわえながら試す方が安全である。うまくいっている他の要素を捨てずに加えることができれば、新しい作物を受け入れることが容易になる。この意味で、混作などの作物複合と生業複合は、そもそも変化を受け入れやすい。また、新しい作物が加わることによって、それまでは利用できなかった環境を利用できるようになることもある。パプアニューギニア低地では、ヤムイモ畑は、水はけのよい傾斜地を選んで植えられていたのに対して、冠水する土地には特定の品種グループのバナナが植えられていた。それまで利用されていなかった環境を生かすことになる作物の導入は、労働力の配分さえうまくいけば、メリットが大きい。バナナを主作物としている地域は、同じ畑やその周囲で別の主食用作物も栽培している。

そして、主食としての主作物の変化には、食の嗜好性や既存の調理具や調味料との組み合わせなど、食文化に関する要素が大きく影響する。その作物が贈与材としてどのような価値をもちうるか、もしくは他者と共有できるだけの量を生産できるか、ということも選択の理由になる。一方で、中部アフリカのように移動性の高い社会では、移動後は、数カ月にわたって他の世帯に依存することもある。そのような場合は、世帯を超えて親族や隣人に頼れるという確信がその不安定を補っている。

世界の主食用バナナ栽培地域でおそらく最後にバナナが到達した南米・アマゾニアでは、バナナは、キャッサバが主食であった地帯に一六世紀以降にヨーロッパ人によってもたらされた作物であるが、キャッサバには、有毒のビター・キャッサバと無毒のスイート・キャッサバがあり、オリノコ川やアマゾン川中下流域ではビター・キャッサバが、アマゾン川の上流部やアマゾニアと南部のサバンナ地帯との境界地域では、スイート・キャッサバが中心になることが多い（Renvoize 1972）。ペルー・アマゾニアで現在バナナが重要な主作物になっているのは、もともと、ビター・キャッサバではなく、スイート・キャッサバ栽培が中心だった地域である可能性がある。南米では、ビター・キャッサバとスイート・キャッサバは同じキャッサバでも調理法がかなり違う。ビター・キャッサバは、毒を抜くために、すり下ろして汁を絞り、それを焼くのだが、スイート・キャッサバは、蒸したり茹でたりしてそのまま食べられる。バナナの食べ方は、蒸したり茹でたり焼いたりするもので、スイート・キャッサバの食べ方と同じである（大橋二〇一三・山本二〇〇七）。調理法が同じであることが、主食作物としてのバナナの受け入れと重要性の拡大を容易にしたのではないだろうか。南米のキャッサバ主食地帯における主食作物としてのバナナの分布がわかれば、この仮説が検証できるだろう。

主作物としては環境により適応した作物に置き換わっても、人間がその作物に歴史的アイデンティティを託したり、儀礼における象徴的意味を付与することによって、手間をかけて残される作物もある。もともと主食作物だったが、現在は酒の材料として栽培されているウガンダ西部のシコクビエもそのような作物であろう。

このように、主作物と主食が変化するということは、人と作物をつなぐ、生産、交換、加工、調理、共食までのつながりの組み替えを意味していて、それらがゆっくりと進行していくことが地域の農と食の歴史を作っていくことになる。

3　バナナとエキステンシブネス

バナナは、作物としての「遊び」が大きい。

この場合の「遊び」ということばは、1節で述べたような「遊び心」より広い意味で、栽培する人間との関係の持ち方の幅の広さを指す。品種の選び方や手のかけ方、利用のしかた、言い換えれば人間とバナナのつながり方の多様さである。当初は、バナナをひとつのものさしとして湿潤熱帯の農を比較する、ということを考えていたのだが、そのものさし自体が融通無碍だったのである。そもそも、バナナといっても、品種群レベルで、生態にも葉の形にも根の生え方にも果実の生産量にも幅がある。そこに、人間の農の技術や食のこだわりの幅の広さがかけ算される。このような関係の「遊び」はすべての作物に共通していることなのだが、バナナならではの特徴も見えた。それは、個体の大きさによる存在感、栽培適地におけるバナナが数十年にもわたって人為によらず自力更新が可能であること、生食もできれば主食としてのカロリー源にもなるという果実の特性である。そのため、一株だけ残された品種の名前が受け継がれたり、東南アジアのように主食としての役割を終えたところで生食用や軽食用として役割を変えて存在したり、焼畑の跡地で数十年にわたって生き延び、また植え付け直されるようなことがあったりする。

実際、それぞれの地域の人とバナナのつながり方は、歴史的に変化していて、常に組み替えの余地がある。新たな生業や作物など他の要素を組み込み、商品化によってニーズが変化すればそれに対応して品種の選択が変化する。各地でバナナとの関係史を聞く中で、バナナと人とそのほかの要素のつながり方のどこかが変化することで、全体が調整され直すさまを理解することができた。おそらく、地域に根ざしたバナナの世界では、このようなつながりの組み替えが不断におこなわれているのだろう。そのためには、投資は大きくない方がいいし、道具は単純で汎用性が高い方がいい。

このような「遊び」をエキステンシブネス、と表現することもできる。「エキステンシブな生活様式」は、掛谷誠さんが、タンザニアのトングウェやザンビアのベンバといったアフリカの疎林地帯の農民から考えた生活様式のモデルである。集約農業を基盤とした西欧の農村の生活様式（インテンシブな生活様式）と対比する形で提唱した。掛谷さんは次のように説明する。

トングウェやベンバの焼畑耕作は、広大なミオンボ林と低人口密度のもとで、畑地の移動と植生の更新による地力の回復を基礎にし、広く薄く環境を利用する農法である。それは狩猟・漁撈・採集ともセットをなし、自然利用のジェネラリストの特徴をもつ。村を単位とした生計経済は自給のレベルを大きく越えることはなく、分配や相互扶助を組み込み、妬みや恨みへの恐れを背景としつつ、平準化機構が働いて世帯間の経済的な差異を最小化する傾向性をもつ。その社会は、人びとの移動や移住を常態とし、遠心的な分散と分節化に向かう動態を内包しつつ維持されてきた。エキステンシブ（非集約的）な生活様式は、このような生態・社会・文化の複合体である。（掛谷二〇一一）

非集約的な農を中心として、生業複合や移動性、資源の平準化とも結びついたエキステンシブな生活様式のイメージは、各地のバナナ農民の生活ともかなりのところ一致する。わたしが最初に出会ったバナナ栽培農民であるコンゴの人たちもこの様式にぴったりと合う。しかしわたしは、これまで「エキステンシブ」の日本語訳が「非集約」であることに違和感を覚えてきた。「非集約」は、「集約」の対義語ではあるが、そのポジティブな力をうまく訳せていないのではないか。

掛谷さん自身、エキステンシブの訳語には頭を悩ませていた。"Extensive agriculture" に対する訳語として、それまでの「粗放」ということばは、労働生産性やエネルギー効率が高いベンバやトングウェの農（ひいてはアフリカの焼畑農耕民の農）を表すためには不適切だと述べ、「とりあえず『エキステンシブ』とカタカナ表示にするか、「非集約」とでも呼ぶことによって、集約農業と対等な価値評価を与えることの重要性を主張」している（掛谷 一九九八）。

掛谷さんは、「エキステンシブネス」をアフリカ農業の様式として評価しつつ、アフリカ的インテンシブネスとは何か、ということをその後のテーマに選んだ。また、掛谷さんの「エキステンシブ」という用語は、歴史的な移動を含意しつつ、「様式」と表現されているように、モデルであり、共時的なイメージが強い。

わたしはこの「エキステンシブネス」の価値を「開放性」と訳すことで考え直してみたい。それは、つねに新しいものや状況を取り入れ、組み替えを試しながら、方向性を模索し、変化を続けながら安定を目指し、全体を組み替える農民の構えである。しかし、システムごと入れ替えるような変化を目指すのではなく、あくまでも、一部を組み替え続けることで、それまでの蓄積された方法論や関係を捨てない態度でもある。それは、既存の関係を強固にして、その強度を上げることや、システムごと入れ替えて最初から最適モデルに従って農を設計することと反対の指向性を持っている。バナナを栽培する各地で見えたのは、そのようなエキステンシブな、または開放的な農民の戦略であり、人間とバナナの関係であった。

そしてそのエキステンシブな戦略に適していることに、わたしたちが見てきた小農によるバナナ栽培の多くは混作であった。背丈が高く葉が拡がるバナナは、単作で植えるよりも、混作の方が土地を効率的に使える。ウガンダのように土地の効率性自体が重要な地域もあるが、中部アフリカなど人口が希薄な熱帯湿潤熱帯では、農地を拓く、または維持する労力が問題なので、混作は労働力を効率的に使う方法として重要である。作業を機械化している場合や冠水する土地で栽培する場合を除いて、単作で植える理由もない。バナナの下に日陰に強い作物や日陰が必要な幼樹を植えたり、反対にバナナに適度な日陰を与えるような樹木作物を植えることもある。混作では、作物を丸ごと入れ替えるのではなく、新しい作物を加えたり、他の作物を減らしたりすることで簡単に新たな作物を導入することが簡単である。そもそもが開放的なのである。

また、コンゴやカメルーンで見られたような焼畑移動耕作は、人為の植生と野生の植生が遷移することによって成り立つ農である。このような人為と野生の境界の低さも開放性といえるだろう。

各地で見た人とバナナの関係は、このようなエキステンシブな農のあり方を見せてくれた。それは、実は、現在のグローバルな農の中で大きな力になるのではないか、と言う予感を持っている。

4 バナナと食料主権

今度は一度ズームアウトして、世界のバナナ栽培の位置づけについて考えてみよう。

バナナは、第6章で描いたように、グローバル商品でもあり、ローカルな作物でもある。グローバル商品としてのバナナは、かつては多国籍な大企業によって生産と流通を、現在は流通を寡占されており、グローバルな農の世界を代表するような作物である。

一方、本書で描いてきたローカルなバナナは、家族を労働力とする農家によって自律的に栽培されている。このようなバナナ栽培にはどのような可能性があるだろうか。

二〇一七年一二月に、二〇一九年から一〇年間を「家族農業の一〇年」とすることが国連で採択された。また、二〇一八年一二月には、家族農業と非常に関係が深い「小農と農村で働く人びとに関する国連宣言」が採択された。これらの採択は、国連加盟各国が、家族農業に価値を見いだしたことを示している。ただし、日本は、特許で保護された知的所有権の保護などを訴えて反対したアメリカに同調するように、後者の採択を棄権している。

国連食糧農業機関（FAO）と国際農業開発基金（IFAD）が作成した提言書によれば、「家族農業」（family farming）とは、家族によって営まれ、主に女性と男性両方の家族労働力によって実施される農業、林業、漁業、牧畜、養殖である。家族と生産現場はつながり、ともに発展し、経済的、環境的、社会的、文化的な機能を結びつけているとされる。このような農業が、実は、世界の農地の七〇―八〇％を占め、食料の八〇％以上を生産しているとFAOは推計している。

「家族農業」の考え方はなかなか奥深い。family（家族）ということばは、必ずしも血縁で繫がった家族を想定しているわけではない。生活をともにする単位でもあり、経済を成り立たせる単位でもあって、短期的な生産性以外の価値を含めて土地や地域社会とつながっている（必ずしも土地を所有しているとは限らない）人たちという意味が含まれている。一方、「家族経営農業」ではないので、家族が経営しているが、労働力の多くが賃金労働者であるという農業は当てはまらない。また、farming（農業）ということばには、農業、林業、漁業、牧畜、養殖が含まれるだけでなく、それらを組み合わせて生業を成り立たせること、つまり生業複合も含意されている。つまり、農民が自律的に農業を経営できるだけ小さな単位として想定されているのが「家族」である。

このような農業が見直された背景には、二〇世紀後半に世界が目指した企業的な農業が、資材投入量が多く土地の持続的利用に問題があることへの懸念や、人口維持や地域経済の核としての農業の多面的意義が見直されたことがある（小規模・家族農業ネットワーク・ジャパン編二〇一九）。「家族農業」は、土地に根ざしているため、土地の生産性の維持に気を配るし、現金の投資を抑えようとするので外部資材に頼りすぎない循環的な農を志向する、その結果、土地生産性もエネルギー効率性もよい、と再評価されたのだ。

ただし、「家族」ということばには、注意も必要である。最近、大学の授業の中で、家族農業が見直されているという話をしたときに、「農家の家族に生まれた子供たちは必然的に農業を手伝わなければいけない。私の祖母の家は昔農家をやっており、繁忙期は学校に行けず、農業を続けていくために高校に進学することは許されなかった」と書いてくれた学生がいた。最初、わたしは、家族農業は、企業的な農業に対する概念なのだと説明したのだが、よく考えると、確かに、家族農業には、助け合い補い合う家族像が含まれているのも確かだ。家族の中で弱い立場にある人（子どもであり、地域によっては女性であることも多い）の自律性や自己決定にも配慮されなければならないのは当然であり、ことばのイメージが一人歩きすることには注意を要する。

「家族農業」は、ほかのふたつのキーワード、「アグロエコロジー」や「食糧主権」と結びついた考え方である。「アグロエコロジー」とは、地域の生態系を模倣した農業生態系を人為的に作ることで、効率性がよく、環境保全ができる農業を目指す科学と実践である。その手法として、多種・多品種の混作、輪作、アグロフォレストリー、農牧などが用いられる（アルティエリ・ニコールズ編二〇一七）。

一方、食料主権（food sovereignty）は、「すべての国と民衆が自分たち自身の食料・農業政策を決定する権利である。それは、すべての人が安全で栄養豊かな食料を得る権利であり、そういう食料を小農・家族経営農民、漁民が持続可能なやり方で生産する権利である」（真嶋二〇一一：一四二）。つまり、生産する農民にとっても、生産物を食べる人にとっても重要な権利である。そこには、そのような生産方法を、それぞれの農民・農家が選ぶことができる環境に対する権利、つまり選択権が当然含まれている。

ところで、バナナは主食作物としてはかなりユニークである。穀物と比べて傷みやすく、イモ類と比べても保存性が低い（生のキャッサバはバナナよりさらに保存性が低いが）。いわば、ナマモノとしての主食作物である。保存が利かず、廃棄率が高く、輸送コストも高くつくので、基本的には生産地から数百キロ圏内で消費される。移民のために海外に輸出されることもあって（例えば、パリやロンドンのアフリカ人街には空輸されたと思われるプランテン・バナナが一本ずつ売られている）、それはそれで別の興味を惹くが、バナナは基本的に、生産と消費の距離が非常に近く、顔が見える範囲で消費されるために、地域の食文化と生産が直結した主食作物である。

バナナを栽培する国の多くは、二〇世紀前半に植民地化された。しかし、この国による管理のしにくい主食作物は、ウガンダなどのごく一部の国を除き、主食作物としては国家から周辺化され、植民地時代も、独立してからも、政治的な介入をほとんど受けなかった。緑の革命でも相手にされなかった。その結果、品種も栽培法も非常に在来性の高いまま「自分たちの作物」として維持されてきた。その結果、バナナ栽培は、地域の住民たちにとっては、自分たちの食文化を実践するための主食の選択を保証し、農民にとっては、自分を含めて地域の人たちの胃袋と心の満足に貢献できる仕事であり続けている。

もちろん、今世紀になってバナナを主食として選んだウガンダのアンコーレのような地域もあれば、同じバナナでも品種群が大きく変わったパプアニューギニア低地のような地域もある。また、現在のウガンダのように、農地の不足と厳しい病虫害で大きな影響を受け、農の組み替えを余儀なくされている地域もある。

しかし、さまざまな状況の変化に対応するとき、彼らが選んできたのは農のシステムをまるごと入れ替えるというよりは、要素を少しずつ加えたり減らしたり調整しながら組み替えをする戦略である。その中で、エキステンシブに、外来の要素を受け入れ、全体を調整し直しながら農と食を維持してきた。食文化の中におけるバナナの比重が下がってきた地域ももちろんあるが、バナナは手放されず、軽食の材料やデザートバナナとして、または景観や生業の中の「遊び」として、生き続けている。エキステンシブな、もしくは開放的な農としてのバナナ栽培がここにある。

わたしたちがこれまでの調査地で見てきたのは、バナナという作物を育てる世界の農民が、現代社会の中で、自分たちの農を自分たちで選び取り、組み替え、地域の食と農を支える姿だった。このようなエキステンシブなあり方は、食料主権がどのように達成できるのか、それを維持するためには、何が必要なのかということに大きなヒントを与えているように思う。

一方、病虫害の蔓延など、農民だけでは対処が難しい問題も起きている。政府が対策を援助するに当たって、遺伝子組み換えバナナやゲノム編集バナナを選ぶのか、または他の作物を選ぶのかなど、地域、または国を挙げて選択しなければならないことも出てくるだろう。そのときにも、エキステンシブネスは、食料主権の守り方に大切な指針を示してくれるのではないだろうか。

あとがき

本書は書き下ろしであるが、本書の内容には、「バナナの足」研究会と、その後継である科学研究費チームの研究成果が含まれている。「バナナの足」研究会はメンバーシップが明確なものではなく、バナナの研究に興味を持って集まった人類学・農学と関連分野のメンバーの緩いネットワークである。このネットワークの仲間――立ち上げメンバーの塙狼星さん、丸尾聡さん、現在のメンバーである北西功一さん、四方（安岡）篝さん、佐藤靖明さん、小谷真吾さん、田中啓介さん――は、実質的に、この本の共著者であるとわたしは勝手に思っている。特に、ウガンダとパプアニューギニアについて書いた章は、以下に挙げる論文に多くを負っている。

Yasuaki Sato, Kaori Komatsu, Koichi Kitanishi, Kagari Shikata-Yasuoka, and Shingo Odani (2018) "Banana Farming, Cultivars, Uses, and Marketing of Nkore in Southwestern Uganda," *Tropical Agricultural Development*, 62 (3): 141-149.（4章3節）

Shingo Odani, Kaori Komatsu, Kagari Shikata-Yasuoka, Yasuaki Sato, and Koichi Kitanishi (2018), "Diversity of Banana Cultivars and Usages in Papua New Guinea Lowlands: A Case Study Focusing on the *Kalapua* Subgroup," *People and culture in Oceania* 34: 55-78.（5章）

また、以下の章や節の一部には、元になった論文や本がある。

小松かおり（一九九六）「食事材料のセットと食事文化――カメルーン東南部移住村の事例より」『アフリカ研究』48、六三―七八頁（第2章2節）
小松かおり（二〇一〇）「森と人が生み出す生物多様性」木村大治・北西功一編『森棲みの生態誌――アフリカ熱帯林の人・自然。歴史Ⅰ』京都大学学術出版会、二二一―二四二頁（第2章2節）
小松かおり（二〇〇九）「バナナの商品化と品種多様性――インドネシア・南スラウェシの事例から」山本紀夫編『国立民族学博物館調査報告　84　ドメスティケーション――その民族生物学的研究』国立民族学博物館、四四五―四六六頁（第3章5節）
小松かおり（二〇〇八）「バナナとキャッサバ――赤道アフリカの主食史」池谷和信・武内進一・佐藤廉也編『朝倉世界地理講座――大地と人間の物語　12　アフリカⅡ』朝倉書店、五四八―五六二頁（第4章1節）
小松かおり（二〇一九）「人工物を食べる――遺伝子組み換えバナナの開発」床呂郁哉・河合香吏編『ものの人類学2』京都大学学術出版会、七七―八三頁（第4章3節）
小松かおり（二〇一二）「バナナとグローバリゼーション」三尾裕子・床呂郁哉編『グローバリゼーションズ――人類学、歴史学、地域研究の現場から』東京外国語大学アジア・アフリカ言語文化研究所、二八五―三一六頁（第6章）
小松かおり（二〇〇七）『沖縄の市場〈マチグヮー〉文化誌』ボーダーインク「第6章　島バナナ――産業化を拒否する作物」（第7章）

調査に際しては、バナナ調査を目的とした研究助成から、調査の一部に今回の本の素材となった体験が含まれる研究費まで、以下のたくさんの研究費にお世話になった。

科学研究費

「アフリカ熱帯多雨林の伝統的利用と民族科学的知識に関する人類学的研究」（国際学術研究・課題番号：02041034・代表　寺嶋秀明）一九九〇―一九九一年度

「アフリカ熱帯多雨林の持続的利用に関する研究」（国際学術研究・課題番号：04041062・代表　市川光雄）一九九二—一九九四年度

「アフリカ熱帯雨林の人口支持力に関する研究」（国際学術研究・課題番号：06041046・代表　佐藤弘明）一九九四—一九九六年度

「アフリカ熱帯雨林における混作農耕文化の在来知に関する人類学的研究」（学術振興会特別研究員奨励費・課題番号：　代表　小松かおり）一九九八—二〇〇〇年度

「コミュニケーション・プロセスとしての生態人類学：アフリカ熱帯雨林における研究」（基盤研究B・課題番号：14401013・代表　木村大治）二〇〇二—二〇〇五年度

「中央アフリカ熱帯雨林地域における農耕と食文化に関する地域研究」（若手研究B・課題番号：16710172・代表　小松かおり）二〇〇四—二〇〇六年度

「アフリカ熱帯林における人間活動と環境改変の生態史的研究」（基盤A：課題番号：18201046・代表　木村大治）二〇〇六—二〇一〇年度

「中央アフリカ熱帯雨林における農耕文化の現代史に関する地域研究」（基盤C・課題番号：20510227・代表　小松かおり）二〇〇八—二〇一〇年度

「アフリカ熱帯林におけるタンパク質獲得の現状と将来」（基盤A・課題番号：22241057・代表　木村大治）二〇一〇—二〇一四年度

「バナナ栽培農民の戦略の地域史と食料主権に関する比較研究」（基盤B：課題番号：15H03134・代表　小松かおり）二〇一五—二〇一八年度

「コンゴ盆地における水陸ネットワークと社会生態環境の再編」（基盤A・課題番号：16H02716・代表　木村大治）二〇一六—二〇一九年度

「バナナ栽培農民の戦略の地域史と食料主権に関する比較研究」（基盤B：課題番号：19H04361・代表　小松かおり）二〇一九—二〇二二年度

科学研究費以外

日本学術振興会熱帯生物資源研究助成「バナナ栽培文化の多様性に関する農業生態学的、民族的研究」(代表・北西功一)一九九九年度、二〇〇〇年度

日産学術研究助成「バナナのドメスティケーションに関する民族植物学的研究」(代表・北西功一)二〇〇一—二〇〇二年度

JST/JICA地球規模課題対応国際科学技術協力プログラム「カメルーン熱帯雨林とその周辺地域における持続的生業戦略の確立と自然資源管理:地球規模課題と地域住民ニーズとの結合(FOSAS)」(代表・荒木茂)二〇一一—二〇一六年度

バナナ研究は、科研番号15H03134・19H04361の研究会に加え、以下の多くの研究会から多くの知見を得た。

「アジア・アフリカにおけるバナナ栽培文化の比較研究」(二〇〇〇年六月一七日)ゲスト:天野實

「Rethinking Banana Domestication: Cultural Perspectives」(二〇〇二年九月二一日・二二日)ゲスト:R.E.ナスティオン、S.H.ジャマルディン、R.R.C.エスピノ、天野實、荒木茂、松井健、重田眞義

「地域を結ぶバナナ」(二〇〇三年三月二一日)ゲスト:堀田正彦、森島紘史、西上泰子、福島成尚

国立民族学博物館共同研究「ドメスティケーションの民族生物学的研究」(代表・山本紀夫)二〇〇四—二〇〇六年度

東京外国語大学AA研共同利用・共同研究課題

「「もの」の人類学的研究——もの、身体、環境のダイナミクス」(代表・床呂郁哉)二〇〇六—二〇〇九年度

「アジア・アフリカ地域におけるグローバル化の多元性に関する人類学的研究」(代表・三尾裕子)二〇〇八—二〇〇九年度

「「もの」の人類学的研究(2)人間/非人間のダイナミクス」(代表・床呂郁哉)二〇一四—二〇一六年度

「歴史的観点から見たサハラ以南アフリカの農業と文化」(代表・石川博樹)二〇一〇—二〇一二年度

「歴史的観点から見たサハラ以南アフリカの農業と文化(2)」(代表・石川博樹)二〇一三—二〇一五年度

「アフリカ農業・農村社会史の再構築——在来農業革命の視点から」(代表・鶴田格)二〇一六—二〇一八年度

「アフリカ農業・農村社会史の再構築（2）――在来農業革命の視点から」（代表・鶴田格）二〇一九―二〇二一年度

本書を書くに当たり、お世話になったみなさんは、あまりに多すぎて、ごく一部の方だけしかお名前を挙げられない。お名前はすべて「さん」で書かせていただく。また、すでに故人もいらっしゃるが、お世話になった当時を偲びつつ、そのまま名前を挙げさせていただく。

コンゴやカメルーンの研究チームに入れてくださり、調査を指導してくださった市川光雄さん、寺嶋秀明さん、佐藤弘明さん、木村大治さん。市川さんは、博士課程のときの指導教官としてもお世話になった。カメルーン研究の仲間たち。長年調査許可取得でお世話になったゴッドフリー・ンギマさん。

京都大学大学院で指導してくださった先生方。特に、伊谷純一郎さん、田中二郎さん、高村泰雄（奉樹）さん、荒木茂さん、重田眞義さん。アフリカセンターと理学研究科の先輩、同輩、後輩のみなさん。

掛谷誠さんには、「粗放」でも「非集約」でもないエキステンシブネスを考える宿題をいただいたと勝手に考えているのだが、この本でやっとそれが前進した気がしている。掛谷さんには、研究面のみならず、生き方についても大きな指針をいただいた。この本の出版でもお世話になり、掛谷さんと夫人の英子さんに深く感謝申し上げる。

そして、フィールドでお世話になったみなさんに、心からのお礼を申し上げる。

コンゴのジュベ村のホスト・ファミリー、ンケティ・アンリ一家と、アシスタントのマニャレ、二度目の調査で最も一緒に時間を過ごしたエミール。調査をともにし、たくさんのデータを共有した塙狼星さん。

カメルーンのモンディンディム村のみなさん。村長パスカルと、二〇〇四年以降のホスト・ファミリーであるアブドゥルとオノリーヌ、ベルトの一家。そして、ニャニャ。リンディ村のホスト・ファミリー、アンブトゥ家のみなさん。バティカ村のテオフィーユとモニーク夫妻。グリベ村とビチリ村、アンドン村FOSASプロジェクトのみなさん。

バナナの植物学について最初に教えてくださった、東京農業大学の天野實さんと熱川バナナワニ園の清水秀男さん。インドネシアの調査地とガイドのウディンさんを紹介してくださった京都大学の田中耕司さん。

インドネシア、スラウェシのホスト・ファミリー、ダルティヤさん一家、ガイドのウディンさん、ボゴール植物園のルスディ・ナスティオンさんとハサヌディン大学のアンディ・アムリさん。

ガーナ調査のアレンジをしてくださった東京農工大学のスィアウ・オンウォナ＝アジマンさん。ガーナ大学農業消費科学部のジョン・オフォス＝エニムさん、森林・園芸作物研究所のジョージ・オデュロ・ンカンサさんとレムエル・オヒミン・ミンタさん、エネルギー・自然資源大学のダニエル・オビン＝オフォリさん、森林研究所のスティーブン・ブレドゥさんとカカオ研究所のアイゼック・オポクさん、作物研究所のビローブド・メンサ・ゾメクさん、食料農業省のジョン・オフォス＝デンチラさん一家とフランシス。カデでお世話になったダイナ一家と、ニュー・コフォリドゥアのクウェク・アスィブリさん一家。アシスタントのクリストファーとパトリック。一度目の調査をともにした北西功一さん、二度目の調査をともにした坂梨健太さん。

ウガンダの調査をアレンジしてくださった佐藤靖明さん。カンプング村のホスト・ファミリーのナチャンジさん一家、カジェヨ村のホスト・ファミリーのカムワカさん一家とアシスタントのダニエラ。この調査で知り合い、のちに台湾調査で大変お世話になった台湾・國立清華大学の張瑋琦さん。

パプアニューギニア調査をアレンジしてくださった小谷真吾さん。イントアップ村のホスト・ファミリーであるマリア・リニビさんとピーターさん一家。NARIのブビア本部とラロキ支所のみなさん。

沖縄の再調査のきっかけを作ってくださった松井健さん。市場本の編集をしてくれたボーダーインクの新城和博さん。琉球大学の野入直美さん。名護市の牧師、知念金徳さんと石垣市の内原勇さん。

二〇一二年に三カ月間ゲスト研究員として所属させていただいたフランス・モンペリエのBioversityバナナ部門のチーフ、ニコラ・ルーさん、バナナ栽培法研究のスタッフ、チャールズ・スターヴァーさん、染色体分析を教えてくださったCIRADのフレデリック・バークリーさん。カメルーンのCARBAP(中部アフリカバナナ・プランテン研究所)のエマニュエル・フォンディィさん。

科研費の獲得を支援し、快く調査に送り出してくださった静岡大学、北海学園大学の事務担当のみなさんと同僚のみなさん。

原稿を通読していただき、息切れして座り込むわたしに叱咤激励を続けてくださった篠原徹さんと、伴走してくださった大橋裕和さん。表紙にすてきなバナナ・アートを提供してくれた山福朱実さんと装丁の森華さん。

最後に、いつも研究を応援してくれている家族と、家族を支えてくださっているみなさんに。

最近、農文協から、佐藤靖明さんが監修した『バナナ——知りたい食べたい熱帯の作物』(二〇二一)という子ども向けの絵本が出版された。植物としてのバナナからバナナの歴史、バナナアートまで、バナナの魅力がてんこ盛りの本である。子ども向けにはもったいない情報量だとバナナ研究仲間で話題になった。

知れば知るほど、バナナから見える世界は広く、深い。興味のままにどんどん拡がってきた世界を一度整理してみたのがこの本である。コロナ禍で、調査がままならない時期に書いた原稿であるが、書いていく中で、落ち着いたらこれを調べたい、と思うことがたくさんあった。この本は、まだ旅の途中である。早く世界が落ち着き、調査に出かけられる日が来ることを祈りつつ。

参考文献

足立己幸・ランギ・バエア（一九八五）『トンガ式健康法の変化に学ぶ』農山漁村文化協会
荒木茂（一九九六）「土とミオンボ林――ベンバの焼畑農耕とその変貌」田中二郎・掛谷誠・市川光雄・大田至編『続自然社会の人類学――変貌するアフリカ』アカデミア出版会、三〇五―三三八頁
アルティエリ、M.・A.、C.・I.ニコールズ、G.C.・ウェストウッド、L・リーテン編（二〇一七）『アグロエコロジー　基本概念、原則および実践』総合地球環境学研究所「地域に根ざした小規模経済活動と長期的持続可能性」プロジェクト（PDF版）
安渓貴子（二〇〇三）「キャッサバの来た道――毒抜き法の比較によるアフリカ文化史の試み」吉田集而・堀田満・印東道子編『人類の生存を支えた根栽農耕――イモとヒト』平凡社、二〇五―二二六頁
安渓遊地（一九八一）「ソンゴーラ族の農耕生活と経済活動――中央アフリカ熱帯雨林下の焼畑農耕」『季刊人類学』一二（一）：九六―一七八頁
石毛直道（一九九五）『食の文化地理――舌のフィールドワーク』朝日選書
大橋麻里子（二〇一三）「アマゾンの氾濫原におけるバナナの自給的栽培：ペルー先住民シピボの事例から」『Biostory』一九：八五―九四頁
小谷真吾（二〇〇四）「バナナとサツマイモ――パプアニューギニアにおける生業変化の事例」『歴史評論』六五〇：四〇―五四頁
掛谷誠（一九九八）「焼畑農耕民の生き方」高村泰雄・重田眞義編『アフリカ農業の諸問題』五九―八六頁
掛谷誠（二〇一一）「序章　アフリカ的発展とアフリカ型農村開発への視点とアプローチ」掛谷誠・伊谷樹一編『アフリカ地域研究と農村開発』一―二八頁
北西功一（二〇〇二）「中央アフリカ熱帯雨林の狩猟採集民バカにおけるバナナ栽培の受容」『山口大学教育学部研究論叢』五二（一）：五一―六八頁
北西功一（二〇〇七a）「バナナ産業と多国籍企業（一）――一九九〇年から二〇〇六年におけるバナナ産業構造の変化とチキータの対応」『山口大学教育学部研究論叢』五七（一）：四七―六五頁

北西功一（二〇〇七b）「バナナ産業と多国籍企業（二）——一九九〇年から二〇〇六年におけるチキータの社会・環境問題への対応」『山口大学教育学部研究論叢』五七（一）：六七—七五頁
北西功一・小松かおり・佐藤靖明・鈴木邦彦・ムランガ、I．F（二〇一〇）『アフリカの料理用バナナ（熱帯作物要覧No.36）』国際農林業協働協会
口蔵幸雄・須田一弘（二〇一一）「パプアニューギニア山麓部のバナナ栽培（一）品種の多様性」『岐阜大学地域科学部研究報告』二九、五三—九八頁
コッペル、D．（二〇一二）［二〇〇八］『バナナの世界史——歴史を変えた果物の数奇な運命』黒川由美訳、太田出版
小松かおり（一九九六）「食事材料のセットと食事文化——カメルーン東南部移住村の事例より」『アフリカ研究』四八：六三—七八頁
小松かおり（二〇〇七）『沖縄の市場〈マチグヮー〉文化誌』ボーダーインク
小松かおり（二〇〇八）「バナナとキャッサバ——赤道アフリカの主食史」池谷和信・武内進一・佐藤廉也編『朝倉世界地理講座——大地と人間の物語12　アフリカⅡ』朝倉書店、五四八—五六二頁
小松かおり（二〇〇九）「バナナの商品化と品種多様性——インドネシア・南スラウェシの事例から」山本紀夫編『国立民族学博物館調査報告八四　ドメスティケーション——その民族生物学的研究』国立民族学博物館、四四五—四六六頁
小松かおり（二〇一〇）「中部アフリカ熱帯雨林の農耕文化史」木村大治・北西功一編『森棲みの生態誌——アフリカ熱帯林の人・自然・歴史Ⅰ』京都大学学術出版会、四一—五八頁
小松かおり（二〇一〇）「森と人が生み出す生物多様性」木村大治・北西功一編『森棲みの生態誌——アフリカ熱帯林の人・自然・歴史Ⅰ』京都大学学術出版会、二二一—二四二頁
小松かおり（二〇一二）「バナナとグローバリゼーション」三尾裕子・床呂郁哉編『グローバリゼーションズ——人類学、歴史学、地域研究の現場から』東京外国語大学アジア・アフリカ言語文化研究所、一八五—二一六頁
小松かおり・北西功一・丸尾聡・塙狼星（二〇〇六）「バナナ栽培文化のアジア・アフリカ地域間比較——品種多様性をめぐって」『アジア・アフリカ地域研究』六—一：七七—一一九頁
小松かおり・塙狼星（二〇〇〇）「許容される野生植物」『エコソフィア』六：一二〇—一三四頁
坂梨健太（二〇一四）『アフリカ熱帯農業と環境保全』昭和堂

佐藤弘明（一九八四）「ボイエラ族の生計活動――キャッサバの利用と耕作」伊谷純一郎・米山俊直編『アフリカ文化の研究』アカデミア出版会、六七一―六九七頁
佐藤靖明（二〇一一）『ウガンダ・バナナの民の生活世界――エスノサイエンスの視座から』京都大学アフリカ地域研究資料センター
四方篝（二〇一三）『焼畑の潜在力――アフリカ熱帯雨林の農業生態誌』昭和堂
重田眞義（一九九五）「品種の創出と維持をめぐるヒト――植物関係」福井勝義編『講座地球に生きる4　自然と人間の共生――遺伝と文化の共進化』雄山閣、一四三―一六四頁
小規模・家族農業ネットワーク・ジャパン編（二〇一九）『よくわかる国連「家族農業の10年」と「小農の権利宣言」』農文協
大東宏（二〇〇〇）『バナナ（熱帯作物要覧No.30）』国際農林業協力協会
チャップマン、P.（二〇一八）［二〇〇七］『バナナのグローバル・ヒストリー――いかにしてユナイテッド・フルーツは世界を席巻したか』小澤卓也・立川ジェームズ訳、ミネルヴァ書房
鶴見良行（一九八二）『バナナと日本人』岩波書店
東京農大パプアニューギニア一〇〇の素顔編集員会編（二〇〇一）『伝統農耕と植物資源の宝庫　パプアニューギニア一〇〇の素顔――もうひとつのガイドブック』東京農業大学出版会
中尾佐助（一九九三）『農業起源をたずねる旅――ニジェールからナイルへ』岩波同時代ライブラリー
中村武久（一九九一）『バナナ学入門』丸善ライブラリー
塙狼星（一九九六）「表現手段としてのやし酒――焼畑農耕民ボンドンゴの多重な世界」田中二郎・掛谷誠・市川光雄・太田至編『続自然社会の人類学――変貌するアフリカ』アカデミア出版会、三三九―三七二頁
塙狼星（二〇〇二）「半栽培と共創」寺嶋秀明・篠原徹編『エスノ・サイエンス』京都大学学術出版会、七一―一二〇頁
塙狼星（二〇〇八）「中部アフリカの生態史」池谷和信・武内進一・佐藤廉也編『朝倉世界地理講座一二　大地と人間の物語――アフリカII』朝倉書店、四五二―四六六頁
古川久雄（一九八二）「南スラウェシの稲作景観」『東南アジア研究』二〇（一）：二三―四六頁
古川久雄（一九九六）「南・東南スラウェシの沿岸村落」『東南アジア研究』三四（二）：四三八―四六八頁
堀田満編集代表（一九八九）『世界有用植物事典』平凡社

真嶋良孝（二〇一一）「食糧危機・食料主権と『ビア・カンペシーナ』」村田武編『食料主権のグランドデザイン――自由貿易に抗する日本と世界の新たな潮流』農文協、一二五―一六〇頁
丸尾聡（二〇〇二）「アフリカ大湖地方におけるバナナ農耕とその集約性――タンザニア北西部・ハヤの事例」『農耕の技術と文化』二五：一〇八―一三四頁
山本紀夫（二〇〇七）「トウモロコシ・ジャカイモ・マニオク――三つの主食」山本紀夫責任編集『世界の食文化13中南米』農文協、二一―四四頁
Boster, James S. 1985. "Selection for perceptual distinctiveness: evidence from Aguaruna cultivars of *Manihot esculenta*," *Economic Botany* 39: 310-325.
Bourke, R. Michael & Tracy Harwood (eds.) 2009. *Food and Agriculture in Papua New Guinea*. canberra: The Austrarian National University E Press.
De Langhe, Edmond & Pierre De Maret. 1999. "Tracking the Banana: Its Significance in Early Agriculture," In: Gosden, Chris & Jon G. Hather (eds.) *The Prehistory of Food -Appetites for Change-*, pp.377-396. London: Routledge.
De Langhe, Edmond, Rony Swennen and Dirk Vuylsteke. 1994. "Plantain in the Early Bantu World," *Azania* XXIX-XXX: 147-160.
Denham, Tim, Edmond De Langhe and Luc Vrydaghs eds. 2009. "Special Issue: History of Banana Domestication," *Ethnobotany Research & Applications*, Vol. 7: 164-380.
Denham, Tim, Simon Haberle, Carol Lentfer, Richard Fullagar, Judith Field, Michel Therin, Nicholas Porch, and Barbara Winsborough. 2003. "Origins of agriculture at Kuk swamp in the Highlands of New Guinea," *Science* 301（5630）: 189-193.
FAO. 1986. *The world Banana Economy 1970-84*. Rome: FAO.
FAO. 2003. *The World Banana Economy 1985-2002*. Rome: FAO.
FAO & IFAD. 2019 *United Nations Decade of Family Farming 2019-2028. Global Action Plan*, Roma: FAO and IFAD.
Fresco, Louise O. 1986. *Cassava in Shifting cultivation-A systems approach to agricultural technology development in Africa*, Amsterdam: Royal Tropical Institute.
Harlan, Jack. 1992. *Crops & Man*, 2nd ed. Madison: American Society of Agronomy Inc. & Crop Science society of America Inc.
Johnston, Bruce F. 1958. *The Staple Food Economies of Western Tropical Africa*. Stanford: Stanford University press.

Jones, William O. 1959. *Manioc in Africa*. Stanford: Stanford University press.

Kopytoff, Igor. 1987. "The internal African Frontier: The Making of African Political Culture," In: Kopytoff Igor (ed.) *The African Frontier: The Reproduction of Traditional African Societies*, Bloomington and Indianapolis: Indiana University Press.

La Fleur, James D. 2012. *Fusion Foodways of Africa's Gold Coast in the Atlantic Era*, Leiden: Brill Academic Pub.

Perrier, Xavier, Edmond de Langhe, Mark Donohue, Carol Lentfer, Luc Vrydaghs, Frédéric Bakry, Françoise Carreel, Isabelle Hippolyte, Jean-Pierre Horry, Christophe Jenny, Vincent Lebot, Ange-Marie Risterucci, Kodjo Tomekpe, Hugues Doutrelepont, Terry Ball, Jason Manwaring, Pierre de Maret, and Tim Denham. 2011. "Multidisciplinary perspectives on banana (*Musa* spp.) domestication," *Proceedings of the National Academy of Sciences of the United States of America*, 108 (28): 11311-11318.

Purseglove, John W. 1968. *Tropical Crops: Dicotyledons*, Harlow: Longman.

Purseglove, John W. 1972. *Tropical Crops: Monocotyledons*, Harlow: Longman.

Renvoize, Barbara S. 1972. "The Area of Origin of Manihot esculenta as a Crop Plant -a Review of the Evidence," *Economic Botany* 26: 352-360.

Schoenbrun, David L. 1998. *A Green Place, a Good Place: Agrarian Change, Gender, and Social Identity in the Great Lakes Region to the 15th Century*, Portsmouth: Heinemann.

Simmonds, Norman W. & Kenneth Shepherd. 1955. "The taxonomy and origins of the cultivated bananas," *Botanical Journal of the Linnean Society*, 55 (359): 302-312.

Stover, Robert H.& Norman W. Simmonds. 1987. *Bananas*. Harlow: Longman.

Talengera David, Deborah Karamura, and Michael Pillay. 2012. "Plantains (*Musa* AAB) in East Africa," In: Karamura, Deborah A., Eldad Karamura and William Tinzaara (eds.) *Banana Cultivar Names, Synonyms and their Usage in Eastern Africa*, pp. 41-48. Kampala: Bioversity International.

Tushemereirwe, Wiberforce K., Deborah Karamura, Henry Ssali,David Bwamiki, Imelda Night Kashaija, Justine Nankinga,Calorine Nankinga, Fred Bagamba, Africano Kangire and Ruth Ssebuliba. 2001. "Bananas (*Musa* spp.)," In: Joseph K. Mukiibi (ed.) *Agriculture in Uganda, Vol.2 Crops*, Kampala: Fountain Publishers, pp. 281-319.

Valmayor, Ramon. V., Siti Hawa Jamaluddin, Benchamas Silayoi, Surachmat Kusumo, Le Dinh Danh, Orlando C. Pascua and Rene R.

C. Espino. 2000. *Banana Cultivar Names and Synonyms in Southeast Asia*. Rome: International Plant Genetic Resources Institute.

Vansina, Jan. 1990. *Paths in the Rainforests, Toward a History of Political Tradition in Equatorial Africa*. Wisconsin: The University of Wisconsin Press.

Vansina, Jan. 1995. "The Roots of African Cultures," In: Philip D. Curtin, Steven Feierman, Leonard Thompson and Jan Vansina (eds.) *African History: From earliest times to independence* 2nd ed., pp. 1-28.

Wiley, James. 2008. *The Banana -Empires, Trade Wars, and Globalization*. Lincoln: University of Nebraska Press.

【ま】

【や】

【ら】

【さ】

【た】

【な】

【は】

索引

著者紹介

小松　かおり（こまつ かおり）

北海学園大学人文学部教授。京都大学大学院理学研究科博士後期課程単位取得退学、京都大学博士（理学）。主な著作に、『沖縄の市場〈マチグヮー〉文化誌——シシマチの技法と新商品からみる沖縄の現在』（ボーダーインク、2007年）、『食と農のアフリカ史——現代の基層に迫る』（共編、昭和堂、2016年）などがある。

生態人類学は挑む　MONOGRAPH 6
バナナの足、世界を駆ける——農と食の人類学

2022年1月10日　初版第一刷発行

著者　小松かおり
発行人　足立芳宏

京都大学学術出版会
京都市左京区吉田近衛町69番地
京都大学吉田南構内（〒606-8315）
電話（075）761-6182
FAX（075）761-6190
Home page http://www.kyoto-up.or.jp
振替 01000-8-64677

ISBN978-4-8140-0368-6
Printed in Japan

ブックデザイン　森 華
印刷・製本　亜細亜印刷株式会社
定価はカバーに表示してあります